经济学学术前沿书系
ACADEMIC FRONTIER
ECONOMICS BOOK SERIES

行为博弈与主体认知：西北地区农地流转研究

王天琪◎著

经济日报出版社

图书在版编目（CIP）数据

行为博弈与主体认知：西北地区农地流转研究 / 王天琪著．-- 北京：经济日报出版社，2021.12
ISBN 978-7-5196-1006-7

Ⅰ．①行… Ⅱ．①王… Ⅲ．①农业用地-土地流转-研究-西北地区 Ⅳ．①F321.1

中国版本图书馆 CIP 数据核字（2021）第 261792 号

行为博弈与主体认知：西北地区农地流转研究

作　　者	王天琪
责任编辑	周　璠
责任校对	范立君
出版发行	经济日报出版社
地　　址	北京市西城区白纸坊东街 2 号 A 座综合楼 710（邮政编码：100054）
电　　话	010-63567684（总编室）
	010-63584556（财经编辑部）
	010-63567687（企业与企业家史编辑部）
	010-63567683（经济与管理学术编辑部）
	010-63538621　63567692（发行部）
网　　址	www.edpbook.com.cn
E-mail	edpbook@126.com
经　　销	全国新华书店
印　　刷	北京建宏印刷有限公司
开　　本	710 mm×1000 mm　1/16
印　　张	15.25
字　　数	245 千字
版　　次	2022 年 1 月第 1 版
印　　次	2022 年 1 月第 1 次印刷
书　　号	ISBN 978-7-5196-1006-7
定　　价	48.00 元

前言

十九大报告指出，巩固和完善农村基本经营制度，深化农村土地制度改革，需实施农地“三权分置”制度。在我国经济发展常态化背景下，农村土地的“效率”与“公平”日益成为经济社会发展所必须关注的重要问题，其核心在于农村土地产权的制度化配置。随着工业化及城镇化进程的加快，中国城乡利益关系出现新的情况和转机，农村剩余劳动力逐渐涌入城市，伴随家庭联产承包制度的稳固化，农村生产要素的自主化和农村经济的市场化，农村土地流转的需求随之产生。为维护西北地区社会和谐稳定，缩小与全国发展差距，破解多重问题和困难，必须加快西北地区经济社会的发展。为补齐西北地区农村经济社会的发展短板，途径之一即是流转农地，通过农地合理化规模化的生产经营带动农业发展、农村进步、农民富裕，确保如期实现脱贫攻坚任务，实现全面建成小康社会的目标。

本研究以宁夏回族自治区808个实地调研数据为样本，从民族学、经济学、社会学等交叉视角出发，依据计划行为理论、感知价值理论、社会学习理论等，采用文献计量法、案例分析法、实地调研法、完全信息博弈法、结构方程模型等研究方法，以“行为关系－价值感知－影响路径”作为逻辑主线，从理论和实证两方面对西北地区农地流转主体行为进行研究，以期为推动西北地区农地流转提供参考依据和理论支持。基本研究结论如下：

首先，运用CiteSpace信息可视化软件，从文献计量学的角度，梳理了国内外关于农地流转、农地“三权分置”两大领域的研究热点。在农地流转研究领域中，以往关于农地流转行为的研究主要是基于计量经济学模型探究农地流转主体的意愿及行为，这部分的研究热点有明显的时间节点特征，且研究对象主要是以身兼农地转入行为与农地转出行为双重身份的农户为主。

其次，西北地区农地流转主体的流转行为由于受到自然资源、经济环境、政策制度、知识、信息资源等因素的制约，他们的利益冲突与利益矛盾更为突出。结果表明：农地转出方和转入方出于自身经济理性的考虑，在博弈时容易出现“囚徒困境”；农地流转中介方的参与，除了提供信息交流的平台，减少交易成本，同时履行中介及监督职能，提升交易双方合作的概率；而乡镇政府出于政绩等需要与农地转入方合谋，则是以牺牲转出方的利益为代价。

再次，基于感知价值理论，本研究构建了西北地区农地流转主体“三权分置”的感知价值测量量表，并采用方差分析的方法对调研区域数据进行测算，结果显示：在西北地区，新型农业经营主体对于政策的理解和认识最为清晰，也是农地“三权分置”改革最主要的受益方；乡镇干部及村干部作为农地产权制度的执行者和传播者，其对于“三权分置”感知价值并不占优，缺乏对制度的理解和认识；普通农户文化程度较低，小农思维仍然存在，对于农地产权及归属关系的认识比较混乱。

另外，基于计划行为理论、社会学习理论及感知价值理论，本研究构建了西北地区农地流转主体行为研究的理论模型，通过实地调研获得有效样本数据 808 个，采用结构方程模型分析显示农地“三权分置”感知价值、农地流转要素认知、农地流转意识、农地流转动机均对农地流转意愿有显著的正向影响，农地“三权分置”感知价值对农地流转行为也具有显著的正向影响。此外，通过多群组分析显示，代表农地转入行为的新型农业经营主体，其“三权分置”感知价值对农地流转的意愿及行为均高于其他主体。实证检验的结果说明对西北地区农地流转主体行为的研究除了以往学者论证的受个体特征、家庭特征、外部政策环境等因素影响以外，个体主观的认知及感受对其行为的影响也是不可忽视的因素，应该受到重视。

目 录
CONTENTS

前 言 ……………………………………………………………………1

第一章 绪 论 ………………………………………………………1

第一节 研究背景 ……………………………………………………2

第二节 研究目的与意义 ……………………………………………4

一、研究目的 ……………………………………………………4

二、研究意义 ……………………………………………………4

第三节 研究内容与方法 ……………………………………………6

一、主要研究内容 ………………………………………………6

二、研究方法 ……………………………………………………7

第四节 概念界定 ……………………………………………………8

一、西北地区 ……………………………………………………8

二、农地与农地流转 ……………………………………………8

三、农地流转主体 ……………………………………………… 10

第五节 理论基础 …………………………………………………… 11

一、计划行为理论 ……………………………………………… 11

二、社会学习理论 ……………………………………………… 13

三、感知价值理论 ……………………………………………… 17

四、博弈理论 …………………………………………………… 18

五、交易成本理论与产权理论 ………………………………… 20

六、相关理论关系 ……………………………………………… 23

第六节 研究框架及创新点 ………………………………………… 24

一、研究框架 …………………………………………………… 24

二、可能的创新点 ……………………………………………… 25

第二章　国内外研究现状 …… 27

第一节　农地流转研究现状 …… 28

一、数据来源 …… 28

二、外文文献计量结果 …… 29

三、中文文献计量结果 …… 38

四、中外文献比较 …… 46

第二节　农地“三权分置”研究现状 …… 48

一、数据来源 …… 48

二、中文文献计量结果 …… 48

三、英文文献研究综述 …… 56

四、中外文献比较 …… 57

第三节　文献述评 …… 58

第三章　农地产权分置制度的演变历程及西北地区农地流转现状 …… 61

第一节　我国农地产权分置制度的演变历程 …… 62

一、1949 至 1978 年中国的农地产权制度概略 …… 63

二、1978 至 1992 年中国的农地产权制度结构变迁 …… 66

三、1993-2013 年中国农地产权制度结构变迁 …… 68

四、2013 年至今中国农地产权制度结构 …… 72

五、不同时期的农地产权政策结构比较 …… 75

第二节　西北地区农地流转的现状——以宁夏为例 …… 78

一、西北地区农地流转存在的短板 …… 78

二、宁夏回族自治区农地流转的区域特征 …… 80

三、宁夏农地流转的典型模式及参与主体行为 …… 82

第三节　本章小结 …… 87

第四章　西北地区农地流转主体行为的博弈分析 …… 89

第一节　西北地区农地流转主体的识别 …… 90

一、利益主体及利益主体理论 …… 90

二、西北地区农地流转主体识别 …… 91

第二节　农地流转主体的行为分析 …………………………………… 93
一、农地流转主体的行为分析 …………………………………… 94
二、农地流转主体间的利益关系 ………………………………… 97
第三节　农地流转主体行为的博弈关系分析 ………………………100
一、农地转出方和农地转入方的博弈分析 ………………………100
二、农地流转双方和中介方的博弈分析 …………………………107
三、乡镇政府与农地转出方的博弈分析 …………………………110
第四节　本章小结 ……………………………………………………113

第五章　西北地区农地流转主体“三权分置”感知价值模型构建 ……117

第一节　农地“三权分置”感知价值的概念及其影响因素 …………118
一、农地“三权分置”感知价值的概念 ……………………………118
二、农地“三权分置”感知价值的构成因素 ………………………120
第二节　农地“三权分置”感知价值的概念模型构建 ………………123
一、农地流转主体“三权分置”感知利益构成维度 ………………123
二、农地流转主体“三权分置”感知风险构成维度 ………………124
三、农地流转主体“三权分置”感知价值的理论模型 ……………125
第三节　农地“三权分置”感知价值量表的开发与验证 ……………126
一、感知价值量表开发的一般规律和过程 ………………………126
二、感知价值量表设计 ………………………………………………127
第四节　调研地区农地流转主体对农地“三权分置”感知价值的差异比较 ……………………………………………………135
一、确定调研区域 ……………………………………………………135
二、不同主体对农地“三权分置”感知价值的差异比较 …………137
第五节　本章小结 ……………………………………………………146

第六章　西北地区农地流转主体行为研究的理论模型 ………………147

第一节　理论模型构建 ………………………………………………148
一、模型构建思路 ……………………………………………………148
二、研究模型的构建 …………………………………………………150

第二节　研究假设 ……152
一、农地“三权分置”感知价值对农地流转行为的影响关系 …152
二、农地“三权分置”感知价值对农地流转意愿的影响关系 …153
三、农地流转意愿对农地流转行为的影响关系 ……153
四、农地“三权分置”感知价值与感知风险对农地“三权分置”感知价值的影响关系 ……154
五、农地流转意识对农地流转意愿的影响关系 ……155
六、农地流转要素认知对农地流转意愿的影响关系 ……156
七、农地流转动机对农地流转意愿的影响关系 ……157
八、农地流转动机对农地流转行为的影响关系 ……157
第三节　本章小结 ……159
第七章　西北地区农地流转主体行为研究的实证检验 ……161
第一节　调研区域与样本描述 ……162
一、调研区域基本情况介绍 ……162
二、选取调研样本 ……165
三、样本的描述性统计 ……168
第二节　数据分析 ……173
一、信度检验 ……173
二、效度检验 ……175
三、结构方程模型分析与假设检验 ……198
四、多群组结构方程模型分析 ……203
第三节　本章小结 ……207
第八章　西北地区农地流转主体行为研究的结论与建议 ……209
第一节　主要的研究结论 ……210
第二节　西北地区农地流转主体行为的改善建议 ……212
一、农地转出行为的对策建议 ……213
二、农地转入行为的对策建议 ……214
三、农地流转中介行为的对策建议 ……216
四、农地流转监督行为的对策建议 ……218
参考文献 ……221

第一章　绪　论

第一节 研究背景

农村土地是农业生产力的主要载体，与农业经济的发展，农民利益的实现和农村社会的稳定有关。在中国经济发展常态化的背景下，农村土地的“效率”和“公平”日益成为经济社会发展中必须重视的重要问题，其核心是农村土地产权的制度化分配。20世纪70年代末开始的农村土地产权制度改革，明确了集体与农民、权利与责任的关系，极大地调动了农民的积极性，并在家庭承包经营的基础上构成了中国农村基本经济制度的基础，这种产权制度的转变也给农村带来了翻天覆地的历史性变化。但是，随着经济体制改革和经济形势的发展，农村土地产权存在主体模糊、权能混乱等问题，困扰着农村土地市场化改革，阻碍了农业劳动生产力的改善，“两权分离”的家庭联产承包责任制逐渐枯竭。为了适应中国经济结构的调整，释放农村土地的红利，国家首次在2013年中央农村工作会议上提出了农村土地“三权分置”制度设计，指出“坚持农村基本经营制度的基础上，落实集体所有权、稳定农户承包权、放活土地经营权”。此后，在2014年至2018年中央一号文件中多次完善土地“三权分置”的政策思想及权能内涵。“三权分置”是中国农村改革的又一次重大制度创新，是农村土地制度改革理论和政策的重大创新与突破，具有鲜明的时代特征，有着丰富的科学内涵，需要加强理论研究。

随着工业化和城镇化进程的加快，中国城乡发展出现了新的形势和机遇，农村剩余劳动力逐渐涌入城市，伴随家庭联产承包制度的稳固化、农村生产要素的自主化和农村经济的市场化，农村土地流转的需求将随之而来。农村土地流转是经济发展到一定阶段的必然结果，是实现生产要素重组和资源优化利用的客观要求。然而，家庭联产承包制度的深层缺陷带来的土地规模小、细碎化等弊端日益显现，这导致农业生产的小规模、高成本、低效率、封闭性和缺乏竞争力，不利于农业规模经营和可持续发展。因此，如何克服当前农业小规模经营的局限，实现专业化现代化的发展道路，推动乡村振兴战略，是新时期解决“三农”问题的关键。十九大报告中指出巩固和完善农村基本经营制度，深化农村土地制度改革，需实施农地“三权分置”制度。“三权分置”是农村基本经营制度的自我完善，符合生产关系适应生产力发展的客观规律。实施农地“三权分置”的重点是放活农地的经营权，核心要义就是要明晰经营权的权能及法律地位。经过农地经营权流转模式的积极探索，各地呈现一定的规模，有各种形式的流转，如土地转包、转让、互换、租赁、反租倒包和股份合作等，农地产权制度的改革能更有效地保障农村集体经济组织和承包农户的合法权益，同时也更有利于现代农业发展。

西北地区农村经济发展基础较弱，受自然条件及资源环境限制较大，西北地区发展仍存在短板并面临一些突出问题和特殊困难，如产业发展层次水平偏低，城乡区域发展不平衡，基本公共服务供给不足，创新发展能力弱，人口整体素质有待提高，贫困问题依然严峻等。因此，为维护西北地区社会和谐稳定，缩小与全国发展差距，破解多重问题和困难，必须加快西北地区经济社会的发展。为补齐西北地区农村经济社会的发展短板，途径之一即是流转农地，通过农地合理化规模化的生产经营带动农业发展、农村进步、农民富裕，确保如期实现脱贫攻坚任务，实现全面建成小康社会的目标。基于良好的政策环境，解决西北地区农地流转问题不仅对西北地区经济社会发展产生重大影响，而且对西北地区的稳定和国家安全具有重要意义。

基于以上研究背景，本书提出西北地区农地流转主体行为的研究议题。本研究不同于以往的研究思路，结合多学科的理论基础，构建西北地区农地流转主体行为的理论模型，探寻农地流转主体行为的影响路径。对于不同的农地流转主体其流转行为关系如何？对农地“三权分置”感知价值是否存在差异？农地“三权分置”感知价值与农地流转的意愿和行为之间是否有关系？哪些因素会影响农地流转行为的判断和选择？为解决这些问题，本研究将以“行为关系 - 价值感知 - 影响路径”为逻辑主线，并以全国较早进行农地产权试点改革的宁夏回族自治区作为西北地区的代表性调研区域，在大规模实地调研和数据资料分析的基础上研究西北地区农地流转主体行为，也为有关部门推动西北地区农地流转提供参考依据和理论支持。

第二节 研究目的与意义

一、研究目的

第一，系统梳理分析我国农地产权制度改革的演变历程，归纳演变特点，并以宁夏为例阐述西北地区农地流转模式及参与主体的行为。

第二，识别农地流转主体及其流转行为，基于博弈理论运用完全信息博弈方法，分析各行为主体在农地流转中的行为选择和行为关系，协调农地流转主体行为之间的矛盾，引导各主体在追逐利益过程中趋利避害。

第三，以感知价值理论为依据创建农地流转主体“三权分置”感知价值测量量表，比较分析不同农地流转主体的感知价值，并判断对其农地流转主体行为影响程度的差异。

第四，基于计划行为理论和社会学习理论，明晰农地流转主体行为的构成要素，构建农地流转主体行为研究的理论模型，并运用结构方程模型检验理论模型中的构成要素对西北地区农地流转主体行为的影响路径。

二、研究意义

（一）现实意义

第一，有利于进一步挖掘农地流转主体的行为关系，为推进西北地区农地流转起到重要作用。随着我国西北地区农村土地市场不断发育，必须通过“落实所有权，稳定承包权，放活经营权”的“三权”作为农地流转的基础，促进农地流转市场的进一步发育。农地流转模式的多元化发展势必会出现不同的农地流转主体，每个主体在参与农地流转过程中产生的行为及利益关系也存在差异，要深化西北地区农地产权制度改革并推进西北地区农地流转的顺利进行，实现西北地区农业现代化发展的目标，必须要从根本着手，理清西北地区农地流转主体的行为，并通过维护各主体行为关系来实现农民、国家和集体三者利益的协调统一。

第二，有利于进一步说明农地“三权分置”改革对西北地区农地流转主体行为的积极作用。与其他地区相比，由于自然环境、地理位置、经济基础、产业结构和民族人口结构的影响和作用，西北地区农村土地流转情况相对复杂和特殊，通过农地“三权分置”改革可以重塑西北地区农民的土地主人地位，更加合理调整农地流转主体行为的利益关系。此外，开展土地“三权分置”改革有利于解决流转主体间的土地权属纠纷，消除村集体经济组织内外部成员的矛盾，充分地维护流转主体的流转行为及其土地权利。

第三，有利于推动西北地区的经济发展，在一定程度上解决了总体发展滞后的问题。放活经营权就是鼓励农村土地经营权进行流转，满足提升西北地区农村土地效益的需要。西北地区大多是传统的农业区，农业的发展和进步对提高西北地区的整体发展水平具有深远的影响。农村土地流转有利于西北地区农业土地资源的重新整合，实现农业生产规模化和集约化管理，促进农村产业结构优化升级，促进其他产业的发展和进步，增加西北地区人民的收入，促进西北地区的经济发展。

（二）理论意义

一方面，农地流转主体行为研究属于交叉学科研究问题，是经济学、社会学、管理学、心理学等多学科理论交叉形成的一个新的综合研究领域，本课题在已有研究的基础上，将感知价值理论应用于农地流转的研究中，厘清农地“三权分置”感知价值的构成要素，并结合计划行为理论和社会学习理论探索研究西北地区农地流转主体的行为，该研究将是对以往经济学中农地流转行为研究和感知价值研究领域的有益补充，具有一定的理论意义。此外，在明晰农地产权制度背景下，农地转出方的行为目标是通过流转农地获取土地租金，充分说明了明晰产权对发挥农地价值的重要性，同时在农地流转双方的交易行为也需要减少交易成本，符合新制度经济学交易理论与产权理论的一般规律，研究此类问题可以进一步丰富和完善相关理论。

另一方面，通过研究有助于完善区域经济发展理论。目前，大多数学者有关农地“三权分置”及农地流转的相关研究关注点在东部经济发达地区，很少有研究关注西北地区农地流转主体的行为，仅有的文献资料也多是宏观层面，缺乏微观层面的论证以及相关数据的实证分析，本研究在实地调研的基础上，为西北地区农地制度改革符合国家政策导向提供新思路，也在一定程度上丰富了现有的西北地区区域发展的相关理论研究。

第三节　研究内容与方法

一、主要研究内容

本书共分为八个章节对西北地区农地流转主体行为进行研究，具体的研究内容如下所示：

第一章为绪论。重点阐述本研究的背景、目的及意义；介绍了本研究的内容与使用的研究方法；对西北地区、农地与农地流转、农地流转主体等概念进行了界定的同时划定了本书的研究边界；介绍了本书依据的主要理论；构建了本书的研究框架并提出了文章可能存在的创新点。

第二章为国内外研究现状。在国内权威的中国知网数据库与国际学术界权威的 Social Science Citation Index 数据库的基础上，从文献计量学的角度，运用 CiteSpace 信息可视化软件，梳理了国内外关于农地流转、农地“三权分置”两大领域的研究热点及前沿趋势，并展开中外文献的比较与述评，最后在总结前人成果基础上，提出了现有研究的不足之处，并提出了本书的研究方向。

第三章为农地产权分置制度的演变历程及西北地区农地流转现状。主要对我国土地“三权分置”制度形成的历史进程及其在西北地区的现状进行梳理和总结，分析包括两个方面的内容，一是分析我国农地产权分置制度的演变历程，详细归纳各阶段产权制度的变化、特征及存在的问题；二是分析西北地区农地流转的现状，主要阐述西北地区农地流转存在的短板，并以宁夏回族自治区为例归纳农地流转的区域特征与流转模式。

第四章为西北地区农地流转主体行为的博弈分析。在回顾了利益主体概念及理论的基础上，采取多维细分法列出农地流转的相关利益主体，并对各主体的行为及利益关系进行了深入的剖析，通过完全信息博弈论的方法，探析农地转出方、农地转入方、农地流转中介方及基层地方政府的完全信息动态博弈，分析各行为主体在农地流转中的行为选择和行为关系，并分别找到各自的博弈均衡条件，为有的放矢的农地流转行为研究提供理论依据。

第五章为西北地区农地流转主体“三权分置”感知价值模型构建。本章基于感知价值理论，构建农地流转主体“三权分置”感知价值的概念模型；

运用文献研究和访谈法确定农地流转主体“三权分置”感知价值的结构维度；按照量表开发的程序和原则，开发农地流转主体“三权分置”感知价值的测量量表，并通过方差分析验证农地流转主体对“三权分置”感知价值的差异。

第六章为西北地区农地流转主体行为研究的理论模型。本章依据计划行为理论、社会学习理论和感知价值理论梳理并界定关键构面的内涵以及推导出各变量之间的逻辑关系，对相关构面、变量的维度做了划分，借鉴前人研究的理论成果并结合现实观察建立构面之间的逻辑链条，进而明确相关变量之间的作用关系，构建本书的理论模型并提出本书的研究假设。

第七章为西北地区农地流转主体行为研究的实证检验。在大规模实地调研和数据资料分析的基础上，运用结构方程模型分析不同变量与农地流转主体行为之间的关系及对其行为的影响程度，并通过多群组分析检验不同农地流转主体中各个构面对农地流转意愿及农地流转行为的影响路径是否存在显著差异。

第八章为主要结论及建议。首先对本研究的研究成果做以总结；其次是提出促进农地流转的对策建议；最后是本研究的不足之处及今后可以对本书的研究不足方面做进一步的探讨。

二、研究方法

本书以实证研究为主导兼容部分规范研究，同时注重量化与质性研究相结合，理论与实际相结合，通过经济学、管理学以及社会学等学科理论交叉的运用达到系统剖析的目的。主要用到的方法如下所示：

第一，文献分析法。一方面，通过对国内外检索平台（如中国知网、万方数据库、Web of Science 数据库、Elsevier SD 数据库、Springer、EBM 外文图书库等）的文献检索，系统归纳本研究所用到的相关文献。另一方面，借助 CiteSpace 分析软件以可视化图谱的方式直观展示农地流转、农地“三权分置”两大领域的研究热点与现状，通过对共引图谱的聚类分析明晰上述领域的研究前沿和发展趋势。

第二，问卷调查法。本书运用社会调查的研究方法，以不同类别的农地流转主体为调查对象，设计问卷实地调研获取影响农地流转主体行为的因素。

第三，实地访谈法。实地访谈对象主要包括普通农民、村镇干部和新型农业经营主体三类。通过实地访谈，了解上述主体对农地流转的认知和展望，以及他们对农地“三权分置”感知价值的评价与态度，对促进西北地区农地流转的建议等资料。

第四，博弈分析法。与传统经济理论相比，基于博弈论的主体效用函数不仅取决于自身的选择，还取决于其他人的选择。因此，博弈论可以应用于解决冲突对抗条件下的最优决策问题。本书借助博弈理论，探讨了农地转入方、农地转出方、农地中介方、基层地方政府之间的完全信息动态博弈。

第五，结构方程模型（SEM）。由于影响农地流转意愿及行为的多维变量难以直接测量，并且容易产生主观测量误差，基于这些基本特征，本研究选择的主要统计分析方法为结构方程模型。本书应用结构方程模型展开西北地区农地流转主体行为的分析，主要涉及调研问卷的验证性因子分析，高阶因子分析、路径及因果分析、多群组比较分析等方法。

第四节　概念界定

一、西北地区

西北地区是中国西北内陆的一个区域，包括大兴安岭以西，昆仑山—阿尔金山—祁连山和长城以北，地域辽阔，行政上包括内蒙古自治区、新疆维吾尔自治区、宁夏回族自治区和甘肃省的西北部，占西部总面积的57.7%，占全国陆地面积的31.7%，人口约1亿，为全国的7.3%。西北地区深居中国西北部内陆，具有面积广大、干旱缺水、荒漠广布、风沙较多、生态脆弱、人口稀少、资源丰富、开发难度较大、国际边境线漫长、利于边境贸易等特点。此外，本书在研究西北地区相关问题时将选取西北地区中的宁夏回族自治区作为实地调研和样本选取地区。

二、农地与农地流转

（一）农地

目前，“农地”一词的解释主要分为两类，一类是农村土地，另一类是农用土地。我国的《宪法》《土地管理法》中规定：“农村和城市郊区的土地，除由法律规定属于国家所有的以外，属于农民集体所有；宅基地和自留地、自留山，属于农民集体所有”。可以看出，农村土地的概念和范围相对较广，不仅包括农用土地，还包括农村建设用地。基于《中华人民共和国农村土地承包法（2018 修正）》第二条的规定，“农村土地，是指农民集体所有和国家所有依法由农民集体使用的耕地、林地、草地，以及其他依法用于农业的土地”；而基于《中华人民共和国土地管理法》第四条的规定，“农用地是指直接用于农业生产的土地，包括耕地、园地、林地草地，农田水利用地、养殖水面等”。由此，本研究中对“农地”仅界定为农用土地中的耕地。

（二）农地流转

对于农地流转的概念，可以从三个不同视角进行界定：

一是基于农地产权视角，农地流转实际上是指农地经营权的流转。具有农地承包权的农民以合法形式将土地经营权或者使用权转让给其他农民或者经济组织，即保留承包权，转让经营权。国家已经从法律上对于农地的所有权作了明确的界定，即农村土地的集体所有制。因此，作者认为，在我国农地流转是农地的经营权或使用权的流转，在农地所有权属及其用途不变的情况下，在不同主体之间进行农地经营权或使用权的流通与变动。

二是基于流转类别的视角，农地流转可分为内部流转和外部流转。内部流转是由于农村家庭承包制的实施，农业现代化发展和农村劳动力转移造成的土地分割和荒漠化问题与矛盾而产生的，土地的用途和所有权关系没有改变；外部流转是指农业用地向非农用地的转变过程，如农地转为集体非农建设用地或城市国有土地等，在外部流转后的土地所有权发生变化，农民失去了土地的相应权利。本研究的范围仅讨论农地的内部流转情况，农地的用途及所有权关系不发生改变。

三是基于流转方式视角，依据 2018 年新修正的《农村土地承包法》规定，“通过家庭承包取得的土地承包经营权可以依法采取转包、出租、互换、转让或者其他方式流转”。根据大多数学者的研究，还有一些其他形式，包括发包、出让、转让、出租、转租、转包、反租倒包、股田制、土地交换保障等。自实行家庭联产承包责任制以来，农民内部自发的非正式土地流转已经开始出现，但大多数都发生在自然村范围内且多以传统的口头约定等方式确定租金及流转年限，较为随意。随着我国农村经济社会的发展，民间自发的土地流转模式逐渐演化成委托经营模式，进而向资本化管理模式的转变，改变了农村农地的性质和农地流转的逻辑，推动着农地经营方式的改变和发展。本书的农地流转既包含自发的流转、委托形式的流转，也包含资本化经营形式的流转，是以各种形式进行的发生在农业内部的农地经营权流转。

三、农地流转主体

我国学术界目前对农地流转主体还未形成明确统一的界定，总体来看可分为两种观点。一种观点是从法学视角进行定义，学者们认为农村土地承包经营权流转的承包方与受让方可定义为农地流转主体，承包方有权自主决定土地承包经营权流转还是不流转，流转给谁，以及采用何种流转形式；受让人可以是承包户，也可以是其他允许依照有关法律法规从事农业生产经营的组织和个人，但受让方应当具有农业经营能力且禁止改变流转土地的农业用途。于建嵘（2008）认为土地流转主体是拥有农地承包经营权的农民①；王权典和杜金沛（2009）主张土地承包经营权流转是一种合同关系，农地流转中提供土地的主体既可是承包方，也可是受让方②。另一种观点是从经济学视角界定农地流转主体即农地流转利益主体，是指在农地流转中经济利益行为具有一致性的相关利益主体，他们或直接或间接的参与农地流转，对农地流转的价格确定、流转程度及范围产生一定的影响。管清友和王亚峰（2003）揭示了农村集体组织在农地流转过程中处于主导地位③；钱忠好（2003）分析了乡村干部在农地流转中的行为，认为村干部的偏好和行为对农地承包经营权的流转有很大影响，可以作为农地流转主体之一④⑤。

介于以上两种界定方式，本书主要采纳第二种将农地流转主体界定为农地流转利益主体。在农地流转过程中，基于各自行为利益目标的不同，参与

---

① 于建嵘．地权是农民最基本的权利［J］．民主与科学，2008（05）：27-30.

② 王权典，杜金沛．农地承包制和农地流转的冲突与协调——兼论《土地承包法》流转规范设计的不足及完善［J］．华南农业大学学报（社会科学版），2009，8（01）：136-143.

③ 管清友，王亚峰．制度、利益与谈判能力：农村土地“流转”的政治经济学［J］．上海经济研究，2003（01）：28-33.

④ 钱忠好．中国农地保护：理论与政策分析［J］．管理世界，2003（10）：60-70.

⑤ 钱忠好．农地承包经营权市场流转：理论与实证分析——基于农户层面的经济分析［J］．经济研究，2003（02）：83-91+94.

农地流转的主体包含以下几类：一是发生农地转出行为的农地转出方，如拥有农地承包经营权的农户，其参与农地流转一方面可以通过流转农地经营权来获得相应的地租收入，另一方面能够利用流转农地腾出来的空闲外出务工或从事非农经营，以获得更多额外的劳动报酬，最终目的是获得收益的最大化。二是发生农地转入行为的农地转入方，现阶段主要以新型农业经营主体为主，包括了专业大户、家庭农场、合作社以及农业企业等，其参与农地流转一方面是为了通过农业生产的规模效益获得利润收入，另一方面是通过市场化运作实现农业生产集约化和专业化经营。三是发生农地流转中介或监督行为的农地流转中介组织，如村委会，其职能主要是宣传农地流转政策、发布信息、协调流转工作等。四是拥有农地流转政策制定行为和执行行为的中央及地方政府。中央政府参与农地流转主要体现在农地流转政策的制定与颁布，通过中央政府制定的政策鼓励农业用地进行流转，这本身对社会的发展是大有裨益的，除了增加农业产量，还确保了国家粮食安全，社会福利帕累托也得以改进。而地方政府参与农地流转的行为主要体现了政策的执行和维护，通过规范政府行为、界定监管边线，确保提高农地流转率和实现社会公平的双重目标的实现，减少政策外部效应的影响。本书认为农地流转属于经济行为的一类，转出的主体和转入的主体，包括核心载体即土地都是这一活动的显性表现，农地流转主体归根结底是利益主体基于自身效用最大化进行利益选择的群体。因此，本书在后续内容探讨的过程中，基于调研数据获取的完整性及便利性，将农地流转主体界定为直接参与农地转入方、农地转出方，农地流转中介方及地方政府。这样的界定方式既有利于满足学术研究的需要，也能体现系统真实的农地流转主体关系。

第五节 理论基础

一、计划行为理论

计划行为理论由多属性态度理论发源而来。Fishbein（1963）研究出的多属性态度理论表明，行为态度至关重要，其决定着行为意图，行为态度除了因自我意识而产生，也会受到群体心态的影响[①]。随后，Fishbein 和 Ajzen（1975）在此基础上进行扩展研究，给出全新的理性行为理论，该理论说明个体行为不是不可预测，很多时候能够根据行为意向推测出来，行为意向的决定因素是主观标准，还有行为态度[②]。这一理论本身也有一定的缺陷，理论适应的范围忽略了外部环境的影响，为了让理论更为完善，Ajzen 于 1985 年在理性行为理论基础上，提出了计划行为理论，这一理论是对上一理论的一种丰富和升级，成功引入了知觉行为控制变量。20 世纪九 90 年代初期，计划行为理论正式出现。所以，计划行为理论成功地引入了知觉行为控制变量这一客观变量后，形成的理论模型如图 1–1。

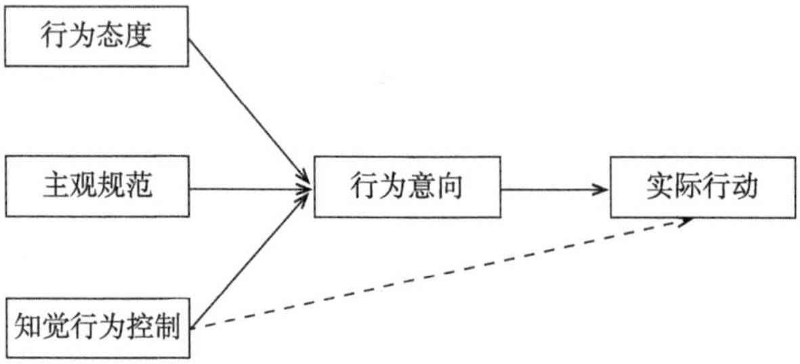

图 1–1　计划行为理论模型（Ajzen，1991）

Frese 等（1994）指出，“计划”体现出在行动中，行为和认知间形成的等级思维过程，计划行为理论在二者之间搭建起了中介作用[③]。计划行为的理论模型包括以下几个要点：1）理想状态中，行为受到行为意向直接影响和决定，不过在实际中，还会受到个体能力、机遇、资源等条件的影响；2）精准的知觉行为，可以真实地反映出实际控制条件，所以，能够起到相应的测量指标的作用，来预测行为的可能性；3）行为意向的三大决定因素有行为态度、知觉行为控制以及主观规范，三者彼此作用，最后来影响行为；4）行为态度、主观规范和知觉行为控制在概念层面理解时能够实现分离，不过他们有着同一信念基础，彼此既独立又相关。

---

① Fishbein M. An investigation of the relationships between beliefs about an object and the attitude toward that object [J]. Human Relations, 1963, 16 (3), 233–239.

② Fishbein M, Ajzen I. Belief, Attitude, Intention and Behaviour: an introduction to theory and research [J]. Philosophy & Rhetoric, 1975, 41 (4), 842–844.

③ Frese M, Zapf D. Action as the core of work psychology: A German approach [J]. Handbook of industrial and organizational psychology, 1994 (4), 271–340.

计划行为理论对本研究的启示：计划行为理论是本研究借鉴的最重要的理论基础。对于农地流转主体而言，个体的流转行为主要受到其流转行为意识的影响，而流转行为意识主要通过三个方面产生：首先是个体自身对于流转行为所持有的正面或负面的感觉，即指由个人对此特定行为的评价经过概念化之后所形成的态度，它因为个体了解自身而存在；其次为个体主观规范，这是因为外部因素的影响而产生的，比如亲戚或朋友对某种行为的意见；最后是个体控制自身的知觉行为，指的是个体可以利用自己的能力、资源等来事先预判，体现出自身对行为的控制水平。Fishbein 等（1975）认为行为意向影响着个体的行为，行为意向可以很好地帮助对行为进行提前的预测。按照计划行为理论，刘克春（2006）提出，农地流转意识涵盖的内容有流转主观规范、流转态度以及流转知觉行为控制①。计划行为理论体现出各个维度的意识如何来影响意向，从而反映了行为的影响。肖卫东（2016）认为“三权分置”最基本的目的是明晰土地产权关系，进而提高农地流转意识，以便农地流转主体产生流转行为②。综上所述，个体的农地流转意识越强，其流转意愿也就越明显，且农地流转意愿能够有效促进农地流转行为的产生。

二、社会学习理论

社会学习理论是由美国心理学家 Bandura 于 1977 年提出，Bandura 将传统行为理论与社会认知理论相结合，加入社会变量对人类行为的制约作用，强调内部认知因素、观察学习、自我调节及自我控制对行为影响作用。Bandura（1977）提到，行为一般可以分成两种过程，其中一个为利用自身获取的经验来引导与进行行为反应，另外一种为以示范者行为为依据，以观察的形式来学习并进行行为的过程③。蒋亦璐（2016），范恒和周祖城（2018）认为社会学习理论关注个体认知，行为和环境因素对人类行为的影响，其中心意思为个人行为既会受到个人认识的影响，同时也会受到环境影响，认知

① 刘克春 . 农户农地流转决策行为研究［D］. 浙江大学，2006.

② 肖卫东，梁春梅 . 农村土地“三权分置”的内涵、基本要义及权利关系［J］. 中国农村经济，2016（11）：17-29.

③ Bandura A. Self-efficacy：Toward a unifying theory of behavioral change［J］.Psychological Review，1977，84（2），191-215.

因素起到了刺激的桥梁作用，它决定着个体在因为受到环境刺激后所做出的行为[①][②]。社会学习理论由三元交互决定论、自我效能感理论和观察学习理论组成，观察学习主要指的是个体以观察的方式针对另外个体的行为进行学习，或者调整原有的行为；Bandura（1986）提出个体无需在实际操作中得到经验，这是通过观察的方式，从他人的行为中学习到一定的特点，然后转化成自己的认知，这种是观察式的学习从而做出的行为反应[③]。其中，本研究关键性的参考理论为三元交互理论与自我效能理论，因此以下是两个理论的详细阐述。

（一）三元交互理论

Bandura（1986）提出三元交互理论指明人类思想的形成与发展得益于本身认知的不断深入发展，如果认知中跟社会工作达成了某种契合，学习作用就显现了出来，即个体、环境与行为在学习过程中发生相互作用。三元交互理论方面，个体因素指的是能够引发个人的行为认知、另外内在特点例如思维、自我评价、生理反应等心理和身体功能；环境因素是指基于个体认知影响个人行为的外部环境；行为包括可观察到的一系列社会活动，如个人行为反思和语言反思等。Bandura（1986）认为受到环境和隐含规则的影响，个体因素是造成个体感知和行为的内在特征，而环境对个体的影响起着决定性作用的是个体的认知可能引发的个体行为。所以，环境、个体认知以及个体行为之间都是彼此紧密联系的，有着彼此促进的作用，由此组成了有关人类个体的技能活动的交互决策系统，如图 1-2 所示。这一理论能够帮助本书的研究：从环境、行为以及个体的角度出发，探索西北地区农地流转主体行为的研究。

① 蒋亦璐 . 学习型城市建设：理之源与行之路的探索［D］. 华东师范大学，2016.

② 范恒，周祖城 . 伦理型领导与员工自主行为：基于社会学习理论的视角［J］. 管理评论，2018，30（09）：164-173.

③ Bandura A. Social foundations of thought and action：A social cognitive theory［M］. Prentice-Hall，1986，169-171.

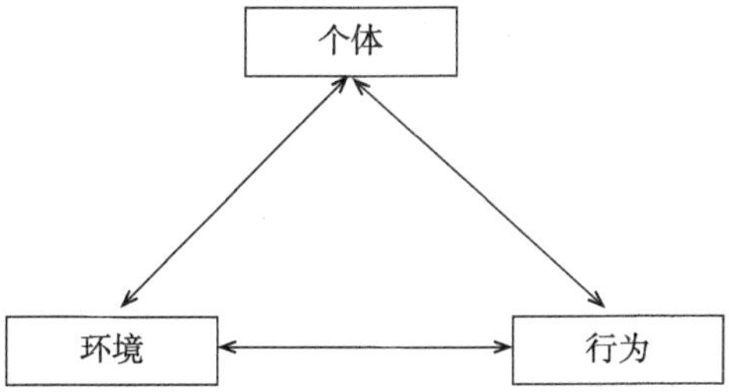

图 1-2 三元交互决定论理论模型（Bandura，1986）

（二）自我效能感理论

自我效能感理论是社会学习理论的另一核心思想。Bandura（1977）通过研究提出了人的行为决定因素有许多，除了个人本身掌握的技能以外，还有他们在技能上的判断，这些判断是影响他们行为的重要因素。通常来看，个人可以实现组织希望目标的行为能力的自我判断，即可以理解为自我效能。自我效能本身领域性较强，这是毋庸置疑的，因为领域多且复杂，需要注意的是，所有有关自我效能的讨论都应当在特定领域里实现。本研究探讨了农地流转主体行为是在农地产权制度实施“三权分置”的背景下进行的。自我效能感的影响因素主要有四个方面：1）自我效能最大影响要素为个体经历和相关活动的成败；2）自我效能的产生与发展也会因为观察他人行为而得到经验的影响；3）基于他人关于事实的言语劝导，评价，自我说服；4）自我效能还会受到个人的情绪变化的影响。这四种影响因素要综合起来确定对自我效能的影响。该模型如图 1-3 所示。

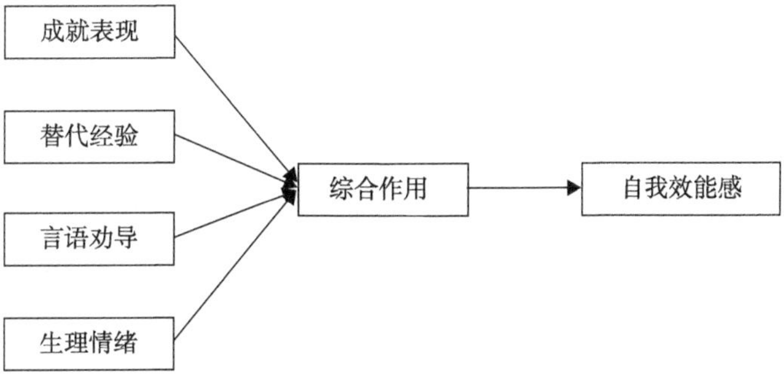

图 1-3 自我效能影响因素理论模型（Bandura，1977）

总结而言，社会学习理论包含了以下方面：1）强调了观察的重要性和关键作用，在人类个体行为的获得上作用巨大，很多人行为的积累都是以观察的方式学习的；2）重视榜样的作用，人的行为可以通过观察学习过程获得，这有赖于榜样作用，观察者行为除了观察行为结果的影响外，还有跟被观察者之间关系的影响；3）自我调节作用巨大，人类个体行为除了有着来自外部行为的影响以外，还会受到自发行为的影响，也就是自我调节，自我调节指的是首先构建起目标，进行自我评价，然后对行为实现调节；4）倡导奖励自信心，对一个人应对各种情况的能力的信任程度在人们的行动中起着重要作用。

社会学习理论对本研究的启示：采用社会学习理论解释西北地区农地流转主体行为是本书的一大创新。根据社会学习理论中的三元交互理论和自我效能感理论，本研究认为个体、环境与行为之间存在着相互关系。大量文献表明，个体特征、家庭特征、制度特征及地域特征对农地流转意愿及行为具有显著影响[①②③]，这些特征都可归类为农地流转的某一要素特征进而成为农地流转的要素认知。陈朝兵（2016）认为对农地流转的认知是一个有条理的过程，它对农地流转意愿起最重要的预测作用[④]。此外，自我效能感理论解释了决定人们行为的并不完全是个人的实际技能，也受自我调节引发动机功能来调节行为。Chen（2015）提出农地流转动机是农地流转行为的必要条件，个人只有拥有相当强大的流转动机才能有流转行为[⑤]。农地流转行为的出现符合我国农村经济社会发展的需要，随着城镇化及城乡一体化发展，农村剩余劳动力逐渐转向二、三产业，同时农村土地抛荒、土地闲置等现象的出现，对农业实现高度产业化是不利的，农村土地流转也正源于这一背景下产生并逐

---

① 夏显力，甘奇慧，张华，周政宁，吴立波．农户农地流转行为及其发生动因的实证研究［J］．华中农业大学学报（社会科学版），2010（03）：79-85.

② 王岩，杨俊孝．新疆玛纳斯县农户农地流转行为影响因素实证分析［J］．干旱区资源与环境，2013，27（06）：7-13.

③ 褚菲霞．农户土地承包经营权流转行为研究［D］．河南大学，2016.

④ 陈朝兵．农村土地“三权分置”：功能作用、权能划分与制度构建［J］．中国人口·资源与环境，2016，26（04）：135-141.

⑤ Chen Zhigang，Wang Qing，Huang Xianjin. Can land market development suppress illegal land use in China？［J］. Habitat International，2015（49），403-412.

年增加[①]。诸多文献阐述农民在作出流转决策时存在“羊群行为”[②③]，社会环境的诱导及同阶层人群的流转行为对流转主体作出流转决策有着直接影响，这是通过一种观察或效仿后对个体行为的判断与选择。因此，本书尝试借鉴社会学习理论构筑理论模型深入剖析农地流转行为形成的原因。该理论为本研究总体理论模型的构建提供坚实的理论基础。

三、感知价值理论

感知价值理论最早由 Zaithaml 在 1988 年提出，是基于管理学中产品营销领域的顾客感知价值理论。感知价值是基于个人的心理视角和经验，对个人收益与付出之间的主观权衡和比较[④⑤⑥]，受益与损失可进一步分为货币或心理上的所得或失去。此理论提出后，引起了许多学者的关注，他们出于各种角度研究了驱动因素、感知价值的内涵以及相关的理论模型，使得感知价值理论得以不断丰富。感知价值最早主要是用于顾客购买产品意愿的研究，之后，对感知价值研究的维度变得更加灵活多样。学者总结出感知价值的建立一般有两种方法，第一种为把感知价值分成两大维度，也就是个体通过具体的产品或者行为得到相应的投入与收益，感知价值来自于个体对这两个维度的权衡比较而得出的综合评价；另一种方法则是将感知价值视为一个多元维度的概念。需要强调的是，正是因为 Zeithaml 的研究，感知价值实现了多维度的划分，这不是对前者的否定，而是对两个维度的更深入的探索（韩成英，2016）[⑦]。所以，尽管学者们提出，感知价值的定义上少不了多元维度这一特点，不过，各个学者还是在各自的观点上存在着差异，他们更为清楚地认识

① 钱忠好，冀县卿．中国农地流转现状及其政策改进——基于江苏、广西、湖北、黑龙江四省（区）调查数据的分析［J］．管理世界，2016（02）：71-81.

② 杨卫忠．农村土地经营权流转中的农户羊群行为——来自浙江省嘉兴市农户的调查数据［J］．中国农村经济，2015（02）：38-51+82.

③ 何欣，蒋涛，郭良燕，甘犁．中国农地流转市场的发展与农户流转农地行为研究——基于 2013～2015 年 29 省的农户调查数据［J］．管理世界，2016（06）：79-89.

④ Chandon P., Wansink B., Laurent G. A benefit congruency framework of sales promotion effectiveness［J］. Journal of Marketing, 2000, 64（4）, 65-81.

⑤ 朱文珏，罗必良．农地价格幻觉：由价值评价差异引发的农地流转市场配置“失灵”——基于全国 9 省（区）农户的微观数据［J］．中国农村观察，2018（05）：67-81.

⑥ 匡远配，陆钰凤．我国农地流转“内卷化”陷阱及其出路［J］．农业经济问题，2018（09）：33-43.

⑦ 韩成英．农户感知价值对其农业废弃物资源化行为的影响研究［D］．华中农业大学，2016.

了个体情感维度、感知风险以及产品功能维度。感知价值理论不断丰富过程中，应用领域也得到了一定程度的扩展，慢慢地拥有了对旅游、房地产等领域的感知价值评价的作用①②③④。随着农村经济社会的发展，有学者开始关注土地确权的感知价值，以及土地产权制度、土地流转行为等问题⑤⑥⑦。

感知价值理论对本研究的启示：结合当前所研究的定义和内涵，本书认为感知价值应为在某一环境和时间内，行为主体在获得一项技术或服务，购入产品、参与某一经济活动决策的时候，主观感应到的由客体带来的利益，还有主体为了得到相应的利益而需要考虑其他层面的得与失之间的比较。本研究主要是希望通过对感知价值理论的应用，建立起农地“三权分置”的感知价值理论模型，厘清“三权分置”感知价值的本质属性，以及农地流转主体对不同维度利益的感知和对“三权分置”所产生的不确定性造成的风险感知，进一步丰富了感知价值理论的研究。

四、博弈理论

博弈理论又被称为对策论，既是现代数学的一个新分支，也是经济学家们进行经济研究的一种重要方法。作为一种系统理论，博弈理论已经被广泛运用于经济学、管理学、统计学等学科的教学和实践中。博弈论主要是对个体间的行为的一种预测，从而根据预测实现策略调整与升级的理论。现在，这一理论已经大范围地应用到了经济学中，成为了不可或缺的关键部分。1928 年，匈牙利裔美籍数学家 Neumann 详细阐述并论证了博弈论的基本原理，标志着博弈论的正式建立；随后，经济学家 Morgenstern 将博弈论广泛地运用到经济学领域中，还就各类经济行为彼此作用方面进行了研究；1944 年发表的《博弈论和经济行为》，对博弈论进行了整体性的介绍；从 1950 年到 1951 年，经济学家 Nash 发表了两篇开创性的论文《n 人博弈的均衡点》和《非合

① 程兴火 . 基于游客感知价值的森林生态旅游景区竞争优势研究［D］. 浙江大学，2006.

② 吴凌菲 . 基于感知创业价值的大学生创业意愿形成研究［D］. 同济大学，2008.

③ 许统邦，梁嘉成，夏剑龙 .B2C 模式下的顾客感知价值研究［J］. 商场现代化，2006（21）：106-107.

④ 郑云峰 . 基于感知价值的安防服务市场细分研究［D］. 辽宁大学，2011.

⑤ 黄莉 . 土地确权的农户感知价值理论与实证分析［D］. 四川农业大学，2012.

⑥ 许艳芳 . 农村土地承包经营权确权的承包户感知价值和实证分析［D］. 山西师范大学，2016.

⑦ 李隆伟 . 土地承包经营权确权对农民土地流转行为的影响研究［D］. 中国农业大学，2016.

作博弈》，主要介绍了合作和非合作之间存在的博弈，并提出了纳什均衡定理；20 世纪 60 年代，经济学家 Selten（1964）研究了纳什均衡定理，实现了动态化分析①，接着，Harsanyi（1968）通过对博弈论的深入研究，成功地引入了不完全信息②。博弈论从产生到不断的丰富，理论体系日趋健全，这是不争的事实。

博弈理论基本要素为局中人、策略、得失和均衡。根据博弈要素与规则形成的不同，大体上分成三种类型，即静态博弈与动态博弈、合作博弈与非合作博弈、完全信息博弈与不完全信息博弈。我们发现，合作博弈研究的是主体形成合作的效益的合理配置，非合作博弈是主体之间竞争的关系，制定出影响对方最佳效益的策略；完全信息博弈与不完全信息博弈主要指的是主体在博弈过程中对信息掌握程度如何；动态与静态的博弈是研究博弈中是否存在博弈主体之间相关的一系列行为，或者博弈中的各主体是否知道彼此的行为。在博弈的逻辑中，博弈参与者的推理反映在他对策略的选择上。制定参与者策略的选择一方面是博弈结构，即博弈中不同策略组合下的获益函数或付出函数；另一方面是其他参与者的策略。博弈的逻辑核心是通过研究推理出每个博弈主体寻求合理的策略选择。

博弈理论对本研究的启示：农地流转过程中各个参与主体之间无时无刻不存在着竞争，有竞争就会有收益，各主体进行流转行为决策判断时都符合理性经济人假设，因此博弈理论适用于分析流转主体之间的行为关系。吴杰华（2009）认为农地流转政策的适应性改变，是由于农地流转过程中各个参与主体之间的多方博弈结果③。明确归类农地流转过程中的参与主体，可以划分为农地转入方、农地转出方、农地流转中介方，通过三者之间的相互博弈来分析它们各自的博弈收益。曹海英（2016）指出农地流转是相关利益主体共同作用的结果，为保证农地流转顺利进行，应结合各主体间的博弈关系来研究参与主体间的博弈均衡点④。从激励各相关利益主体对策建议和完善相关配套政策，协调各利益主体的行为，为经济增长、社会发展注入动力。农

① Selten R. Valuation of n-person games [J]. Annals of Mathematics Studies，1964（52），577-626.

② Harsanyi J. Games with incomplete information played by "Bayesian" players, parts i-iii [J]. Management Science，1968，14（3），159-182.

③ 吴杰华 . 利益博弈与制度变迁：基于制度经济学角度的理论反思——以现阶段农村土地流转为实例的分析 [J]. 理论月刊，2009（07）：142-145.

④ 曹海英 . 我国农地承包经营权流转利益主体行为选择研究 [D]. 东北农业大学，2016.

地流转过程中，农地流转中介方、农地转出方和农地转入方这三个参与主体在土地流转过程中进行着各种各样的博弈，其中有三方相互博弈，也有着两方相对博弈，还有着同一博弈主体之间的内部博弈。从宏观上看来，农地问题向来是个重大的社会问题，各级政府为了保持农村社会稳定，促进经济发展，在制定土地流转相关法律法规、制度设计或是监督机制时需要考虑多方利益及诉求，存在利益关切，也需要从博弈角度分析其行动策略；微观上来讲，在农地流转过程中，主要涉及到基层政府（县级以下政府）、农地流入方（各类农业经营组织）、农地流出方（农户及村集体）等利益主体。随着农地升值空间的扩大，各个利益主体争先恐后参与到农地流转中，但由于各自利益目标的不一致，容易引发不同的利益矛盾，此时随着农地“三权分置”的实施，一定程度上加剧了这种利益的博弈。在地方政府、农地流入方、农地流出方之间的多方动态博弈过程中，每种博弈的决策均是追求自身利益最大化的行动选择①，因此，进一步研究农地流转主体之间存在着具有差异的行为选择和关系，可以帮助在实际流转中出现的各类利益冲突的合理解决，保障各方权益同时也能确保农村土地流转有条不紊进行。

五、交易成本理论与产权理论

新制度经济学理论学派最为知名的成果即产权理论以及交易成本理论，其突出代表者是 1991 年获得诺贝尔经济学奖的美国经济学家 Ronald H. Coase，他被西方经济学家称为产权理论的创始人。Coase 所致力考察的不是经济运行过程本身，而是经济运行背后的财产权利结构，他所运用的研究方法并非正统理论所采取的基本方法，如数学、效用主义的边际分析等，而是通过对某些经济现象的分析来阐述隐含在这些现象背后的经济运行规则及规定这些规则的制度基础。

Coase 的新制度经济学理论大致分为两个阶段，第一阶段是 20 世纪 30 年代正统微观经济学的批判性思考，由于经济学是研究稀缺资源配置的，市场中出现非确定因素可能会造成交易出现风险，所以，交易本身要付出代价才能实现，从而也就有资源配置及经济效率的矛盾，制度的建立是服务于经济

① 汤琦瑾．农地流转中多维主体权益实现的博弈及效果分析［J］．生产力研究，2006（03）：44-47.

效率而生的，不然原有的旧制度势必会被淘汰。因此全方位地分析制度才真正地进入到经济学研究领域，进而形成了交易成本理论。新制度经济学最为重要的特点是有关于交易所引发的成本。Ronald H. Coase 在 20 世纪 30 年代的研究中第一次提出了交易成本这一概念，之后交易成本理论也随着学术界的深入研究而实现了内涵及外延的丰富。从新制度经济学的角度来看，交易成本会影响资源配置的效率。Coase（1937）认为交易是存在成本的，减少或避免交易可能带来的成本问题是所有的企业都需要时刻注意的，不过，因为企业在管理中必然要进行投入，这一支出是必须的，因此，企业发展规模不是无限大的①。Coase 阐述了市场成本与企业内部成本的区别，但并没有对交易成本给予明确的定义。直到 20 世纪 60 年代，美国经济学家 Arrow 简化了交易成本的概念，把它看做为进行经济制度操作时所产生的成本。之后，Williamson 又实现了理论的丰富，他认为交易成本应该是组织在经济系统不断发展中形成的成本，他将交易成本分成了事前与事后两个部分，即以合同签订与否为分界线。1986 年，Matthews 将交易成本理论进行了延伸，他提出交易成本属于机会成本的一种，假如信息会产生成本，和产权有关的个体在交易时都会产生交易成本，这些行为主要有潜在交易方信息的寻找、谈判、合同的签订和监督过程。中国香港经济学家张五常（2000）提出交易成本最为广义的概念，他指出交易成本就是在独立个体生存与发展环境中各类成本不见得都是存在的，它只是囊括了任何的可以制约竞争的成本②。蒋影明（2008）主张交易成本是交易的许多方面所形成的费用的支出，例如市场信息的取得、交易双方的谈判、合同的签订、秩序维护等支出，交易成本就是诸如此类各项交易费用的总和③。侯建昀等（2014）指出交易成本一共有两类，即固定的交易成本，另外一种则是可变化的，农民行为都会因为这两类受到影响④。可变交易成本将影响农民的市场参与行为，而固定交易成本会为农民带来积极的行为影响。第二阶段是在 20 世纪 50 年代末到 60 年代，Coase 系统地讨论了产权的经济作用，分析了产权的功能，特别是研究了降低社会成本和消除

① Coase, R.H. The nature of the firm [J]. Economica, 1937 (4), 386-405.

② 张五常. 经济解释一张五常经济论文选 [M]. 北京：商务印书馆，2000，4274-4299.

③ 蒋影明. 交易成本理论的缺陷及其负面影响 [J]. 理论与改革，2008 (01)：90-93.

④ 侯建昀，刘军弟，霍学喜. 区域异质性视角下农户农药施用行为研究——基于非线性面板数据的实证分析 [J]. 华中农业大学学报（社会科学版），2014 (04)：1-9.

外部性等市场失灵的关键，使产权制度成为确保资源配置有效性的必要条件，从而形成产权理论。新制度经济学家提出，产权属于社会关系，是权利的体现，一种人类个体间的关系的规则，也可以理解为一类社会层面的规则。现代产权经济学的创始人 Alchian 提出了产权实际上属于社会关系的一种。此外，Alchian（1969）将财产权定义为在稀缺资源条件下使用资源的权利，或人们使用资源的适当规则[①]。Demsetz（1985）认为产权是一种社会工具，其意义在于它使人们能够在与他人的交流中形成合理的期望，产权的主要作用是为外部效应提供更好的内部化能力[②]。曹建海（2001）认为产权是定义人们如何从经济活动中受益，如何受损以及如何补偿的相关规则，它们是收入权和控制权的结合[③]。周其仁（2017）指出无论产权如何分配，产权的清晰都是提高效率的重要手段[④]。

然而，马克思产权理论提到了，产权属于各类财产权的总称。产权主体是彼此对立的，同时也是统一的，它们分成了公共财产权与私有财产权，公共财产权通过非法手段变为私有财产权。相比之下，科斯产权理论使得产权理论得以丰富起来，但是跟马克思产权理论是呈现出对立关系的。西方产权理论主要突出的是经济效率和产权清晰度间的关系，且广泛认为如果产权越明朗，提高经济效益的可能性就越大。基于我国的自身国情，关于产权的改革跟各种产权理论之间是有着不同联系的，西方产权理论强调社会主义改革需要首先明晰产权归属，然后实现生产资料的私有制，从而实现经济效率的增强。而马克思产权理论则强调了我国社会主义改革不能背离公有制与各类所有制共存的前提。

交易成本理论与产权理论对本研究的启示：西方新制度经济学理论遵循新古典经济学里提出的成本收益分析法，全新解释了市场经济体系中的产权以及交易行为，从而对新古典经济学实现全新的发展，其理论比较浅显易懂，人们可以轻松了解和认知。借鉴交易成本理论及产权理论一方面对本研究感知风险中的指标维度的建立有着强有力的指导性意义，在理解了为什么会出

---

① Alchian A. Information Costs, Pricing and Resource Unemployment [J].Economic Enquiry, 1969（7）, 109-128.

② Demsetz H., Lehn K. The Structure of Corporate Ownership: Causes and Consequences [J]. Journal of Political Economy, 1985（93）, 137-165.

③ 曹建海 . 现代产权理论与我国城市土地产权制度研究 [J]. 首都经济贸易大学学报，2001（06）：21-26.

④ 周其仁 . 产权界定与产权改革 [J]. 科学发展，2017（06）：5-12.

现交易成本以后，有助于进一步理解农地流转主体流转行为的交易成本产生的原因；另一方面有助于本研究对农地“三权分置”实现全方位的理解，从而为课题研究带来一定的理论支持，并且对之后指标维度的建立带来指导性的帮助。农地作为重要生产资料，农地的所有权、承包权及经营权作为重要的产权，均遵循产权理论，明确农地产权可以促进西北地区农业经济和社会的发展。

六、相关理论关系

西北地区农地流转是促进西北地区农村经济社会发展、解决西北地区“三农”问题的有效途径之一，其目的是通过优化与配置农地资源而实现全面小康和乡村振兴的双重目标。计划行为理论是本研究主要借鉴的理论基础，个体行为主要受到个体行为意愿的影响，农地流转主体的农地流转意愿越明显越能有效促进农地流转行为的产生。而农地流转主体的流转行为除了主体意愿影响以外，通常也体现在个体因素与外界环境的有效联系。社会学习理论关注个体认知、行为和环境因素对人类行为的影响，其中心意思为个人行为既会受到个人认识的影响，同时也会受到环境影响，认知因素起到了刺激的桥梁作用，它决定着个体在因为受到环境刺激后所做出的行为，社会环境的诱导及同阶层人群的流转行为对流转主体作出流转决策有着直接影响，这是通过一种观察或效仿后对个体行为的判断与选择。感知价值理论表明在当农地权属关系发生变化时，农地流转主体在农地“三权分置”实施以来主观感应到的对农地流转行为的利益，以及为得到相应的利益而需要考虑其他层

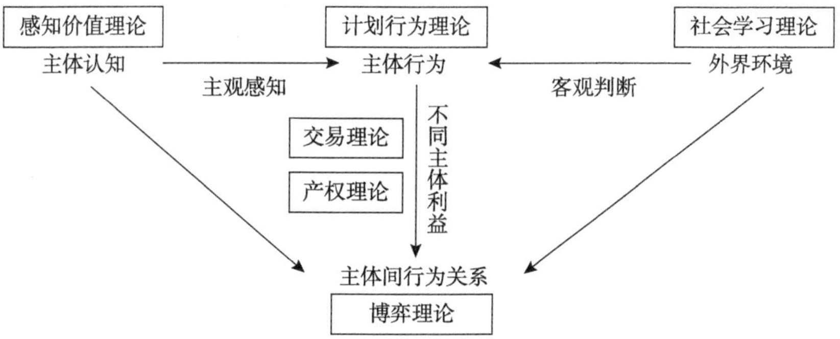

图 1-4 本研究相关理论关系图

面的得与失之间进行比较，比较的结果会影响农地流转主体的流转行为。博弈理论适用于分析流转主体之间的行为关系，农地流转主体之间既有合作也有竞争，各主体进行流转行为决策判断时都符合理性经济人假设。农地作为重要生产资料，在流转活动中均遵循交易成本理论与产权理论。因而本研究对相关理论进行简要阐述，以期为后续内容提供重要的理论基础。

第六节　研究框架及创新点

一、研究框架

本研究以“行为关系 - 价值感知 - 影响路径”作为逻辑主线，从理论和实证两方面对西北地区农地流转主体行为进行研究。本研究基本的研究思路及框架如下图所示：

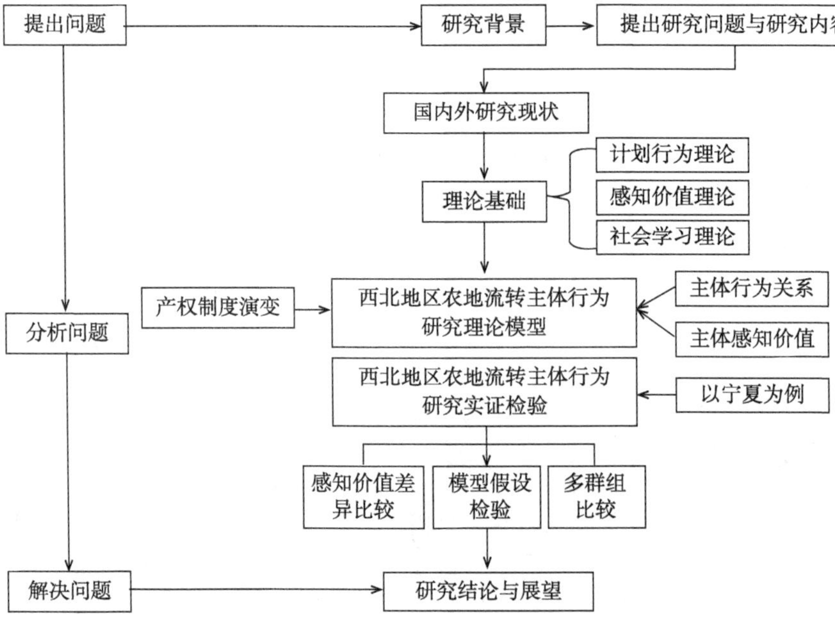

图 1-5　研究框架图

二、可能的创新点

在导师的指导下，作者针对西北地区农地流转主体行为进行了深入剖析，文章在理论与实践中借鉴了前人研究成果，如果说有可能成为创新点的地方，主要包括以下几方面：

第一，研究方法具有综合性。本书在注重量化分析时，更加意识到深入访谈等质性研究的重要性，同时本书在各章节所采取的研究方法具有交叉性，是经济学、管理学和社会学学科的综合体，各研究方法的交叉嵌入最终形成了本书研究方法集合的综合竞争力。此外，本书对传统的文献综述部分进行了计量分析，借助 Citespace 信息可视化软件，梳理了国内外关于农地流转、农地“三权分置”的研究热点，避免了传统文献综述主观随意性较强的弊端。

第二，研究理论具有探索性。西北地区农地流转主体行为的研究除了关注个体特征、家庭特征等一般因素以外，还应关注主体自身发展需要，结合社会学、心理学等不同理论探索农地流转主体行为的影响因素。本书在借鉴刘克春（2006）基于计划行为理论研究农地流转行为的基础上，探索性地引入社会学习理论和感知价值理论，补充和完善了西北地区农地流转主体行为的研究理论，并构建西北地区农地流转主体行为研究的理论模型，具有一定的探索性。

第三，研究视角具有创新性。在前期实地调研中发现，农地流转主体对于农地“三权分置”的了解程度较为模糊，对自身流转行为的选择判断也较为随意。对于西北地区农地流转行为的研究，许多学者深入研究了内涵和驱动因素，扩展了一些理论体系（如计划行为理论等），并且还得到了一些实证研究成果。应当指出的是结合西北地区实际情况对农地流转主体行为的相关研究很少，关注西北地区农地“三权分置”研究方面，学者的研究多侧重于宏观层面与定性分析，从微观主体的角度进行的定量研究相对薄弱。基于此，本研究对西北地区农地流转主体之间的行为关系以及对农地“三权分置”感知价值构成维度分别进行论述，再运用实证研究方法验证农地流转主体行为的影响路径。研究视角具有一定的创新性。

第二章　国内外研究现状

对国内外研究现状进行梳理，总结和评论是所有合理研究的基础，不仅可以了解当前研究的进展和困境，而且可以阐明本研究在国内和国际学术界的地位。鉴于此，本章基于国内权威的中国知网（CNKI）数据库和国际学术界的Social Science Citation Index（SSCI）数据库，从文献计量学的视角利用CiteSpace信息可视化软件阐明国内外关于农地流转、农地“三权分置”的研究热点，研究前沿及研究趋势，并进行中外文献的比较分析与文献述评。

第一节　农地流转研究现状

一、数据来源

本研究的中文数据来自中国知网（CNKI）的SCI数据库，EI数据库，CSSCI期刊数据库和核心期刊数据库。为了尽可能避免错过文献选择，本研究以该领域的多位学者论文为参考依据，选择不同关键词组合下的学者论文进行完整性研究。经过多次尝试，文献检索以“题名＝农地流转并且文献来源=SCI收录刊or EI收录刊or CSSCI期刊or核心期刊（模糊匹配）”为条件进行搜索，共获得1986篇文章。为了进一步确保所选文献的合理性，本研究采用手工方法逐一验证CNKI搜索引擎获得的文档。具体策略如下：删除会议通知，会议摘要，新闻报道，政府官方文件和其他研究无关文献；深入阅读其余文献的摘要部分；剔除相同作者的重复发表以及关于研究农村宅基地和农村集体用地流转问题的相关文献。最后，共获得了801篇有效的研究文献。数据下载时间是2018年10月9日。

此外，本书研究的外文文献数据来自Web of Science的SSCI数据库，外文对于“农地流转”概念的译文既包括“流转”也有“交易”“流通”“转换”等含义，因此检索策略为：“主题＝（farmland transfer）or主题＝（land turnover）or主题＝（farmland circulation）or主题＝（land transaction）or主题＝

（agricultural land transfer）or 主题 =（farmland conversion）；搜索参数设定如下：文献类型 =（Article）；时间跨度 =（所有年份）；引文索引 =（SSCI）”，共获得 523 篇文献。为了进一步确保所选文献的合理性，本研究通过人工识别方法逐一检查上述文献，并删除与本研究无关的文献，最后获得 355 篇适合本研究的有效文献。数据下载时间是 2018 年 10 月 15 日。

二、外文文献计量结果

（一）文献数量情况分析

本次搜索已获得 355 份关于农地流转的研究文献，时间范围为 1978 年至 2018 年，每年平均发表的文献数量约为 9。年度变化趋势如图 2-1 所示。不难发现，2012 年之后，该领域发布的文献数量急剧增加，2018 年达到 55 篇，并伴随持续增长的趋势。

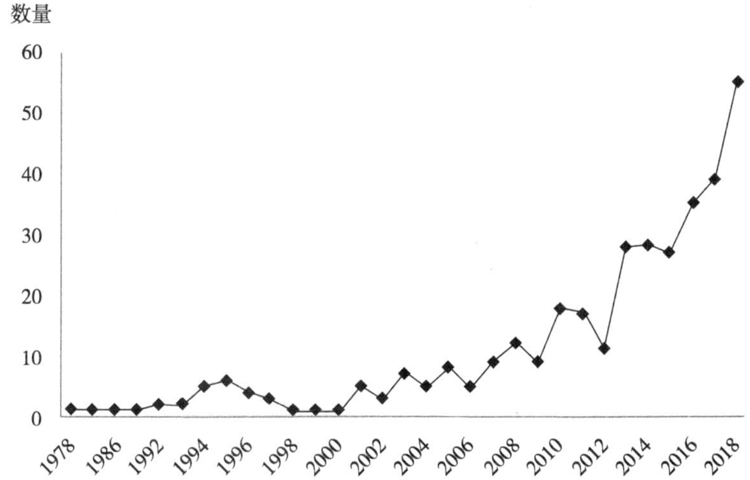

图 2-1　1978-2018 年农地流转领域出版文献数量分布图（外文）

（二）作者、机构与国家（地区）分析

选择 CiteSpace 5.0 中的“Author”节点，得到 1978-2018 年农地流转领域作者论文发表概况，如表 2-1 所示在该领域的代表性学者中，世界银行“发展经济学研究小组”农村发展组首席经济学家 Klaus Deininger 博士以 6 篇论

文位居第一；中国科学院 Xiubin Li 研究员、江西财经大学 Hualin Xie 教授及 Hua Lu 教授分别以 4 篇论文并列居于第二。

表 2-1　1978-2018 年农地流转领域作者论文发表概况（外文）

排名	作者	论文发表数量	占 355 篇的 %
1	Klaus Deininger	6	1.69
2	Hua Lu	4	1.13
2	Xiubin Li	4	1.13
2	Hualin Xie	4	1.13
3	Peter H. Verburg	3	0.85
4	Fu Chen	2	0.56
4	Fridolin Krausmann	2	0.56
4	Man Yu	2	0.56
4	G. Q. Chen	2	0.56
4	Shaoliang Zhang	2	0.56
4	Qian Forrest Zhang	2	0.56
4	Fengwu Zhu	2	0.56
4	Yongjun Yang	2	0.56
4	Liangjie Xin	2	0.56

选择 CiteSpace5.0 中的“Institution”节点，得到 1978-2018 年农地流转领域机构论文发表概况，如表 2-2 所示在主要研究机构排名中，中国科学院以 16 篇论文居于首位，中国农业大学、世界银行分别以 8 篇、7 篇的文献数量列为二、三名。此外，排名前 50 的中国单位还有南京大学（并列 5 名）、江西财经大学和北京大学（并列 6 名）、南京农业大学（并列 7 名）、中国矿业大学（并列 8 名）。

表 2-2　1978-2018 年农地流转领域机构论文发表概况（外文）

排名	机构名称	论文发表数量	占 355 篇的 %
1	Chinese Acad Sci	16	4.51
2	China Agr Univ	8	2.25
2	World Bank	7	1.97
3	Vrije Univ Amsterdam	6	1.69

续表

排名	机构名称	论文发表数量	占 355 篇的 %
4	Univ Chinese Acad Sci	6	1.69
4	INRA	5	1.41
4	Nanjing Univ	5	1.41
4	Michigan State Univ	5	1.41
4	Univ Calif Berkeley	5	1.41
4	Int Food Policy Res Inst	5	1.41
4	Zhejiang Univ	5	1.41
4	Univ Wisconsin	5	1.41
5	Clark Univ	4	1.13

选择 CiteSpace 5.0 中的"Country"节点，得到 1978–2018 年在国家（地区）农地流转领域发表的论文中，如表 2–3 所示，在主要国家或地区的排名中，美国以 113 篇论文排名第一，中国以 82 篇论文排名第二，英国、德国、荷兰排名三四五。由此可见，中国在农地流转研究领域的国际学术影响力越来越强。

表 2–3 1978–2018 年农地流转领域国家（地区）论文发表概况（外文）

排名	国家	论文发表数量	占 355 篇的 %
1	USA	113	31.83
2	PEOPLES R CHINA	82	23.10
3	ENGLAND	36	10.14
4	GERMANY	29	8.17
5	NETHERLANDS	27	7.61
6	AUSTRALIA	19	5.35
7	CANADA	15	4.23
8	FRANCE	13	3.66
8	SPAIN	13	3.66
9	NEW ZEALAND	10	2.82
10	ETHIOPIA	9	2.54

（四）研究热点分析

在 CiteSpace 5.0 中选择“Keyword”节点，筛选策略为 Top 50，共获得 32 个研究热点（图 2-2）。通过考虑热点词的数量、频率和中心性，进一步筛选出农地流转政策与制度研究、农地流转的影响作用研究、农地流转相关的生产力与可持续力的研究、农地利用与保护研究等 4 大主要研究热点。

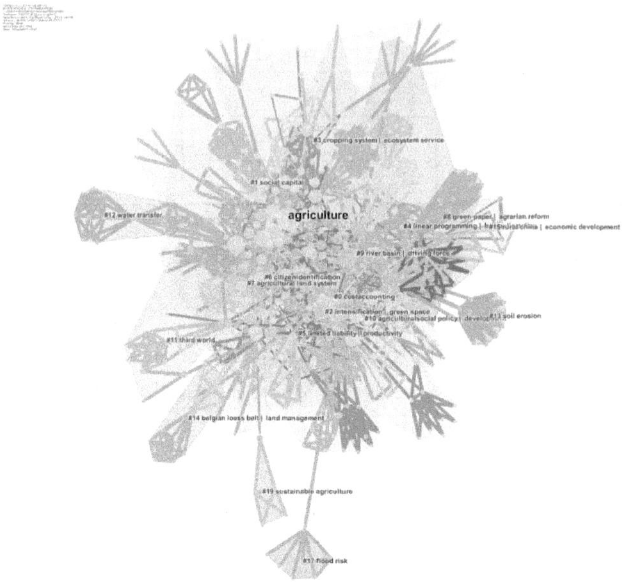

图 2-2　1978-2018 年农地流转领域研究热点的可视化结果（外文）

1. 农地流转政策与制度研究

表 2-4 报告了热点词概况。其中“policy”“property right”“land reform”等热点词均入选，其中“policy”热点词的频数超过了 30 次，中心性超过了 0.1，表明将农地流转问题作为一种国家政策及制度问题进行研究已成为该研究热点的主要内容。从起始时间来看，尽管“property right”和“land tenure”分别出现在 2011 年和 2013 年，但频率较高，这意味着近年来对农地产权制度和农地所有制改革的研究受到了重视。根据 CiteSpace 选择的文献，研究热点可分为以下三个主要研究方向：一是农地产权制度。例如，Cai（2016）认为中国的农地产权制度和社会福利制度存在着巨大的城乡差距①；Luo 和 Fu

① Cai Meina. Land for welfare in China [J] . Land Use Policy，2016（55），1-12.

（2009）提出中国过去和现在的农地制度是政府强制性制度安排的结果，而不是市场演变的结果①；二是农地流转保障制度。例如，Zou（2018）认为城镇化和农业人口老龄化导致中国农地闲置，农村地区的农地流转保障体系应得到更多的重视②；Tan et al.（2011）提出目前中国的农地制度是政府控制与市场转移相结合的一种混合制度，这种混合治理结构会导致农地流转的保障作用重新分配并歧视农地所有者③。三是农地流转制度体系。例如，Chen et al.（2015）认为中国农地流转制度体系是一个由一级和二级农地市场组成的双层市场体系，中国应有效遏制非法农地利用，促进农地市场改革。

表 2-4 农地流转政策与制度研究的热点词（外文）

起始年份	热点词	频数	中心性
1994	land reform	22	0.06
1996	policy	34	0.12
2000	allocation model	10	0
2003	innovation	10	0
2005	land right	10	0
2005	common agricultural policy	17	0
2007	land management	10	0
2007	land consolidation	10	0
2009	land administration	11	0.05
2011	property right	28	0.01
2013	land tenure	19	0
2014	land system	21	0.02
2017	land tenure security	16	0.01

注：频次低于 10 的热点词未报告。

2. 农地流转的影响作用研究

表 2-5 报告了热点词概况。其中“poverty reduction”“land degradation”

① Luo Biliang, Fu Bo. The farmland property rights deformity: the history, reality and reform [J]. China Agricultural Economic Review, 2009 (4), 435-458.

② Zou Baoling, Mishra Ashok K., Luo Biliang. Aging population, farm succession, and farmland usage: Evidence from rural China [J]. Land Use Policy, 2018 (77), 437-445.

③ Tan Rong, Qu Futian, Heerink Nico. Rural to urban land conversion in China – How large is the over-conversion and what are its welfare implications? [J]. China Economic Review, 2011 (4), 474-484.

"household behavior"等热点词均入选，其中"determinant"的频数最高，且中心性大于 0.1，表明该研究热点较关注农地流转的决定性影响因素。同时，"poverty reduction""household behavior""risk"等词表明农地流转的影响作用研究更关注农地流转中作为弱势主体的农户。结合 CiteSpace 选择的文献，研究热点可分为三个主要研究方向：一是农地流转对减缓贫困的影响。例如，Segers et al.（2010）从农地使用权的正式分配和其他非正式农地转让实践的角度，探讨了非正式农田租赁形式对减缓贫困的有效作用[①]；Leeuwen（2017）认为通过土地管理权力下放预期将确保更好地保护农户的资产并减少与土地有关的冲突[②]；Gersbach（2010）主张成功的农地流转使社会从以农业为基础的贫困状态过渡到以人力资本为基础的发达经济[③]；二是农地流转对资源环境的影响。例如，Grubbstrom 和 Eriksson（2018）认为退休的家庭农民没有继承的土地，他们只能通过租赁或出售土地的方式来解决问题，这对未来几代人的社区和乡村景观产生了影响[④]；Wu et al.（2018）提出从进出口省份的生产效率来看，与当地贸易商品生产相比，农地资源使用总量增加会导致水资源使用总量减少[⑤]。三是农地流转对农村经济的影响。例如，Zou（2018）认为粮食补贴的存在增加了将农地保留在农业中的可能性[⑥]；Zhang et al.（2014）主张参与农地配额交易总体上导致了当地经济的更快增长，交易对配额转入方的经济增长的影响强于对转出方的经济增长的影响[⑦]。

---

① Segers Kaatje, Dessein Joost, Hagberg Sten. Unravelling the dynamics of access to farmland in Tigray, Ethiopia: The 'emerging land market' revisited [J]. Land Use Policy, 2010 (4), 1018-1026.

② Van Leeuwen Mathijs. Localizing Land Governance, Strengthening the State: Decentralization and Land Tenure Security in Uganda [J]. Journal of Agrarian Change, 2017 (1), 208-227.

③ Gersbach Hans, Siemers Lars-H. R. Land Reforms And Economic Development [J]. Macroeconomic Dynamics, 2010 (4), 527-547.

④ Grubbstrom Ann, Eriksson Camilla. Retired Farmers and New Land Users: How Relations to Land and People Influence Farmers' Land Transfer Decisions [J]. Sociologia Ruralis, 2018 (4), 707-725.

⑤ Wu Shaohua, Ben Peiqi, Chen Dongxiang. Virtual land, water, and carbon flow in the inter-province trade of staple crops in China [J]. Resources Conservation and Recycling, 2018 (136), 179-186.

⑥ Zou Baoling, Luo Biliang. Why the Uncertain Term Occurs in the Farmland Lease Market: Evidence from Rural China [J]. Sustainability, 2018, 10 (8).

⑦ Zhang Weiwen, Wang Wen, Li Xuewen. Economic development and farmland protection: An assessment of rewarded land conversion quotas trading in Zhejiang, China [J]. Land Use Policy, 2014 (38), 467-476.

表 2–5 农地流转的影响研究的热点词(外文)

起始年份	热点词	频数	中心性
2002	risk	5	0
2003	impact	11	0.08
2006	poverty reduction	10	0.05
2006	multifunctionality	7	0.05
2006	land degradation	9	0.01
2008	benefit	5	0
2008	food limitation	7	0
2008	farmland value	10	0.03
2009	determinant	27	0.11
2014	household behavior	8	0
2016	labor migration	8	0.01
2018	driving force	8	0.02
2018	environmental impact	6	0.03

注：频次低于 5 的热点词未报告。

3. 农地流转相关的生产力与可持续力的研究

表 2–6 报告了热点词概况。研究热点的开始日期是 1996 年，最近一年是 2017 年，这意味着研究热点的生命力较长。其中最热门的词是“agriculture”，中心性为 0.33，表明农地的有效流转无疑对提高农业生产力和农地可持续发展具有良好的效益，为此，解决上述问题的一系列尝试和其他关于农业问题的新理论和新思想应运而生。“agricultural productivity”的中心性为 0.11，表明农业生产力研究在该领域具有重要影响。从研究内容来看，研究热点可分为两个主要研究方向：一是关于农地流转生产力的研究。例如，Zeng et al.(2018)认为土地整理直接促进农地使用权流转，间接鼓励非农就业，提高生产者的农业技术效率①；Malek 和 Verburg(2018)提出农地转让受限地区为了满足未来对粮食的需求，需要在提高农田生产力的同时显著提高灌

① Zeng Siyan, Zhu Fengwu, Chen Fu. Assessing the Impacts of Land Consolidation on Agricultural Technical Efficiency of Producers: A Survey from Jiangsu Province, China [J]. Sustainability, 2018, 10(7).

溉效率[①]。二是关于农地流转可持续力的研究。例如，Lu et al.（2018）主张农地流转是中国耕地管理和集约化生产的重要途径，农地转移不仅将产生社会、经济和生态效益，并且能够获得更有效和可持续的利用资源[②]；Shucksmith（2011）认为通过农地转移形成的家庭小农场能够持续存在，并能够以新自由主义时期很少承认的方式促进农村可持续发展[③]。

表 2-6　农地流转相关的生产力与可持续力研究的热点词（外文）

起始年份	热点词	频数	中心性
1996	sustainability	17	0.03
1996	growth	10	0
2000	agricultural productivity	52	0.11
2002	agriculture	73	0.33
2002	productivity	23	0.07
2008	rural development	16	0.04
2012	agricultural landscape	6	0
2013	globalization	22	0.06
2013	shifting cultivation	11	0
2013	vulnerability	8	0
2017	cost efficiency	15	0

注：频次低于 5 的热点词未报告。

4. 农地利用与保护的研究

表 2-7 报告了热点词概况。其中，频次最高的词为“food security”，且中心性超过了 0.1，表明农地的有效利用及保护粮食安全在该研究热点中占据主要地位，影响力较大。“land use”的中心性为 0.08，表明土地利用研究在本领域具有重要影响。根据 CiteSpace 选择的文献，研究热点可分为以下两类：一是关于农地有效利用的研究。Lichtenberg（2008）认为现有的体制和

① Malek Ziga, Verburg H. Peter. Adaptation of land management in the Mediterranean under scenarios of irrigation water use and availability [J]. Mitigation and Adaptation Strategies for Global Change, 2018 (6), 821–837.

② Lu Nachuan, Wei Hejie, Fan Weiguo. Multiple influences of land transfer in the integration of Beijing–Tianjin–Hebei region in China [J]. Ecological Indicators, 2018 (90), 101–111.

③ Shucksmith Mark, Ronningen Katrina. The Uplands after neoliberalism ? – The role of the small farm in rural sustainability [J]. Journal of Rural Studies, 2011 (3), 275–287.

政策结构造成了对耕地保留不足和过度农地转换的激励，导致土地使用效率显著低下①；Yin et al.（2017）提出在优化农地利用模式中，应重点利用优质耕地，减少利用或禁止利用低质量耕地②；二是基于保障农地用途的研究。Tan 和 Beckmann（2010）认为当前中国农地资源极为紧张的情况下，农地用途管制的实行有利于满足经济社会健康、平稳发展的要求③；Wang et al.（2010）提出严格的耕地保护政策和农地流转管理可以有效控制农地用途的变化④；Long et al.（2018）主张中国现有的农地管理法律制度存在农地社会功能弱化、相关权利主体农地收益分配失衡等滞后现象，在一定程度上助长了农地流转后用途的异化现象⑤。

表 2-7　农地利用与保护研究的热点词（外文）

起始年份	热点词	频数	中心性
2002	land use	27	0.08
2004	transferable development right	4	0
2007	land consolidation	9	0.06
2007	food security	36	0.16
2009	land use change	20	0.07
2015	quality	7	0.01
2015	preservation	3	0
2017	protection	8	0
2017	land grabbing	6	0

① Lichtenberg, E., Ding, CG. Assessing farmland protection policy in China [J]. Land Use Policy, 2008 (3), 58-64.

② Yin Guanyi, Liu Liming, Jiang Xilong. The sustainable arable land use pattern under the tradeoff of agricultural production, economic development, and ecological protection-an analysis of Dongting Lake basin, China [J]. Environmental Science and Pollution Research, 2017 (1), 329-345.

③ Tan Rong, Beckmann Volker. Diversity of practical quota systems for farmland preservation: a multicountry comparison and analysis [J]. Environment and Planning C-Government and Policy, 2010 (2), 211-224.

④ Wang Hui, Tao Ran, Wang Lanlan, Su Fubing. Farmland preservation and land development rights trading in Zhejiang, China [J]. Habitat International, 2010 (4), 454-463.

⑤ Long Hualou, Ge Dazhuan, Zhang Yingnan. Changing man-land interrelations in China's farming area under urbanization and its implications for food security [J]. Journal of Environmental Management, 2018 (209), 440-451.

三、中文文献计量结果

（一）文献数量情况分析

在本次搜索中共获得了 801 份关于农地流转领域的研究文献，时间范围为 1993 年至 2018 年，每年平均发表文献数约为 32。图 2–3 报告其年度趋势。

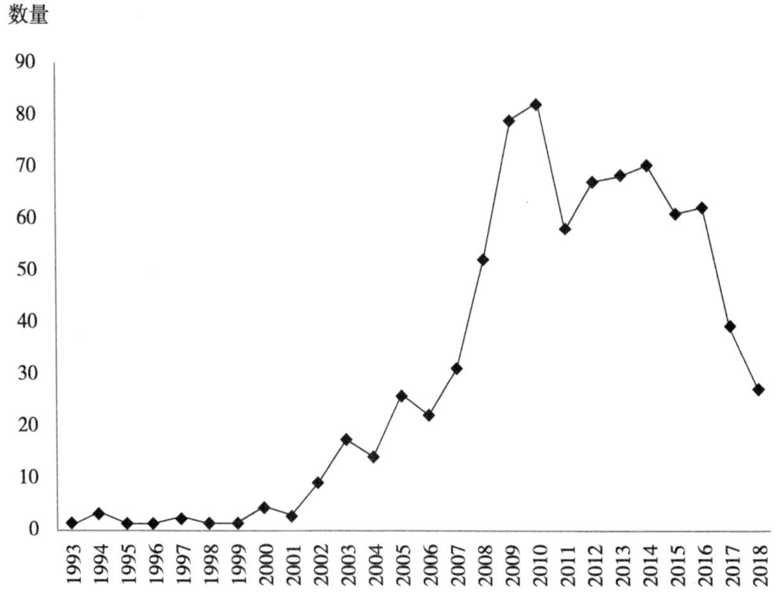

图 2–3　1993–2018 年农地流转领域出版文献数量分布图（中文）

从图 2–3 中可以看出，近 25 年来农地流转领域的文献出版物数量普遍增长，并经历了“稳定发展 – 高速增长 – 稳定发展”三个阶段。2002 年和 2010 年是两个明显的时间节点，2002 年之前，出版物数量很少，平均每年约 3 个；此后，这一数字显著增加，在 2010 年达到 82 篇的峰值。特别是过去五年发表的文献数量累计达到 25 年总数的 32.33%。同时，考虑到数据下载时 2018 年尚未结束及文献发表的滞后性，预计 2018 年农地流转领域的文献数量仍将相当可观。可能的解释是：1）2002 年第九届全国人民代表大会上通过了《中华人民共和国农村土地承包法》，通过法律的形式规范了土地的承包方与发包方的权利和义务，加之文件明确指出“通过家庭承包取得的土地承包经营权可以依法采取转包、出租、互换、转让或者其他方式流转”，在一定程度上使得国内学术界加强了对农地流转的关注，导致 2002 年成为农地流转研究的转折点；2）2010 年中央一号文件指出要加大统筹城乡发展力度，有序推进农村土地管理制度改革。无论是加强农村基础设施建设还是引导社会资源投向农业农村，农地的有效流转都是发展农村经济必不可少的环节，这也推动了农地流转研究的迅速发展和壮大。

（二）作者和机构分析

选择 CiteSpace 5.0 中的“Author”节点，获得了在 1993–2018 年期间农地流转领域作者发表的论文概况。根据表 2–8 所示，在我国农地流转领域的代表性学者中，华南农业大学国家农业制度与发展研究院院长罗必良教授以 15 篇的论文数居第一；新疆农业大学管理学院院长杨俊孝教授以 12 篇论文数位列第二名；云南大学洪名勇教授，华中农业大学钟涨宝教授，湖南农业大学曾福生教授并列第三名。

表 2–8　1993–2018 年农地流转领域作者论文发表概况（中文）

排名	作者	论文发表数	占 801 篇的 %
1	罗必良	15	1.87
2	杨俊孝	12	1.50
3	洪名勇	11	1.37
3	钟涨宝	11	1.37
3	曾福生	11	1.37
4	夏玉莲	9	1.12
4	黄贤金	9	1.12
5	邱道持	8	1.00
6	李长健	7	0.87
6	钱忠好	7	0.87

选择 CiteSpace5.0 中的“Institution”节点，得到 1993–2018 年农地流转领域机构论文发表概况，如表 2–9 所示。在主要研究机构的排名中，华南农业大学经济管理学院作为中国老牌农业类研究型院校之一以 27 篇论文排名第一，占论文总数的 3.37%。另外，湖南农业大学、南京农业大学、华中农业大学及西北农林科技大学均在这一领域成绩斐然。

表 2-9　1993-2018 年农地流转领域机构论文发表概况（中文）

排名	作者	论文发表数	占 801 篇的 %
1	华南农业大学经济管理学院	27	3.37
2	湖南农业大学经济学院	19	2.37
2	南京农业大学公共管理学院	19	2.37
3	华中农业大学文法学院	16	2.00
4	西北农林科技大学经济管理学院	14	1.75
5	新疆农业大学管理学院	13	1.62
6	南京农业大学经济管理学院	11	1.37
7	贵州大学管理学院	10	1.25
8	华中农业大学土地管理学院	8	1.00
8	西南大学资源环境学院	8	1.00
9	华中师范大学中国农村问题研究中心	7	0.87

（三）研究热点及代表性文献分析

在 CiteSpace 5.0 中选择“Keyword”节点，筛选策略为 Top 50，共获得 54 个研究热点。通过综合考虑热词的数量、频率和中心性，进一步筛选出农地产权制度研究，农地流转效应研究，农地流转行为和意愿研究，农地流转影响因素研究。特别是从中国知网数据库下载的文献没有附带被引量，因此无法将 CiteSpace 应用于共引分析。因此，在选择具有代表性的文献时，本研究以 CiteSpace 提取的文献为对象，结合中国知网被引量数据，建立了以下选择策略：首先报告热点词提取数最高的文献，其次报告被引量排名靠前的文献，最终报告发表年限较新的文献。图 2-5 显示了最高频热点词“农地流转”的可视化结果。

图 2-4　1993-2018 年农地流转领域研究热点的可视化结果（中文）

1. 农地产权制度的研究

基于表 2-10 展示的农地产权制度研究的热点词和代表性文献，可以看出研究热点更加关注农地不同产权的制度内涵和制度创新。具体来说，研究热点可分为三大类：一是农地使用权及使用权制度的研究。例如，刘俊（2007）认为农地制度创新的难点在于难以逾越现行法律的制约，创造更多的土地权利类型是创新农村土地流转制度的关键①；何虹（2015）认为明确农地使用权主体关系是涉及农用地流转的重要问题，直接影响着农用地流转的成效②；庞宏（2006）认为把握和处理好制度变迁过程中的农地使用权稳定、调整和流转三者之间的关系，需要不断地进行制度创新③。二是农地所有权及所有权制度的研究。姚永龙（2010）建议农地制度在法制的轨道上实施变迁并朝着淡化所有权、重视使用权的方向转变，受让主体由专业农户向多元主体转变④；三是农地产权强度的研究。罗必良（2014）提出农地流转及其大规模经营需

① 刘俊．土地承包经营权性质探讨［J］．现代法学，2007（02）：170-178.

② 何虹，陆成林．新型城镇化背景下农地流转的三个重要问题［J］．学习与实践，2015（04）：32-39.

③ 庞宏．中国农地流转的市场机制研究［D］．长安大学，2006.

④ 姚永龙．日本农地流转制度的变迁及其对中国的启示［J］．世界农业，2010（05）：12-15.

要对产权主体和产权对象的交易约束选择和匹配相应的交易装置，并主张以土地“集体所有、家庭承包、多元经营、管住用途”作为主线的制度核心将成为中国新农业管理体制的基本结构①。

表 2-10　1993-2018 年农地产权制度研究的热点词与代表性文献（中文）

热点词				代表性文献		
起始年份	名称	频次	中心性	文献	被引数	下载量
1994	农地制度	28	0.12	刘俊（2007）	22	469
2000	土地使用制度	30	0.11	何虹（2015）	8	356
2000	农地使用权	15	0.03	庞宏（2006）	16	854
2003	农地所有权	7	0.01	姚永龙（2010）	4	139
2005	农地产权	17	0.05	华彦玲（2006）	181	2647
2008	农民权益	22	0.08	刘程鹏（2013）	5	465
2013	产权强度	11	0.04	罗必良（2014）	93	2540

2. 农地流转现状的研究

表 2-11 显示了热点词和代表性文献。不难发现，研究热点首先关注的是农地流转带来的规模效益，进而研究农地流转的禀赋效应。此后，随着劳动力的转移及非农就业的普遍存在，农地流转的模式也变得多样化。近十年，以保护耕地用途为出发点的流转主体利益博弈逐渐成为该领域的研究热点。总体上，该研究热点可细分为两大类：一类是农地流转的积极效用研究。例如，李光跃等（2014）提出通过加强农地流转管理和改革创新农地经营体制机制等对策建议，从而更好地促进农地流转与现代农业适度规模经营②；单杨（2015）相信通过农地流转和劳动力转移，扩大农民的农地管理规模，增加农地整理力度和农地整理质量，能够实现农业适度规模经营③；丁新正（2008）认为平衡和协调好农村土地流转中各方的利益关系，才能有效规避农地流转

① 罗必良 . 农地流转的市场逻辑——“产权强度 - 禀赋效应 - 交易装置”的分析线索及案例研究［J］. 南方经济，2014（05）：1-24.

② 李光跃，彭华，高超华，杨祥禄 . 农地流转促进适度规模经营的基本思考——基于四川省的调查分析［J］. 农村经济，2014（07）：52-55.

③ 单杨 . 农地流转对农村劳动力永久性迁移的影响研究［D］. 湖南科技大学，2015.

中各种风险，并有效实施农地流转创新模式①。二类是农地流转的消极效用研究。钱昱如等（2009）利用 GIS 技术测算流转耕地总的用途变化率达 69.13%，因此判断农地流转极大可能引起耕地的用途发生变化，威胁粮食安全②；罗必良（2014）认为由于土地人格化财产特征的强化，农民普遍存在的禀赋效应被认为是抑制农地流转有效性的重要来源；李长健（2009）运用博弈论系统分析利益主体之间的博弈关系，透视现实制度实行中其他利益主体对农民利益的侵害③。

表 2-11　1993-2018 年农地流转现状研究的热点词与代表性文献（中文）

热点词				代表性文献		
起始年份	名称	频次	中心性	文献	被引数	下载量
2002	耕地保护	3	0.02	钱昱如等（2009）	18	684
2004	劳动力转移	9	0.06	单杨（2015）	4	182
2008	农地流转模式	14	0.11	丁新正（2008）	17	523
2009	利益博弈	11	0.04	李长健（2009）	12	363
2009	规模经营	16	0.13	李光跃等（2014）	11	492
2013	非农就业	4	0	柳青（2016）	3	56
2014	禀赋效应	7	0.08	罗必良（2014）	93	2540

3. 农地流转行为及意愿的研究

表 2-12 展示了热点词与代表性文献。该热点的研究主要基于计量经济学模型探究农户农地流转意愿及行为。从时间分布的研究来看，该研究主要集中在 2012 年之前。使用定量方法进行更具代表性的研究：冯玲玲等（2008）采用 Logist 回归模型定量分析了影响农户农地流转意愿的因素④；夏显力和常亮（2015）采用二元 Logit 模型认为农户类型、年龄、保障制度完善程度和家庭人均收入等 8 个因素是影响农户农地流转的显著性因素，而区域经济条件

---

① 丁新正 . 统筹城乡背景下农地流转的模式及风险规避——以成渝全国统筹城乡综合配套改革试验区为实证［J］. 南阳师范学院学报，2008（07）：18-22.

② 钱昱如，邱道持，王玲燕 . 农地流转中的耕地用途变化及原因分析——基于重庆市忠县的调研［J］. 农村经济，2009（03）：32-34.

③ 李长健，梁菊，杨婵 . 博弈视角下农地流转与农民利益保障机制探析［J］. 桂海论丛，2009，25（04）：72-76.

④ 冯玲玲，邱道持，赵亚萍，石永明 . 农地流转中二维主体的博弈研究——以重庆市璧山县为例［J］. 农村经济，2008（11）：18-21.

等4个因素是调研样本区农地流转差异性形成的主要动因①；宋文等（2015）通过构建农地意识的四个维度以及农地流转与规模经营意愿的假设模型，并运用结构方程模型（SEM）进行模型验证②。定性分析较有代表性的研究有：刘克春（2006）以江西省为例依据计划行为理论研究农户农地流转决策行为；初玉岗（2001）鼓励培育和扶持企业家型的农户以较低的成本实现农地流转行为的增加③。这部分的研究热点有明显的时间节点特征，在2010年以前关于农地流转行为及意愿的研究多以定性研究为主，而在2010年以后使用逻辑斯蒂回归模型及结构方程模型等定量研究的文献数量急剧增加；并且研究对象主要是以身兼农地转入与农地转出双重身份的农户为主。

表2-12　1993-2018年农地流转行为及意愿研究的热点词与代表性文献（中文）

热点词				代表性文献		
起始年份	名称	频次	中心性	文献	被引数	下载量
1994	农户	16	0.05	初玉岗（2001）	108	413
2003	农户行为	16	0.06	安海燕和钱文荣（2015）	7	490
2004	农地流转行为	20	0.11	纪红蕾和蔡银莺（2017）	6	587
2006	农户决策行为	4	0	刘克春（2006）	96	4891
2008	农地流转意愿	25	0.14	夏显力和常亮（2015）	23	319
2008	logit模型	8	0.06	冯玲玲等（2008）	2	218
2008	信任博弈	2	0	洪名勇（2013）	16	371
2012	结构方程模型	6	0.02	宋文等（2015）	19	569

4. 农地流转的影响因素研究

基于表2-13展示的热点词与代表性文献，可以看出该研究热点较为重视农地流转影响因素的探索，尤其是交易成本及农地流转价格等因素的制约程度。同时，所有热点词的频数总和达到427次，中心性的总和也达到0.96，排名第一，表明本研究热点在农地流转领域中处于主流地位。具体来说，研究热点可分为两大类：一类是农地流转的宏观影响因素。例如，卞琦娟等（2011）利用177户农户样本数据，分析浙江省东、中、西部不同的经济发

① 夏显力，常亮. 农户农地流转意愿影响因素及区域性差异分析——基于关中3个县（区）的农户调研[J]. 西安交通大学学报（社会科学版），2015，35（04）：68-72.

② 宋文. 村民关联与农地规模经营的关系研究[D]. 甘肃农业大学，2015.

③ 初玉岗. 企业家短缺与农地流转之不足[J]. 中国农村经济，2001（12）：61-63+69.

展水平是造成农地流转存在明显地区差异的原因①；丁敬磊等（2016）则认为农地流转、劳动力转移进程缓慢是制约城乡统筹发展的主要瓶颈②；车裕斌（2004）以农地流转系统分析为基础，详细分析了我国农地流转的市场机制，并提出了我国近期农地流转市场机制完善的途径及创新方向③；侯明利（2012）认为加大农村社会保障力度，健全农村土地流转市场将成为推进农村土地流转的努力方向④。二类是农地流转的微观影响因素。例如，何一鸣和罗必良（2012）提出了“农地流转－交易成本－产权控制”的理论范式，区分了限制农地流转的外生和内生交易成本，解释了产权调节的制度逻辑，以放松和节约内生交易成本⑤；翟黎明等（2017）从农户生计资本视角，利用两期截面数据，采用双重差分倾向得分匹配法（PSM-DID）对各场景下农地流转的实施效果进行评价⑥；翟研宁（2013）通过对比实地调研得到农地流转的实际交易价格与运用收益还原法测算农地流转的应然价格，分析造成农地流转实际价格偏低的原因⑦；许恒周和郭忠兴（2011）提出由于农民职业分化导致的产权偏好不同及对农地流转的影响就具有重要现实意义⑧；毛飞和孔祥智（2012）认为现阶段农地确权的不到位、流转信息平台的缺失和不完善、政府对基层政府和村集体的激励不当都增加了农地交易成本，从而不利于农地流转的实现⑨。

---

① 卞琦娟，周曙东，易小燕，王玉霞．农户农地流转现状、特征及其区域差异分析——以浙江省为例［J］．资源科学，2011，33（02）：308-314.

② 丁敬磊，刘光远，赵美平．农地流转、劳动力转移及城镇化耦合协调度研究——基于城乡统筹发展的视角［J］．中国农业资源与区划，2016，37（02）：37-44.

③ 车裕斌．中国农地流转机制研究［D］．华中农业大学，2004.

④ 侯明利．河南农地流转现状、制约因素及对策分析［J］．商业研究，2012（08）：171-174.

⑤ 何一鸣，罗必良．农地流转、交易费用与产权管制：理论范式与博弈分析［J］．农村经济，2012（01）：7-12.

⑥ 翟黎明，夏显力，吴爱娣．政府不同介入场景下农地流转对农户生计资本的影响——基于PSM-DID的计量分析［J］．中国农村经济，2017（02）：2-15.

⑦ 翟研宁．农村土地承包经营权流转价格问题研究［J］．农业经济问题，2013，34（11）：82-86.

⑧ 许恒周，郭忠兴．农村土地流转影响因素的理论与实证研究——基于农民阶层分化与产权偏好的视角［J］．中国人口·资源与环境，2011，21（03）：94-98.

⑨ 毛飞，孔祥智．农地规模化流转的制约因素分析［J］．农业技术经济，2012（04）：52-64.

表 2-13　1993-2018 年农地流转影响因素研究的热点词与代表性文献（中文）

热点词				代表性文献		
起始年份	名称	频次	中心性	文献	被引数	下载量
1993	农地流转	258	0.32	丁敬磊等（2016）	9	474
2000	农地流转市场	14	0.05	于学花和栾谨崇（2009）	5	268
2003	影响因素	54	0.22	许恒周和郭忠兴（2011）	202	4869
2004	市场机制	8	0	车裕斌（2004）	85	4324
2004	制约因素	14	0.03	毛飞和孔祥智（2012）	36	1067
2004	中介组织	7	0	万举（2008）	13	171
2008	交易费用	34	0.13	何一鸣和罗必良（2012）	37	1672
2008	农地流转价格	10	0.05	翟研宁（2013）	48	1504
2008	农村社会保障	11	0.09	侯明利（2012）	18	314
2014	区域差异	11	0.06	卞琦娟等（2011）	79	1847
2017	生计资本	6	0.01	翟黎明等（2017）	16	1416

四、中外文献比较

国外对农地流转的研究开始较早。在 20 世纪 70 年代，一些学者以开拓的方式探索了这一领域；国内研究发表于 20 世纪 90 年代。虽然中外研究的起源时间存在差异，但无论是中文文献还是外文文献，近年来关于农地流转研究的数量呈现出爆发性的增长趋势。这表明，当农业、农村和农民问题受到广泛关注时，国内学术界和国际学术界就农地流转与农村经济发展的关系达成了共识，即他们都认为农地流转研究是解决“三农”问题的关键，是研究农村经济和社会发展的不可避免环节。表 2-14 报告了中外关于农地流转文献的比较。

虽然中国学者在这一领域的研究起步较晚，但他们依靠“后发优势”来实现“青出于蓝而胜于蓝”。中国学者于 1995 年首次在 SSCI 期刊上发表相关论文，其总数仅次于 1978 年开始取得成果的美国。从作者发表的文章数量来看，在国外文献中，世界银行“发展经济学研究小组”农村发展组首席经济学家 Klaus Deininger 博士独占鳌头，其次是中国科学院 Xiubin Li 研究员、江西财经大学 Hualin Xie 教授及 Hua Lu 教授并列为第二；中文文献的排名顺序是华南农业大学罗必良教授，新疆农业大学杨俊孝教授，以及并列第三的云南大学洪名勇教授，华中农业大学钟涨宝教授和湖南农业大学曾福生教授。从机构发文数量来看，外文文献中，中国科学院排名第一，中国农业大学和世界银行排名第二和第三；国内的农业类研究型院校是主力军，华南农业大学经济管理学院，湖南农业大学经济学院和南京农业大学管理学院、华中农业大学文法学院排名前三。

在研究热点方面，中外文献表现出一些相似之处与差异之处。经过近 50 年的发展，国际学术界逐渐形成了农地流转政策与制度、农地流转的影响作用、农地流转相关的生产力与可持续力、农地利用与保护等 4 大主要研究热点；而国内学术界则主要针对农地产权制度、农地流转现状、农地流转行为及意愿、农地流转的影响因素展开了讨论。共同之处在于，均重视农地制度和政策及农地流转的影响研究；差异之处则是：在关于农地流转现状的研究方向上，外文文献更加侧重于关注农地保护、农地生产力与可持续力等这类研究，而中文文献中部分提及耕地保护，还关注农地流转主体意愿与行为等其他主题；在农地流转影响上，外文文献除了对其经济环境影响的关注外，还关注对减缓贫困的作用；中文文献则主要集中于讨论农地流转的交易成本等问题。

表 2–14 农地流转领域的中外文献比较

项目	外文	中文
起源时间	1978	1993
文献数量	355	801
作者发文数量	Klaus D > Li XB = Xie HL = Lu H	罗必良>杨俊孝>洪名勇 = 钟涨宝 = 曾福生
机构发文数量	中国科学院>中国农业大学>世界银行	华南农业大学经济管理学院>湖南农业大学经济学院等=南京农业大学公共管理学院>华中农业大学文法学院
研究热点	农地流转政策与制度、农地流转的影响作用、农地流转相关的生产力与可持续力、农地利用与保护	农地产权制度、农地流转现状、农地流转行为及意愿、农地流转的影响因素

第二节　农地“三权分置”研究现状

一、数据来源

本研究的中文数据来自中国知网（CNKI）的SCI数据库，EI数据库，CSSCI期刊数据库和核心期刊数据库。为了尽可能避免错过文献选择，本研究以该领域的多名学者论文为参考依据，选择不同关键词组合下的学者论文进行完整性研究。经过多次尝试，最终以“题名 = 三权分置 or 题名 = 农地“三权分置” or 主题 = 农地所有权 and 主题 = 承包权 and 主题 = 经营权 并且 文献来源 =SCI 收录刊 or EI 收录刊 or CSSCI 期刊 or 核心期刊（模糊匹配）”为条件进行搜索。为了进一步确保所选文献的合理性，本研究采用手工方法逐一验证CNKI搜索引擎获得的文档。具体策略如下：首先，删除会议通知，会议摘要，新闻报道，政府官方文件和其他与研究无关文献；然后深入阅读其余文献的摘要部分，并删除相同作者的重复发表和没有充分描述农地三权的相关文献。最后，共获得213篇有效的研究文献。数据下载时间是2018年10月22日。

另外，本研究外文文献数据来自Web of Science中的SSCI数据库，外文对于农地“三权分置”这一中国式概念的译文相对匮乏，本研究在反复测试后建立的检索策略为：“主题 =（three rights separation）or 主题 =（separation of farmland rights）or 主题 =（separation of land rights）or 主题 =（three rights division）or 主题 =（farmer rights）or 主题 =（farmland's ownership and operation right）And 主题 =（China）”。搜索参数设定如下：文献类型 =（Article）；时间跨度 =（所有年份）；引文索引 =（SSCI）”，共获得31篇文章。为了进一步确保所选文献的合理性，本研究采用人工方法逐一检查上述文献，并删除与本研究无关的文献。最后，本研究仅有11篇有效文献。因此，这部分的英文文献的研究现状仅适用于传统文献综述的方式进行总结。

二、中文文献计量结果

（一）文献数量情况分析

该搜索已获得213份关于农地“三权分置”的研究论文，时间范围为

2014 年至 2018 年，每年平均发表文献数约为 53 篇。其年度变化趋势如图 2-5 所示。农地“三权分置”这一概念具有中国特色，也是学术界比较新的一个研究领域，因此，其研究文献的年份较近，且数量上仍处于持续增长阶段，今后关于农地“三权分置”的研究将更加多样化与系统化。

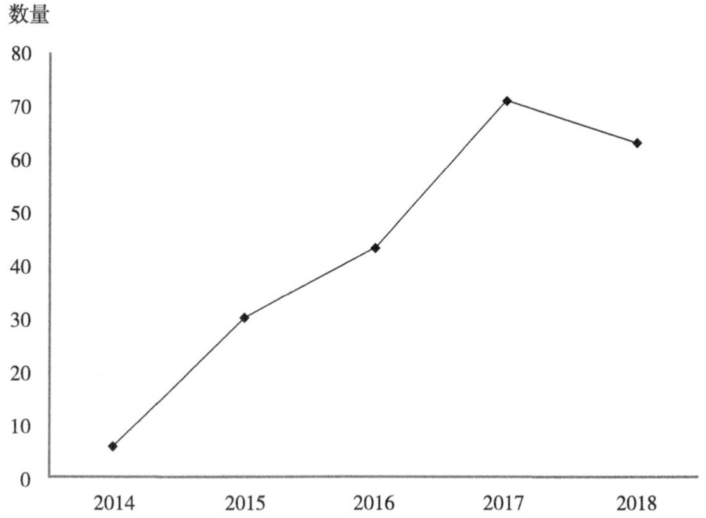

图 2-5　2014-2018 年农地“三权分置”领域出版文献数量分布图（中文）

由图 2-5 不难发现，国内有关农地“三权分置”的研究处于刚刚起步阶段，且文献出版数量总体上呈增长趋势，与此同时，考虑到 2018 年在数据下载时尚未结束，文献出版存在滞后性，预计 2018 年“三权分置”领域发布的文献数量不会低于往年的平均水平。根据过去五年文献的增长水平，关于农地“三权分置”的研究体现了较强的政策导向效应。自 2014 年国家中央一号文件提出深化农村土地制度改革，将“三权分置”作为新时期农地产权制度变革的基本方向。学术界自此才开始展开对农地“三权分置”的讨论与研究，相关领域的文献也从 2014 年起开始出现并持续增加，学者们从不同的视角研究农地“三权分置”问题，在一定程度上推动了我国农地制度的改革，创新了发展思路。

（二）作者和机构分析

选择 CiteSpace 5.0 中的“Author”节点，得到 1993-2018 年农地“三权分置”该领域作者发表论文的总体概况。如表 2-15 所示，在研究农地“三权分置”领域的代表性学者中，韩长赋以6篇的论文发表数居第一；董祚继以5篇论文数位列第二名；中国人民大学民商事法研究员高圣平，中国农业大学副教授肖鹏，中国人民大学经济学院教授刘守英并列第三名。

表 2-15 2014-2018 年农地“三权分置”领域作者论文发表概况（中文）

排名	作者	论文发表数	占 213 篇的 %
1	韩长赋	6	2.82
2	董祚继	5	2.35
3	高圣平	4	1.88
3	肖鹏	4	1.88
3	刘守英	4	1.88
4	郑风田	3	1.41
4	陈小君	3	1.41
4	熊飞雄	3	1.41
4	宋志红	3	1.41
4	朱继胜	3	1.41

选择 CiteSpace5.0 中的“Institution”节点，得到 2014-2018 年农地“三权分置”该领域机构发表论文概况。如表 2-16 所示，在研究农地“三权分置”领域主要研究机构排名中，西南政法大学经济法学院以 11 篇论文独占鳌头，中国人民大学农业与农村发展学院，中国农业大学人文与发展学院分别以 6 篇、5 篇论文的数量分列二、三名；南京农业大学公共管理学院，农业部农村经济体制与经营管理司，中国人民大学经济学院及华中师范大学法学院并列第四名。

表 2-16 2014-2018 年农地“三权分置”领域机构论文发表概况（中文）

排名	作者	论文发表数	占 213 篇的 %
1	西南政法大学经济法学院	11	5.16
2	中国人民大学农业与农村发展学院	6	2.82
3	中国农业大学人文与发展学院	5	2.35
4	南京农业大学公共管理学院	4	1.88
4	农业部农村经济体制与经营管理司	4	1.88
4	中国人民大学经济学院	4	1.88

续表

排名	作者	论文发表数	占 213 篇的 %
4	华中师范大学法学院	4	1.88
5	广西民族大学法学院	3	1.41

（三）研究热点及代表性文献分析

在 CiteSpace 5.0 中选择“Keyword”节点，过滤策略为 Top 50，共获得 22 个研究热点。通过综合考虑热点词的数量、频率和中心性，本书主要选取三个主要研究热点，包括农地权属关系研究，农地三权实现路径研究和农地用益物权制度研究。在选择代表性文献时，采用与先前分析相同的策略，即具有最高热点词提取数量的文献，被引用者排名较高的文献和出版年份较新的文献。中国知网数据库查询时间是 2018 年 10 月 22 日。图 2-6 显示了最高频率热点词“农地‘三权分置’”的可视化结果。

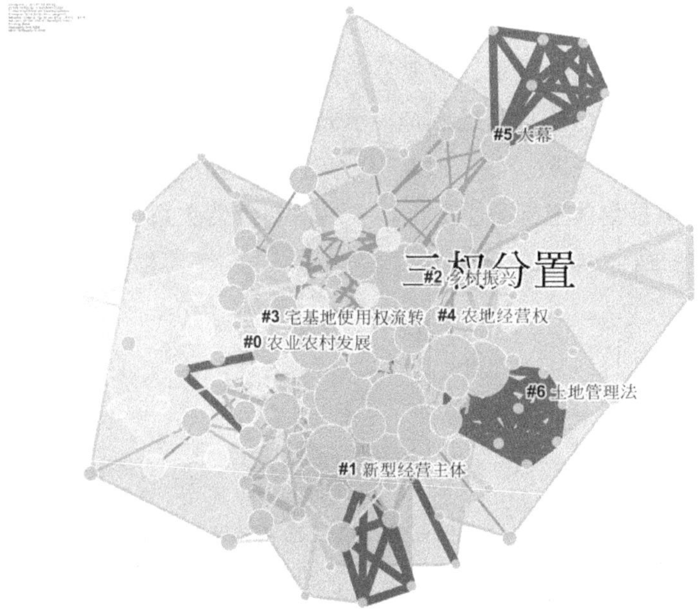

图 2-6　2014-2018 年农地“三权分置”领域研究热点的可视化结果（中文）

1. 农地权属关系研究

表 2-17 展示了热点词与代表性文献。该研究热点瞄准国家农地产权及权属关系变化问题，这也是农地“三权分置”中“三权”概念的进一步探究。该研究热点与“农地用益物权制度研究”有一定的相似性，但侧重点不同。在分析农地用益物权制度时，研究的基础是法学理论，结合农地产权现状分析依法占有一定的农地，并加以利用取得收益的权利。例如，丁其兆和谭波（2017）认为当前农村土地资源利用率低，无法承载现代农业的发展，因此通过农地“三权分置”，明晰农地权属关系，扩大土地流转市场进而提升农业现代化[①]；陈洁（2015）提出在此新形势下，要在理论层面明确界定集体土地所有权、承包权、经营权的性质、权能范围，最终厘清三权的关系，有利于推进和实施农地“三权分置”[②]；董欢（2014）提倡有序促进农村土地“三权分置”的关键是为各利益相关方建立公平的参与机制和合理的利益分配机制，以此实现可持续推进的发展目标[③]。在农地三权的研究方面，冯淑怡等（2018）主张放活经营权则是农地“三权分置”的重要目的，农地经营权应该具备农业生产功能、流转功能和抵押担保功能[④]；丁文（2017）认为土地承包权的配置主体是个体的集体经济组织成员，体现公平的价值取向，土地承包权的行使主体是团体的集体经济组织成员的农户，承载效率的目标定位[⑤]；刘恒科（2017）则主张农村土地“三权分置”改革引致集体土地所有权的功能转向和权能重构，这一改革是集体土地公平分配，土地承包经营关系长久不变，土地经营权自由流转的结合[⑥]。

① 丁其兆，谭波．农村土地“三权分置”制度重构——以“公法善治”为视角［J］．行政科学论坛，2017（09）：35-41.

② 陈洁．对集体土地所有权、承包权、经营权的探析——基于“三权分置”新制度的角度［J］．法制博览，2015（10）：124+123.

③ 董欢．农村土地综合整治中的利益相关者分析［J］．西北农林科技大学学报（社会科学版），2014，14（04）：1-7.

④ 冯淑怡，樊鹏飞，张兰．乡村振兴背景下农地经营权的法律化表达［J］．南京农业大学学报（社会科学版），2018，18（05）：1-10+154.

⑤ 丁文．论“三权分置”中的土地承包权［J］．法商研究，2017，34（03）：15-26.

⑥ 刘恒科．“三权分置”下集体土地所有权的功能转向与权能重构［J］．南京农业大学学报（社会科学版），2017，17（02）：102-112+153.

表 2-17 2014-2018 年农地权属关系研究的热点词与代表性文献（中文）

热点词				代表性文献		
起始年份	名称	频次	中心性	文献	被引数	下载量
2014	三权分置	157	0.34	丁其兆和谭波（2017）	2	113
2014	集体土地所有权	12	0	刘恒科（2017）	19	1721
2014	土地承包权	37	0.1	丁文（2017）	27	2835
2014	农村土地利益相关者	9	0.05	董欢（2014）	24	524
2015	土地经营权	79	0.09	冯淑怡等（2018）	0	114
2015	关系探析	6	0	陈洁（2015）	5	896
2016	承包农户	22	0.08	刘涛（2018）	2	133

2. 农地“三权分置”实现路径研究

表 2-18 展示了该研究领域的热点词及代表性文献的概况。研究热点从整体上探讨农地“三权分置”的运行体系，主要侧重于承包权与经营权分置后的实现形式。本部分研究热点大体可以分为两大类，一类是农地三权实现的意义。例如，刘兆军和李松泽（2018）认为农地三权实现路径应构建以农地经营权出租、转让、抵押流转方式为主体，互换、入股、信托流转方式审慎推行的农地两级（初次流转与再流转同步保障）流转市场，以确保本轮农地“三权分置”改革制度优势得到有效发挥①；陈建华等（2017）强调我国农村土地制度从“两权分离”到“三权分置”的改革放活了土地经营权，对破解“三农”问题以及优化农业产业结构是一个重大突破②；于水等（2018）主张农地三权分置改革是适应农村生产力发展而产生的，与生产力状况和农民土地权益诉求相比具有一定的滞后性，因而必须加强底层设计，进一步推动农民阶层结构优化，以推动乡村振兴战略实施③。另一类是农地三权实现的形

① 刘兆军，李松泽．“三权分置”权利关系下的农地流转方式研究［J］．学习与探索，2018（02）：134-140+176.

② 陈建华，刘福健，顾鹏．基于“三权分置”的“城市反哺农村”发展模式［J］．深圳大学学报（人文社会科学版），2017，34（05）：86-92.

③ 于水，王亚星，胡卫卫．农民阶层分化视域下农地三权分置研究［J］．河南社会科学，2018，26（05）：72-78.

式。例如，家庭农场（彭万勇，2018）①、抵押融资（王丹，2017）②及土地信托（刘卫柏、彭魏倬，2016）③等。此外，自2016年起，基于不同土地属性的宅基地“三权分置”也在学术界备受关注。例如，李科（2018）认为农村宅基地的“三权分置”有利于盘活农民闲置宅基地和闲置农房，提升农村土地资源配置效率和农民收入④。

表2-18 2014-2018年农地“三权分置”实现路径研究的热点词与代表性文献（中文）

热点词				代表性文献		
起始年份	名称	频次	中心性	文献	被引数	下载量
2014	农地流转	52	0.17	刘兆军和李松泽（2018）	0	343
2014	土地使用制度	9	0.08	王怀勇和徐浩（2016）	3	350
2014	“三农”问题	6	0.06	陈建华等（2017）	0	241
2015	实现路径	26	0.11	陈金涛和刘文君（2016）	57	4604
2015	农地确权	3	0	胡振华等（2015）	16	695
2016	土地信托	8	0.01	刘卫柏和彭魏倬（2016）	25	1447
2016	宅基地	8	0.02	李科（2018）	0	125
2017	抵押融资	5	0	王丹（2017）	2	547
2017	两权分离	4	0	许经勇（2017）	6	953
2018	家庭农场	9	0.01	彭万勇（2018）	0	67
2018	乡村振兴	7	0.04	于水等（2018）	0	266

3. 农地用益物权性质研究

表2-19报告了热点词及代表性文献的概况。该研究热点主要依据法学相关理论从整体上探讨农地“三权”的权能制度，研究热点可以归纳为两个视角。一是农地经营权的权能制度研究视角。刘征峰（2015）认为经营权流转的法律本质是通过债权实现物权和资本的结合，放宽物权性流转限制是当前

① 彭万勇．家庭农场：“三权分置”的最适农业组织形式［J］．湖北农业科学，2018，57（08）：136-138+142.

② 王丹．“三权分置”背景下承包土地的经营权抵押制度研究［D］．安徽大学，2017.

③ 刘卫柏，彭魏倬加．“三权分置”背景下的土地信托流转模式分析——以湖南益阳沅江的实践为例［J］．经济地理，2016，36（08）：134-141.

④ 李科．对农村宅基地三权分置制度的探讨［J］．农村经济与科技，2018，29（16）：204-205.

改革的主要方向①；唐雅雯（2017）在对将农地经营权定性为债权的观点进行批驳的基础上，从突破传统用益物权理论出发，为农地经营权的物权化寻求理论依据②；而高海（2016）则提出通过确权确地形成的土地经营权用益物权论，无论是主要理据还是制度设计均值商榷③。二是农地承包权与经营权的权能制度研究视角。管洪彦和孔祥智（2017）主张农地“三权分置”的法律表达需要重点界定好农户承包权与土地承包经营权的关系，对农户承包权及农地经营权的权能进行科学划分④；张毅等（2016）认为在“三权分置”的情况下，承包权仍属于物权，在土地承包经营权中经营权的出租、转包和入股方式流转条件下属于债权性质，在转让和互换流转条件下属于物权性质⑤；刘长全（2015）提出承包权和经营权具有独立的价值和价值基础，承包和经营权可以拥有自己的独立权利人，经营权持有人拥有完整的处置权，承包权和经营权可以相互独立⑥。

表 2-19　2014-2018 年农地用益物权性质研究的热点词与代表性文献（中文）

热点词				代表性文献		
起始年份	名称	频次	中心性	文献	被引数	下载量
2014	成员权	10	0.09	刘征峰（2015）	23	1498
2014	财产权	4	0.04	张毅等（2016）	63	4778
2014	物权化	4	0	唐雅雯（2017）	1	323
2014	物权法	6	0.01	管洪彦和孔祥智（2017）	15	779
2014	土地承包法	11	0.02	朱继胜（2016）	70	4170
2015	农地产权	7	0.03	卢新海和张旭鹏（2017）	1	521
2015	处置权能	5	0	刘长全（2015）	2	442
2016	用益物权	36	0.13	高海（2016）	53	2990

① 刘征峰．农地“三权分置”改革的私法逻辑［J］．西北农林科技大学学报（社会科学版），2015，15（05）：26-33.

② 唐雅雯．“三权分置”模式下农地经营权物权化研究［D］．内蒙古大学，2017.

③ 高海．论农用地“三权分置”中经营权的法律性质［J］．法学家，2016（04）：42-52+176-177.

④ 管洪彦，孔祥智．“三权分置”中的承包权边界与立法表达［J］．改革，2017（12）：68-79.

⑤ 张毅，张红，毕宝德．农地的“三权分置”及改革问题：政策轨迹、文本分析与产权重构［J］．中国软科学，2016（03）：13-23.

⑥ 刘长全．完善承包地处置权能的条件、改革思路与路径［J］．价格理论与实践，2015（02）：21-25.

三、英文文献研究综述

在国外，“三权分立”的说法主要针对西方关于国家政权架构和权力资源配置的政治学说，提倡立法、行政和司法三大国家权力由不同机构控制，独立行使，相互制约。而我国目前推行的农地“三权分置”的说法是对于农地产权的权属关系的分置，便于明晰产权，实现农地规模化的可持续发展。纵观英文文献中关于农地“三权分置”这一具有中国区域特色的研究主题，鲜少提及与其相关的概念或理论，仅有的成果大体可以分为两个不同视角。一是农地“三权分置”对农村经济社会的影响。Deng（2013）认为中国政府提出的土地使用政策是削弱农民的私有土地使用权来加强集体所有制，是解决农地保护政策造成的外部性问题的有效途径①；Xu et al.（2018）提出“三权分置”新政策在强制发放土地证书和消除土地权利转让的行政障碍时，更有效地鼓励施用有机肥，这是确保中国农业环境可持续发展的重要一步②；Ji et al.（2018）认为中国政府正在推进农地三权分立制度，通过土地租赁市场巩固农业用地，可以有效提高农业生产率③；Ye et al.（2018）提出农地所有权产权不完全的集体土地会导致农业企业土地利用效率的低下④。二是农地权属关系的研究。Wang 和 Zhang（2017）提出为了实现发展农业和保持农村社会基本稳定的双重目标，中央政策制定者希望将原有的家庭承包经营权分离为承包经营权（处置权）和经营权⑤；Wittman et al.（2017）基于加拿大的“新土地主义”的原则，建议中国发展以社区为基础的农地准入合作和共享土地使用权的新形式和做法，以取代以个人产权为基础的国家主导的农地再分配改革模式⑥；Ye et al.（2018）认为在我国现行土地管理制度中，国有和集体两种土

---

① Deng Feng. Land development right and collective ownership in China［J］. Post-Communist Economies，2013（2），190-205.

② Xu Yuting，Huang Xianjin，Bao Helen X. H. Rural land rights reform and agro-environmental sustainability：Empirical evidence from China［J］. Land Use Policy，2018（74），73-87.

③ Ji Xianqing，Qian Zhonghao，Zhang Linxiu. Rural Labor Migration and Households' Land Rental Behavior：Evidence from China［J］. China & World Economy，2018（1），66-85.

④ Ye Lifang，Huang Xianjin，Yang Hong. Effects of dual land ownerships and different land lease terms on industrial land use efficiency in Wuxi City，East China［J］. Habitat International，2018（78），21-28.

⑤ Wang Qianxi，Zhang Xiaoling. Three rights separation：China's proposed rural land rights reform and four types of local trials［J］. Land Use Policy，2017（63），111-121.

⑥ Wittman Hannah，Dennis Jessica，Pritchard Heather. Beyond the market ? New agrarianism and cooperative farmland access in North America［J］. Journal of Rural Studies，2017（53），303-316.

地所有权并存，工业用地使用权可以在不同的土地租赁条款之间转让；Liu et al.（2016）家庭联产承包责任制带来的生产率提高的积极效应是耕地利用强度提高的主要原因，农村劳动力过度外流导致的劳动力稀缺导致耕地使用强度下降[①]。

四、中外文献比较

农地“三权分置”这一主题是在国家政策制度下推动学术界进行研究和探索，因此，中外文献针对这一领域的研究多集中于2013–2018年。尽管中外研究的起源时间差距不大，但相较于外文文献，中文文献的研究深度及广度均随时间推移而不断加深，主要反映在每年急剧增长的文献数量上。在农地产权利益问题广受关注的今天，无论是国际学术界还是国内学术界对农村基本农地保障与人地关系问题上具有共识，即明确产权作为吸引市场参与者利益的动力，可以更好地发挥各种市场主体的积极性，促进农地改革的顺利完成。表2–20报告了农地“三权分置”领域的中外文献比较结果。仅从中文文献来看，文献作者排名韩长赋位列第一名，董祚继位列第二名，中国人民大学民商事法研究员高圣平、中国农业大学副教授肖鹏、中国人民大学经济学院教授刘守英并列第三名；从机构发文数量来看，西南政法大学经济法学院、中国人民大学农业与农村发展学院、中国农业大学人文与发展学院分列前三名。

在研究热点方面，外文文献较为关注农地“三权分置”对经济社会的影响及农地权属关系的研究；中文文献除了关注农地权属关系研究以外，还针对农地三权实现路径及农地用益物权制度等问题进行研究。共同之处在于均侧重分析农地产权及人地关系研究；差异之处则是：中文文献关注如何实现农地“三权分置”，深入探究实现形式及路径，并对于农地的“三权”分别从经济学视角及法学视角进行分析；而外文文献对于农地“三权分置”的探索仅基于表层阶段的经济社会影响等内容进行讨论。

---

① Liu Guangsheng, Wang Hongmei, Cheng Yingxuan. The impact of rural out-migration on arable land use intensity: Evidence from mountain areas in Guangdong, China［J］. Land Use Policy, 2016（59）, 569–579.

表 2-20　农地“三权分置”领域的中外文献比较

项目	外文	中文
起源时间	2013	2014
文献数量	11	213
作者发文数量	—	韩长赋＞董祚继＞刘守英
机构发文数量	—	西南政法大学经济法学院＞中国人民大学农业与农村发展学院＞中国农业大学人文与发展学院
研究热点	农地“三权分置”对农村经济社会的影响研究、农地权属关系研究	农地权属关系研究、农地三权实现路径研究、农地用益物权性质研究

第三节　文献述评

从文献回顾来看，国内外学者从不同角度对农地流转及农地“三权分置”问题进行了大量且有益的探索，多个学科背景的研究成果不断丰富农地流转及农地“三权分置”的研究视角，为本研究提供了可以借鉴的理论与方法。农地流转的相关研究，为本书进一步研究西北地区农地流转主体的某一具体（流转）行为提供了很好的研究理论与方法支撑；农地“三权分置”的相关研究，为本书构建农地“三权分置”感知价值量表提供了一个非常有代表性和现实价值的载体。二者可谓相互促进，为研究西北地区农地流转主体行为提供了一个新的研究视角。

不难发现，在已有研究的基础上，有进一步深入的空间。学术界对农地“三权分置”方面的研究侧重于宏观层面与定性分析，如集中在对农地权属关系、农地“三权分置”实施路径、农地“三权分置”对农村经济社会影响研究等；在关于农地流转现状的研究方向上，外文文献更加侧重于关注农地保护、农地生产力与可持续力等这类研究，而中文文献中部分提及耕地保护，还关注农地流转主体意愿与行为等其他主题。对农地流转的研究虽已关注定量方法的应用，但从微观主体的角度融合个体认知等要素进行的定量研究相对薄弱。在农地流转的研究中关于农地流转行为的研究主要是基于计量经济学模型探究农户农地流转意愿及行为，这部分的研究热点有明显的时间节点特征，在2010年以前关于农地流转行为及意愿的研究多以定性研究为主，而在2010年以后使用逻辑斯蒂回归模型及结构方程模型等定量研究的文献数量急剧增加；并且研究对象主要是以身兼农地转入行为与农地转出行为双重身份的农户为主。农地流转主体作为农地流转行为实施和农村经济社会发展的重要参与者，在农地“三权分置”过程中具有关键作用，尤其体现在资源禀赋、生态环境较弱的西北地区。应该注意的是，农地流转主体行为不仅仅只是农户流转行为，还有不同主体的流转行为及相互间的利益关系，哪些因素影响农地流转主体行为？农地流转主体行为研究的理论模型是怎样的？对不同主体的行为影响路径是否存在差异？针对上述问题，学术界还没有系统和深入的研究结论。因此，基于农地流转主体这一微观视角，定量研究西北地区农地流转主体行为及其影响因素，以及分析不同主体农地流转意愿和行为的影响程度将是对已有研究的有益补充。

第三章　农地产权分置制度的演变历程及西北地区农地流转现状

随着中国农村经济和社会的蓬勃发展，农村土地产权制度在实践中实现了自发性的突破。纵观我国土地产权制度的演变历程，从封建土地所有制发展到现今土地“三权分置”制度大体经历了从“一权变两权”到“两权变三权”的转变历程。本章主要对我国农地产权分置制度形成的历史进程及在西北地区农地流转现状进行梳理和总结，分析包括两个方面的内容：第一，分析我国农地产权分置制度的演变历程，详细归纳各阶段产权分置的历程、特点以及存在的问题；第二，归纳这一阶段西北地区农地流转的现状，主要阐述西北地区农地流转存在的短板，并以宁夏回族自治区为例分析农地流转的区域特征及典型模式。

第一节　我国农地产权分置制度的演变历程

我国土地产权制度的演变历程根据时间轴可划分为四个阶段：第一阶段是改革开放前即 1949–1978 年，在这一阶段产权制度从封建土地制度，经历农民土地所有制、农业生产合作集体所有制再到人民公社所有制，强调土地所有制的产生与发展；第二阶段是 20 世纪 70 年代末 – 80 年代初之间推行家庭承包制，就该制度而言，其存在一显著特征——集体所有、分户经营，将土地所有权与经营权分开；第三阶段从 1993–2013 年，这阶段是在第二阶段的基础上深化家庭承包经营制度，此时农民不仅享有土地使用权，且权利具有长期性与稳固性两大特点，能实现对农民土地承包关系的保障，强化农民农地产权的方向演进；第四阶段是在 2014 年以后，基于深化农村土地制度改革的需要，及为了满足农民保留土地承包权并流转土地经营权的想法，此外，期间还进一步对土地承包经营权做了更细致的分类——承包权与经营权，与此同时，其同所有权是并重的，最终形成现有土地“三权分置”制度。以上四阶段的划分是参考学者梁亚荣（2004）[①]、赵光南（2011）[②]、窦祥铭（2013）[③]和朱玉龙（2017）[④]等对我国土地产权制度的归纳成果进行的梳理。此外，基于四阶段发展脉络体现了我国土地产权制度从“一权”到“两权”再到“三权”的产权分置变革特征，下面对每一阶段我国土地产权演变过程、特点及各阶段产权关系的变化进行说明。

一、1949 至 1978 年中国的农地产权制度概略

（一）新中国的土地改革时期

新中国于 1949 年的时候正式成立，这一事件标明中国新时代的开始。旧中国在解放前处于半殖民地半封建社会，维持着封建的土地制度，也就是占农村人口 5% 的地主和富农占据 50% 的农村土地，而占农村人口 90% 的普通农民（包括贫农、中农和雇农）只拥有约 30% 的土地。这种产权制度严重阻碍了农村经济社会的发展。因此，我国开始了第一次农地制度改革（1949-1953 年），这次改革目的是完成了封建土地所有制向农民土地所有制的过渡。1947 年 9 月中国共产党制定的《中国土地法大纲》，大纲规定：1）对封建土地制度进行完全的废除，首当其冲的便是地主的土地所有权，其次还有包括祠堂、寺庙以及各种团体等均不再享有土地所有权；2）对土地的分配原则、分配方法做出明确规定，如以土地质量为标准进行土地分类，在根据土地数量与人口进行平均分配，分配标准不与性别、年龄挂钩。1950 年，《中华人民共和国土地改革法》正式对外公布，并逐步推行。法典的核心是对土地改革作出方向上的指引，确保其方向的正确性。其中第一章就首先表明不再实行地主阶级封建剥削的土地所有制，也就是说该制度就此成为过去式，以后均推行农民的土地所有制；其后，又在第三章中对全部的土地与生产资料，抛开划归到国家的部分，其余部分的接受者都是乡农民协会，并由其作出最适宜的分配，确保贫苦农民都能得到自己应有的一份。就改革法而言，其主要由四部分构成：一是土地的没收与征收；二是土地分配；三是特殊土地问题

① 梁亚荣 . 土地承包经营制度研究［D］. 南京农业大学，2004.

② 赵光南 . 中国农地制度改革研究［D］. 武汉大学，2011.

③ 窦祥铭 . 现代中国农村土地产权制度的实证研究［D］. 南京师范大学，2013.

④ 朱玉龙 . 中国农村土地流转问题研究［D］. 中国社会科学院研究生院，2017.

处理；四是土地改革执法机构与执法方法。其实土地改革法最核心的内容还是土地权利的分配，简言之，就是对土地权利主体进行变更，并遵循公平分配的原则，实现土地资源与劳动力之间的匹配程度，成功构建并推行农民土地所有制，使土地所有权、使用权以及管理权都划归到农民手中，从而实现生产力的高速解放，推动我国农业生产的高速前进。

（二）合作化时期

第一次农地制度改革后，我国农村呈现小农经济发展模式。小农经济是建立在土地私有制基础上的个体农业经济，这不符合新中国建立初期国家工业化发展的需要，为实现国家工业化就必然要求消灭土地私有制。因此，面对这一历史背景，中国共产党领导广大农民开展了积极的农业合作运动。农业合作，即借助多种不同的形式来互帮互助，共同获利，其本质是个体农业经济向农业合作经济过渡的一个过程。就农业合作而言，其开展是基于生产资料公有制展开的。

就此社会变革而言，其大致分为三个阶段，互助组、初级农业合作社的形式和高级农业合作社的形式。第一阶段是互助社。新中国的土地改革制度使大多数农民变成了“耕者有其田”。然而，这种个体经济的特点是生产分散，技术落后，缺乏资金和生产资料，不仅导致农村两极分化，还对农村的基础建设起到严重的阻碍作用，抑制了农业生产力的提升。为摆脱此种困境，部分地区的农民便通过协商选择成立互助小组。第二阶段是初级农业合作社阶段。1951 年，中央组织召开了互助合作会议，《关于农业生产互助合作决议（草案）》这一文件便是在此会议上通过决议的，该文件肯定了互助小组的做法，并主张农民试点一些相对稳固的互助组织进行初级合作社的试办；1953 年该决议的正式公告也表明农业合作社从试运营进入发展期；1955 年，毛泽东同志在各级党委会议上报告了农业合作问题，并提出了农业合作的方式步骤和原则；同年 10 月，中央召开第七届中央委员会第六次全体会议，通过了《关于农业合作化问题的决议》。这一阶段农民仍然拥有土地的所有权，将土地作股入社由合作社统一经营。在初级合作社阶段，农民的土地所有权和使用权是分开的，农民和合作社之间的收入和交易权也是分开的。第三阶段是高级农业合作社阶段。《高级农业生产合作社示范章程》正式颁布时间是 1956 年，其中明确指出，农民一旦加入合作社，则其私有的土地、耕畜等均应划归到合作社名下，变成集体共有。有数据表明：1955年的时候，加入合作社的农户已经非常多了，约有1.18亿户，占比高达96.3%，不过，加入高级社的农户并不多，占比仅为3%，不过经过一年的努力发生巨幅上升，增长到87.8%。当处于高级农业合作社阶段的时候，土地所有权正式明确地划归集体。

（三）人民公社时期

在农业合作化运动的后期，由于单方面追求社会主义建设的高速度而超越了客观经济规律的发展要求，同时主观上认为农业合作规模越大，农业合作化程度越高，越促进生产力的发展，这导致了诸如农业合作速度过快和单一形式等问题。《关于把小型的农业合作社适当地合并为大社的意见》在1958年上半年正式通过，该意见表示，如果条件适宜，可根据具体情况安排相应的话来实现小型农业合作社的高效合并；同年8月，《关于在农村建立人民公社问题的决定》也正式通过，这一结果表明农村土地集体所有制的表现形式正式变成人民公社形式；截至1958年10月底，全国有超过740,000家农业生产合作社重组为2万6千多人的公社，参加公社的农民人数为1.2亿，在当时全国农民人口数中的占比超过99%，标志着在我国范围内推行的人民公社化工作进展取得了初步的成功；及至1962年，《农村人民公社工作条例（修正草案）》正式通过，在实施这一制度的过程中，个体农民没有土地的所有权、使用权以及经营权，此时不论是土地的所有权，还是使用权都是非常集中的。因此其不能就土地进行租售，难以实现土地资源的合理流动，大大降低土地的有效利用率。从农业合作化时期到人民公社时期的土地制度改革也被认为是我国第二次农地制度改革，将土地个体农户所有制转变为集体所有制。但实际上，这一阶段一些片面及错误的行为导致农业和农村发展迟滞、缓慢，长期处于徘徊局面，据1958–1978年20年的数据资料显示，在人民公社期间，农民的年纯收入增长率非常低，仅从最初的87.6涨至133.6元，总涨幅不过46元，年均增长还不超过3元。从1958年的开始，粮食总产量也一直处于下降的状态，一直持续到1966年才有所增长，与1958年水平相当。人民公社实行政社合一，不利于按照经济规律办事，导致农业经营混乱，破坏了农民的生产积极性，阻碍了农业生产力的发展，给社会主义建设带来严重困难，这为之后的农村土地产权制度创新埋下了伏笔。

二、1978 至 1992 年中国的农地产权制度结构变迁

（一）农地产权制度改革历程

1978 年 11 月，安徽省小岗村农户作为农业生产责任制的先行者，该责任制的核心是“包干到组，包产到户”，农民的这次自发行为，政府由默许、认可到推动，从而引发了农村经济体制的大变革，其不仅对人民公社制度起到了终结之用，农民生产地位自此也拥有了一定的独立性。同年 12 月召开了中国共产党十一届三中全会，大会上指出要确保全国人民生活水平得到显著提升，可行之法只有一个，即重视农业生产，加速生产力的恢复与提升。第十一届中央委员会第三次全体会议的胜利召开为能够在全国推行和实施家庭联产承包责任制奠定了良好的基础。

这一时期的产权制度改革大致分为两个阶段：第一阶段是从 1979 年到 1983 年，变革的主要内容是以家庭为单位经营土地取代集体统一经营土地。1982 年对我国是意义重大的一年，因为当年年底《中华人民共和国宪法》正式通过，并在其中明确表示，不论是农村还是城市郊区只要不是国家所有的，其所有权都是属于集体的；此外，包括宅基地、自留地以及自留山在内的土地资源的所有权也是属于集体的。及至 1983 年底，约 98%的基本核算单位实行了包产包干到户，家庭承包土地面积占耕地总面积的 97%左右，实现土地所有权和使用权利的分离。这标志着第一阶段改革的完成；第二阶段是 1984 年到 1992 年，确立了农地家庭承包经营的基本框架。《关于 1984 年农村工作的通知》这一文件里对土地承包期进行了延长，增长为 15 年，并且鼓励土地逐步向种田能手集中。在两年之后，《中华人民共和国土地管理法》正式颁布，其中作出指示，法律是权威有效的，集体土地的所有者是村民集体，包括合作社在内的各种经济组织对集体土地都只有经营权与管理权，只能从事相应的经营与管理工作。若是土地的所有权者已经是乡（镇）集体经济组织，则其所有权继续保留。若是村农民集体所有的土地的所有者不止一个，则所有权属于全部农民集体。以法律的形式确认了家庭承包责任制的框架。

（二）农地产权分置制度改革的特征

1. 农地所有权和经营权两种权利的分离。就家庭承包责任制而言，是一

个创新且成功的制度，终结了人民公社制，以往的旧农业耕作模式就此消亡，其还将土地产权拆分为所有权和经营权。改革前，在人民公社制度内部实行两权合一的管理制度，所有权与经营权合二为一，农村集体土地的权能结构高度合一，而家庭承包制实施后，土地等农业基本生产资料公有制的产权关系发生了大变化，农民所耕种的土地的所有权归其所属的村集体或村民小组所有。土地所有权仍归集体所有，农户从集体组织那里取得土地使用权，只需要交完农业税和承包费，就可以根据自己的实际情况自主地决定在土地上种什么农作物，种多少，自主地进入市场，开展各种经营活动。因此，土地经营权是由集体经济组织以户数来进行平均分配，其后由农户自主经营。对集体经济组织而言，其还需承担自己应负的责任，如对合同的履行进行监督，对各种公共设施的使用进行合理安排等，以实现对经营体制的构建与完善，确保该体制有统有分，统分结合。

2. 集体统一经营与家庭分散经营相结合。在人民公社集体统一经营体制下，广大农民几乎没有任何的自主经营权益，无论是生产计划、投资还是产品分配都是由集体统一完成，农户处于附属地位，是生产队的附属品，被动完成组织分配的各项任务。而家庭承包制经营制度表现为集体统一经营与家庭分散经营管理相组合，其功能内容包括生产资金的投放，日常生产和管理决策，具体的生产和经营措施等由承包农民自主决定。此外，家庭承包的劳务产品，除完成国家任务和集体保留外，均属于农民自己。

3. 农户的土地权益日渐明晰。家庭联产承包后农户逐渐拥有土地的使用权、收益权及交易权：土地使用权是指承包户对其承包农地需按照其属性及用途，为农业目的而使用，承包经营权人有义务保护和合理利用土地，维持地力，不能损害或改变农地的用途；土地收益权表明土地承包户取得土地上所产生的利益，在法定的耕作或畜牧的范围内，就土地为使用施以劳力与资本，其结果对于获得的收益当然有收取之权，按照事先与集体经济组织达成的协议对收益进行分配，分配原则是先满足国家与集体的，最终留下的才是自己的。另外，如果征用农民的土地，农民失去土地使用权，那么补偿标准的提高也反映了农民土地的收益。1986 年通过的《中华人民共和国土地管理法》规定，“国有土地和集体土地使用权可以依法转让”；及至 1988 年，《中华人民共和国宪法修正案》正式通过，其中明文规定，在法律允许的范围之内，可以就土地展开使用权的转让。

（三）农地产权分置制度改革成效及存在问题

在这一阶段，法律确实有所完善，能就农民的土地权利进行有效保护，不过并未出现大规模的土地使用权以及交易权的流转。到 1990 年，在全国分包或转让土地的农民比例在农民中的占比极低，尚不足 1%，就流转面积来看，在耕地总面积的占比也仅仅只有 0.44%[①]。在 1993 年的时候，农业部曾组织过一场抽样调查，结果显示，截止 1992 年底，我国农民进行过承包权转让的占比仅仅只有 2.3%；就农地的转包与转让而言，统计面积有 77.4 万公顷，占比仅为 2.9%[②]。由此可见，在 1978 年到 1992 年之间，虽然我国顺应发展需要进入了第三次农地产权制度改革，但农村的土地产权流动仅仅是从一个严格限制阶段逐渐转向松动的过程，且土地的流转仅限定为农业用途。

三、1993–2013 年中国农地产权制度结构变迁

（一）农地产权制度改革历程

从 1993 年起，中国农地产权结构变迁进入到强化农民农地产权的演进阶段。在家庭联产承包责任制实施初期出现了粮食减产现象，社会上出现呼吁调整政策，尤其是调整土地政策的声音。但这种现象的产生，本身并不是家庭联产制度安排的问题，其根源在于国民经济利益格局的变化造成农业土地产出的比较效益低，以及第二和第三产业从事经营的利益差距的拉大。要想彻底解决此问题，必须以农民土地承包权的稳固与强化为突破口，推动土地流转市场加速开放。1993 年的时候，第八届全国人大修改《宪法》，在宪法中明确“家庭承包经营权”，其正式成为我国国民经济体系之一，就此，长期困扰我国百姓的家庭联产承包经营制度中存在的系列问题终于得到有效解决；同年年底，《关于当前农业和农村经济发展的若干政策措施》正式颁布，其中对土地承包期再次进行延长，增长至 30 年，以确保农民所有的土地使用权具有长期性与稳定性，从而实现对家庭承包经营制度的强化与升华。1998 年的时候，《中华人民共和国土地管理法》正式完成修订，并进行了公布，其中明确表示对土地承包经营期限的延长是一项法律制度，即土地承包关系的本质

① 骆友生，张红宇．家庭承包责任制后的农地制度创新［J］．经济研究，1995（01）：69-80.

② 冀县卿．改革开放后中国农地产权结构变迁与制度绩效：理论与实证分析［D］．南京农业大学，2010.

是一种法律关系，也就是说其具有法律效力，并完全受到法律保护；同年10月，《中共中央关于农业和农村工作若干重大问题的决定》正式颁布，其中最重要的内容是：要实现农村稳定工作的长期性。2002年，全国人民代表大会常务委员会正式召开，会议期间《中华人民共和国农村土地承包法》正式通过决议。该承包法将农民长期和有保障的农村土地承包经营权正式法律化，直至今日，该权利依然是我国农民享受最多的一项，也就是说，此时我国农村土地承包政策基本稳定的时期已经正式到来。等到2003年下半年的时候，《中共中央关于完善社会主义市场经济体制若干问题的决定》正式颁布，其中首次提出“三农”问题，并给出了相应的解决思路，需要从三点出发：1）对于家庭承包经营的双层经营体制应该保持动态完善，确保其可持续与可操作性，实现对农民权利的有效拨正；2）对土地流转办法进行具体化与细节化，确保农民对土地进行资源流转时能有法可依，有据可循；3）对征地制度进行变革，对相应程序进行优化。此决定一出，我国农村土地制度掀起了新一轮的改革，农村经济体制也在其指引下得到持续优化。自2004年到今，每年中央一号文件都重点讲述了“三农”问题，从不间断，可见国家对三农问题能够有效解决给予了极高的重视。与此同时，《中共中央关于推进农村改革发展若干重大问题的决定》还明确表示，在展开实施农村土地管理制度的改进与优化时，必须遵循四大原则：1）产权明晰；2）用途管制；3）节约集约；4）严格管理。不论是对流转经营权进行管理，还是服务，首先都要就平台进行搭建，确保流转市场的完整构建，且农民在进行经营权流转的过程中，必须严格遵循自愿有偿原则。

（二）农地产权分置制度改革的特征

1. 强化集体所有权。首先是加强了对集体农地所有权的保护。在1995年颁布的《土地登记规则中》强调对集体土地所有权进行登记并对登记的土地所有权进行依法保护。2008年2月实施的《土地登记办法》中“扩大了土地登记范围，国有土地使用权，集体土地所有权、使用权和土地抵押权，地役权等土地权利都包含在内，从而能够更好地保护土地登记人的合法权益”。其次是逐步赋予集体农地处分权。虽现阶段我国的法律不允许集体农地所有权的自由转让，不过，在土地所有权渐渐得到完善，逐步更科学与合理之后，隶属于所有权的处分权发生转移，渐渐由集体经济组织所有，这一改变是为了适应破产、经营与迁移等客观需求。最后是增强农民对土地所有权的认知。明确农村的一切土地，包括耕地、宅基地、沟渠、道路、坝、池塘、废弃土地和非农耕地等，个人在合同期内有权使用，不准改变所有权，增强农民对土地集体所有观念。

2. 明确发包权并稳定承包权。通过依法登记注册建立村合作经济委员会，使其取得法人资格，依法行使集体土地的所有权，承包权和处置权，并与农民签订土地、水面和其他非农耕地承包合同，改变土地所有权和使用权之间的关系模糊不清，权利，义务和责任未知的状况。1998 年《中华人民共和国土地管理法》规定，“发包方和承包方应当订立承包合同，约定双方的权利和义务”。2002 年通过的《土地承包法》严格规范了土地承包商和发包方的权利和义务，土地承包经营权流转合同及合同期限，并对发包权与承包权在法律上得到明确。此外，通过签订承包合同，明确土地承包期十年不变，给农民一个长期定心丸，实行“增加人口，不增加土地，减少人口而不减少土地”，将人口与土地关系，农田和宅基地分开。促进农村劳动力转移，加快农村二三产业的融合发展。2003 年《中华人民共和国农村土地承包经营权证管理办法》“依法确认承包方享有土地承包经营权的法律凭证，农村土地承包经营权证只限承包方使用”；2007 年 3 月颁布的《中华人民共和国物权法》“延长了土地承包期限”；2008 年党的十七届三中全会通过的《中共中央关于推进农村改革发展若干重大问题的决定》明确指出，要“赋予农民更加充分而有保障的土地承包经营权，现有土地承包关系要保持稳定并长久不变”。

3. 发展多种农地经营形式。在这一时期，由于劳动力的流动，土地流转也逐渐扩大，国家从政策层面逐步放开了对土地承包经营权流转的限制。2003 年正式实施《农村土地承包法》，其中明文规定，农户对集体土地承包经营权的获得是以家庭承包为手段的，其后，农户能在法律范围内自愿就经营权进行流转。也就是说，在法律上土地承包经营权流转是被认可的，且能就相关法律行为进行保护。2005 年 1 月，《农村土地承包经营权流转管理办法》正式过会成功，其中明确了许多内容，如流转中需遵循的原则，流转当事人、合同以及具体的管理等，此外，流转形式也被一一进行了定义。《中华人民共和国物权法》通过的时间是 2007 年，此法规主要就一点进行了明确，即农民在土地流转中的主体地位；随后步入 2008 年，这一年是我国国际地位提升明显的一年，与此同时《中共中央关于推进农村改革发展若干重大问题的决定》正式通过审议，此决定的核心思路是土地承包经营管理的改革思路；2010年中央一号文件提出健全农地流转市场；2012年一号文件重点指出，应该合理地对土地承包经营权流转进行引导，主张并提倡适度规模经营农业，对农业生产经营模式进行快速创新，实现我国农业经营模式的有效调整。

（三）农地产权分置制度改革成效及存在问题

这一阶段的改革，发展并强化了家庭联产承包责任制，使得我国的土地产权呈现“两权分离”，解放了农村生产力，使农民更主动、积极地从事现代化农业生产，推动农业生产水平在质量与数量上均得到显著提升。我国农业统计年鉴中数据显示：1）在2007–2012的6年里，我国土地流转面积确实有所提升，从最初的0.64亿亩上涨至2.78亿亩，涨幅为2.14亿亩，增长率为334.38%；2）粮食总产量也有显著上升，由2007年的50160.28万吨涨至2012年的58957.97万吨；3）农业总产值的增长显著，由2007年的24658.1亿元涨到2012年的46940.46亿元，增长率高达90.04%；4）人均农业产值增长为7309.1元，增长了3860.2元；5）农民人均纯收入涨到7916.6元，增加了3776.2。由此可知，此时规模经营的目标已基本达成，粮食产量得到基本保证，而农民收入也得到明显增加。

但在这一阶段也出现了很多问题：首先是农地“非农化”的问题逐渐凸显。由于过高的土地流转价格与相对较低的农业经营收益相矛盾，在一些地方，工商业资本下乡陆续出现，到农村开展“圈地运动”，为使土地收入继续提升，实现投资风险的有效下调，相继出现农地“非农化”的现象。据中国国土资源公报显示，在2011年我国非粮化面积比例占流转土地面积的0.45%。其次，长期的家庭承包方式使得农村耕地普遍存在地块多、分布零散、面积小的现象，限制了土地的集中连片规模经营。据学者对农村农户资料的调查表明，“在1993年、1995年、1999年和2000年四年的调研中，吉林、四川、山西和山东等省份农户的平均地块数分别为4.35，5.26，5.11和4.95块”①。此外，土地纠纷不断增加也是这一阶段的问题之一。根据农业部农村经济报告分析，在农业纠纷中，土地问题争议逐年增加，在2011年受理的纠纷中涉及土地承包的纠纷案件有13.81万件，占总纠纷案件的63%。

---

① 王景新．中国农村土地制度变迁30年：回眸与瞻望［J］．现代经济探讨，2008（06）：5–11.

四、2013 年至今中国农地产权制度结构

（一）农地产权分置制度的改革历程

随着改革开放的不断推进和中国国民经济的快速发展，大量农民工进入城市务工，导致人地分离抛弃土地的现象越来越普遍，农村土地流转的比例迅速上升，承包权和经营权的分离成为常态。2013 年中央农村工作会议提出了“落实集体所有权、稳定农户承包权、放活土地经营权的土地产权政策”。我国农村土地制度实现了从“两权分离”到“三权分置”的过渡，进一步完善了农民的产权利益。家庭联产承包责任制建立了农村土地所有权属于集体所有的结构，承包权属于农民“两权分离”。2013 年 11 月，党的十八届三中全会提出给予农民承包地流转和承包经营权抵押、担保权。与之前的“土地承包经营权不允许抵押”相比，学者的解释是，这次经营权与承包权分离，经营权允许抵押和担保，进一步分离“所有权、承包权、经营权”的政策趋势。2013 年 12 月中央农村工作会议明确提出“落实集体所有权、稳定农户承包权、放活土地经营权”。2014 年 11 月颁发的《关于引导农村土地经营权有序流转发展农业适度规模经营的意见》明确要求，“实现所有权、承包权、经营权三权分置，引导土地经营权有序流转”；2016 年中央一号文件进一步要求稳定农村土地承包关系，完善“三权分置”办法，并于 10 月正式发布《关于完善农村土地所有权承包权经营权分置办法的意见》。2017 年中央一号文件继续提出落实“农村土地集体所有权、农户承包权、土地经营‘三权分置’的办法”；2018 年中央一号文件指出，“完善农村承包地“三权分置”制度，在依法保护集体土地所有权和农户承包权前提下，平等保护土地经营权”。到目前为止，从政策的角度来看，“两权分离”到农地“三权分置”的制度演变已经完成。承包权和经营权的进一步剥离构成了所有权、承包权和经营权的“三权分置”，它对农村土地流转，集约经营，合作经营，粮食安全，二三产业发展，农民增收，农业生产效率和农村劳动力转移具有重要推动作用。

（二）农地产权分置制度改革的特征

1. 进一步强化所有权权能中的处分权。集体土地所有权是经营权流转的基础，无论是过去家庭联产承包制的实施还是现阶段的土地“三权分置”制

度，农村土地集体所有的属性是不变的。根据我国法律规定，“农村土地集体所有就是指土地集体所有权人对集体土地依法享有占有权、经营权、收益权、处分权，农民采取集体经营形式没有任何法律障碍”。在“三权分置”中体现集体所有权最核心的权能就是处分权，处分权体现在三个方面：一是集体土地的转包和调整都必须由村集体民主协商后，村集体决定承包土地的承包，调整，监督和恢复；第二，征收土地时，补偿费的分配也由农村集体组织决定；三是农村集体成员有权了解、决定和监督集体土地的经营，制定相关计划时农村集体组织的所有成员应共同研究决定。从多年来制度安排的表现来看，只有坚持农村土地集体所有制，才能最大限度地发挥农村生产力以及农民生存的积极性（张红宇，2017）①。

2. 依法赋予农地承包权的完整性。赋予农民土地承包权的权利是实施和促进“三权分置”的先决条件。农民的土地承包权是农村基本管理制度的基础，要严格保护农民的权益，就必须稳定现有的土地承包关系，并长期维持。一方面，土地承包方有权依法拥有，使用和受益于承包的土地。农民有权在不转让土地经营权的情况下拥有、使用和赚取承包土地。如果农民想要流转经营权，农民有权处置和转移权利，农民将经营权流转给他人或组织，农民收取的租金由农民自行决定。另一方面，农民可以使用土地承包权作为抵押或担保，或选择退出承包权。在家庭成员内部，对家庭土地承包权还依法享有继承权。农地“三权分置”确保农户拥有完整的承包权，只要经营权不流转，农民仍然拥有完整的承包权与经营权；若流转经营权，农民对经营权转入方自主形成约束机制，流转合同到期时可选择继续续约或将土地归还给原承包农户。

3. 放活农地经营权并有序引导流转。新一轮农地产权改革初期，全国各地为加强农地流转创新了流转形式，如土地银行、土地股份合作社等，并推出鼓励机制促进农地流转率不断加速，但“资本圈地”“非农经营”及“皮包公司”等现象时有发生，严重损害农户利益。为保障流转主体应有的权益，2015 年初全国各地响应国家政策要求，不同程度地出台各类措施加强监督及规范农地流转行为，从而农地流转速率有所减缓。从土地制度安排的角度出发，必要的政策引导可以促进土地经营权的健康有序流转，引导土地经营权

① 张红宇．准确把握农地“三权分置”办法的深刻内涵［J］．农村经济，2017（08）：1–6.

流向种田能手和新型经营主体，赋予农村土地经营权更大权利进而提高土地产出效率和经营效益。“三权分置”制度是流转经营权的政策保障，农村劳动力进入城市和非农业产业，承包农户不再种植土地或将土地流转给他人的情况也得到了保障。在不改变农民土地承包关系的前提下，土地使用权以各种方式流转到专业大户、家庭农场、专业合作社等农业经营实体，实现规模经营的开发和运营，且经营权权利可以抵押、担保，放活经营权是“三权分置”实施的关键。

（三）农地产权分置制度改革成效及存在问题

这一阶段的土地产权制度改革是为“落实所有权、稳定承包权、放活经营权”，农地“三权分置”是以集体所有制，家庭承包，多元化经营为特征的农村土地制度结构。“三权分置”的政策创新在于承包权与经营权的进一步分离。从效率来看，一方面，流转面积继续增加，产能持续提升。据有关学者统计，“现阶段与 2007 年和 2012 年相比，土地流转面积增加 3.83 万亩及 1.69 亿亩，分别增长 598.44% 和 60.79%；粮食产量较 2012 年增长 45.22%；农民人均收入增加 3505.4 元，增长 44.28%”[①][②]。另一方面，土地流转合同签订率增加，流转行为更加规范。截至 2016 年底，全国签订的土地流转合同数量达到 2521 万件，参与土地流转的农民数量达到 3877 万人，流转耕地面积达到 1028 万公顷，占承包耕地总量的 20%。实行集体所有制，农民承包权和土地经营权“三权分置”是农村土地产权的一个丰富和细分，新的制度安排坚持农村土地集体所有制，加强对农民土地承包权的保护，它符合合理流转土地和提高农业经营规模和效率的现实情况。

但是，在改革过程中仍然伴随着一些问题。首先，是农地流转市场和管理机构、中介组织发育还不成熟，包括承包人和经营者之间流转信息不畅，土地流转价格各不相同，土地交易中介服务不完善，评估土地交易价格的机构和系统缺乏。部分乡镇虽设有土地流转中介服务中心，但实际只具有颁证发证等基本执行功能，缺乏解决农地流转矛盾及监督流转行为的作用。其次是农业补贴和经营权的分离。目前，国家直接向农民发放农业补贴，如粮食

① 孙全亮．现阶段我国农地经营制度研究［D］．中共中央党校，2011.

② 窦祥铭．农村土地产权制度改革的总体思路及具体政策选择［J］．海南师范大学学报（社会科学版），2013，26（12）：106-111.

直接补贴，改良品种补贴和农产品综合补贴等，其目的是确保国家粮食安全并稳定农民收入。然而，直接从事农业生产的新型农业经营主体基本上是不可能获得的，这与农业补贴是向特定农业生产者和经营者转移财政收入以实现特定农业产业政策目标的国家标准相矛盾，这也是承包权与经营权分离后的矛盾，这对经营者来说显然是不公平的。此外，与土地使用权相关的法治并不完善。“三权分置”制度的设计逐步形成了农村土地制度改革的权利体系，在政策层面相对完善并逐步实施。但是，整个系统的法律规范尚未在法律层面形成。除了 2018 年新修订的《农村土地承包法》之外，其他法律规范如《物权法》《土地管理法》等尚未对农村土地所有权、承包权和经营权的权力界限和权利的主体、内容做出非常明确的定义和划分。

五、不同时期的农地产权政策结构比较

纵观整个农地产权制度改革历程，从新中国成立以来我国共经历了四次农地产权制度的变革，从封建地主所有到农民土地所有，从集体经营到集体所有，从家庭经营到多元主体经营的重大历史变革。农地产权制度经历的四次变革，农地产权逐渐由“一权所有”演变为“两权分离”进而实现“三权分置”的变革特征，农地产权分置制度的安排取决于农村土地使用的效率要求，取决于农地与劳动力公平合理配置的要求。通过上述内容分析各阶段农地产权制度改革的历程、成效及存在的问题，揭示我国农地产权的变化过程及背景，为后续研究提供清晰的土地产权制度脉络。基于农地产权制度的发展，各阶段国家制度的颁布时间、制度名称、制度内容及产权属性等内容通过表格的形式进行呈现，具体内容如表 3-1 所示：

表 3–1　我国农地产权分置结构演变历程

农地产权分置的变革阶段	时间	制度名称	相关内容	产权属性变化
“一权所有”阶段	1947	《中国土地法大纲》	“规定废除封建剥削土地制度，以乡或村为单位统一分配土地，所有权归农户所有”	封建土地所有制——农民土地所有制
	1950	《中华人民共和国土地改革法》（本法于 1987 年底失效）	“发放土地所有证，并承认一切土地所有者自由经营、买卖及出租其土地的权利”	
	1954	我国第一部《宪法》	“国家依照法律保护农民的土地所有权和其他生产资料所有权”	
	1956	《高级农业生产合作社示范章程》	“入社农民将私有的土地转为合作社集体所有，同时合作社可分配部分土地分给社员种植蔬菜”	农民土地所有制——集体土地所有制
	1962	《农村人民公社工作条例修正草案》	“生产队范围内的土地，都归生产队所有；生产队所有的土地一律不准出租和买卖”	
	1975	我国第二部《宪法》	“国家可依法对城乡土地和其他生产资料实行征购、征用或者收归国有”	
	1978	我国第三部《宪法》	“国家可依法对土地实行征购、征用或者收归国有”	集体土地所有制——集体所有、家庭承包经营制
“两权分离”阶段	1982	我国第四部《宪法》	“城市的土地归国家所有，农村的土地归集体所有”	
	1988	《宪法修正案》	“任何组织或个人不得侵占、买卖或者以其他形式非法转让土地，土地的使用权可以依照法律的规定转让”	
	1993	《宪法》修正案	“将家庭承包经营明确为我国一项基本经济制度”	
	2002	《农村土地承包法》	“明确规定了发包方和承包方的权利和义务”	
	2004	《中共中央国务院关于促进农民增加收入若干政策的意见》	“严格区分公益性用地和经营性用地，保障农民土地承包经营权”	
	2005	《中共中央国务院关于进一步加强农村工作提高农业综合生产能力若干政策的意见》	“在农民自愿、有偿的前提下，依法推进承包经营权流转”	
	2006	《中共中央国务院关于推进社会主义新农村建设的若干意见》	“健全土地承包经营权流转机制”	
	2007	《物权法》	“将农民的土地承包权、建设用地使用权和宅基地使用权正式确认为用益物权”	

续表

农地产权分置的变革阶段	时间	制度名称	相关内容	产权属性变化
	2008	《中共中央关于推进农村改革发展若干重大问题决定》	“要求稳定农村土地承包关系，确保农村土地承包经营权证到户”	
	2009	《中共中央国务院关于促进农业稳定发展农民持续增收的若干意见》	“加强对土地承包经营权用益物权的尊重和保护”	
	2010	《中共中央国务院关于加大统筹城乡发展力度进一步夯实农业农村发展基础的若干意见》	“全面落实承包地块、面积、合同、证书‘四到户’，强调对土地承包经营权纠纷的解决”	
	2012	《中共中央国务院关于加快推进农业科技创新持续增强农产品供给保障能力的若干意见》	“要求土地承包关系保持稳定并长久不变，加快农村地籍管理”	
“三权分置”阶段	2013	《中共中央国务院关于加快发展现代农业进一步增强农村发展活力的若干意见》	“全面开展农村土地确权登记颁证工作”	集体所有、家庭承包经营制——集体所有、农户承包、多元经营制
	2014	《关于全面深化农村改革加快推进农业现代化的若干意见》	“完善农村土地承包政策，慎重稳妥推进农民住房财产权抵押、担保、转让”	
	2015	《关于加大改革创新力度加快农业现代化建设的若干意见》	“抓紧抓实土地承包经营权确权登记颁证工作”	
	2016	《关于完善农村土地所有权承包权经营权分置办法的意见》	“将土地承包经营权分为承包权和经营权，实行所有权、承包权、经营权分置并行”	
	2017	《中共中央、国务院关于深入推进农业供给侧结构性改革加快培育农业农村发展新动能的若干意见》	“落实农村土地集体所有权、农户承包权、土地经营权“三权分置”办法”	
	2018	《农村土地承包法（修订）》	“确立了农村土地的‘三权分置’制度”	

第二节　西北地区农地流转的现状——以宁夏为例

对于西北地区而言，农村土地问题的解决是发展现代农业及实现农民脱贫致富的重要基础。西北地区农村土地“三权分置”改革是中国农村土地“三权分置”改革的重要组成部分，实施的结果不仅对西北地区的经济社会发展具有重要意义，而且对促进西北地区农民摆脱贫困、维护社会稳定和团结也具有重要价值。西北地区实施农村土地“三权分置”改革进一步明晰了村集体的资金、资产及资源，维护西北地区人民的土地承包权，促进西北地区“资源变资产、资金变股金、农民变股民”的实现，发展村集体经济，扩大就业渠道，实现收入多元化，促进西北地区群众提高收入。本节基于农地“三权分置”的改革背景下，对西北地区农地流转现状的分析内容主要从三个方面进行阐述，一是梳理现阶段西北地区农地流转存在的短板；二是分析本研究所选的调研地区农地流转的区域特征；三是归纳宁夏农地流转过程中出现的典型模式及模式中流转主体的行为。

一、西北地区农地流转存在的短板

自2016年农地“三权分置”政策在西北地区推广实施以来，学术界普遍认为西北地区农地“三权分置”改革与精准扶贫、脱贫攻坚以及民族团结和社会稳定等地方问题密切相关①②③。但是，大多数西北地区属于偏远地区，自然条件差，民族构成复杂，当地人口中少数民族人口比例较高，社会发展水平及文化水平普遍较低。与其他地区相比，实施“三权分置”政策以来，西北地区农地流转依然存在短板，总结而言有以下几个方面：

第一，部分群众对农地流转还不热衷。20世纪80年代，中国开始实行家庭联产承包责任制，极大地提高了各民族的生产积极性。然而，随着时间的推移，一些人逐渐形成了“非集体化”或“私有化”的观念，并将承包的

① 刘涛.我国农村探索实践“三权分置”实证分析［J］.农村经营管理，2018（03）：22-25.

② 韩立达，王艳西，韩冬.农地“三权分置”的运行及实现形式研究［J］.农业经济问题，2017，38（06）：4-11+1.

③ 陈蒙.民族地区农村土地“三权”分置改革：问题与建议［N］.中国民族报，2018-03-30（007）.

农田视为私人农田[①]。受此类思想影响，在改革西北地区农村土地“三权分置”的过程中，一些人参与农地流转的积极性不高。农地流转后，他们担心会失去“自己的”农地。一些农民的农地“私人”思想有很多原因，农地流转的热情不高，但最重要的一点是，西北地区的自然环境比其他地区更复杂，经济发展相对落后，交通不便信息闭塞，群众文化水平普遍较低，对新鲜事物的接受能力有限，个人思想和行为习惯与农村社会发展的思想和目标存在一定差距。由于个人就业技能和工作选择能力差，多渠道和多形式就业的空间相对狭窄。农地经营权流转后，农民只有农地承包权，无法直接在农地上从事农业活动。而且，农地的一般流转期很长，或者在很短的时间内多次重复，这意味着农民将长期“失去”农地。如果农民在此期间失业或就业形势不理想，可能会导致生存、就业和养老等一系列风险。这类问题目前突出反映在西北地区村镇的老年农户群体中。“三权分置”鼓励农村土地经营权的全面流转，虽然能够满足提高西北地区农村土地效益的需要，但有些地区在一定程度上存在削弱农地社会保障功能的风险。

第二，西北地区新型农业经营主体的培育成效不够显著。虽然“三权分置”改革高度重视培育新型农业经营主体，但西北地区的实施成效相对不足。分析的原因可能是新型农业经营主体的资金来源不足。西北地区新型农业经营主体的发展在很大程度上取决于农民工的收入或农业生产的累积收入，缺乏足够的资金建立新基地，引进新技术，开展培训和购置设备，并应对生产运营中可能遇到的各种紧急情况。经营主体没有扩大再生产的能力，因此大多数经营规模小，承受自然灾害能力差，效率低。与此同时，西北地区的经济发展往往受到自然地理条件的限制，许多地方都位于高山地区和深山区，生态脆弱，地形复杂，可用的农地分散。同时，这些地区往往存在许多农地所有权历史遗留下来的问题，农业生产条件差，生产结构相对简单，生产经营效率低，难以形成大规模经营。

第三，市场化风险较难消除。目前，西北地区农地“三权分置”面临的市场化风险主要体现在三个方面：一是农民或村集体流转农地经营权后面临的市场竞争风险。西北地区相对贫困，迫切需要引进龙头企业，促进个体或集体经济的发展。但是，农地“三权分置”后的经营权流转变为市场行为，

---

① 晋洪涛. 农民的农地权属认知与行为反应：基于 567 个样本的分析［J］. 农村经济，2011（07）：31–34.

而市场竞争环境中农民相对较弱，个人或群体容易受到利润剥削，从而失去公平公正的农地经营权交易机会，从而导致利益受损。二是农业经营主体将使用承包农地进行市场开发的风险。当农民的个人或村集体将农地经营权流转给另一个主体时，有必要假设在不可抗拒的自然灾害或投资失败的情况下，经营主体无法保证收入分配的风险。三是农业企业带动资本投入流转农地后，以简易的农地基础设施套取国家农业补助，不发展实体产业，而是以期二次、三次转手流转农地寻租赚差价，或以农业设施为名进行房地产开发，如修建“大棚房”等，这将不可避免地导致农村耕地资源的浪费和低效利用。

第四，社会风险的成本相对较高。在西北地区，“三权分置”改革的主体是各民族的农牧民，多样的权利主体民族结构，独特的民族宗教习俗，多元化的利益诉求等特点使得诱发社会风险的可能性更大。大多数农牧民参与农地流转是为了实现流转收益，维护和改善基本生活，因此，一旦流转失败，农牧民不仅会失去相当多的收入，即使是最基本的日常生活也难以保证。经济损失可能导致一些人心理失衡，影响民族关系，不利于维护和加强民族团结。同时，如果改革中存在一些具体的操作错误，例如权利量化的不公平，收入的不合理分配，或产生的分歧和利益纠纷，可能会引发冲突，涉及民族因素甚至引发群体性事件，故进行农地产权制度改革及农地流转新模式推广的社会风险成本相对较高。

二、宁夏回族自治区农地流转的区域特征

宁夏回族自治区处在中国西部的黄河上游，东接陕西省，西北靠内蒙古自治区，西南毗邻甘肃省，地势南高北低，深居西北内陆高原，属典型的大陆性半湿润半干旱气候。2009 年以来，随着国家推进城镇化及新一轮西部大开发改革的深入，西北少数民族地区农业经营结构发生变化，新型经营主体大量涌现。农地流转顺利进行的条件之一就是承包权与经营权的有效分离。2015 年，宁夏成为全国农地产权改革试点地区之一，并颁布《关于规范农村农地经营权流转的实施意见》逐步建立规范高效的“三权”运行机制，保护农村农地产权制度，为发展现代农业、增加农民收入、建设社会主义新农村提供坚实保障。宁夏土壤干旱分布区域南北差异较大，耕地质量、降水量及自然资源要素呈不同的空间划分，因此为了深入了解宁夏全区农村农地流转

的区域性特征，本书对引黄灌区、中部干旱带、南部山区的农地流转情况分别作了分析概括。引黄灌溉区、中部干旱区及南部山区。引黄灌区包括银川市、石嘴山市各县（市、区），以及青铜峡、利通、红寺堡、中宁、沙坡头共 14 个县（市、区）；中部干旱带包括盐池、同心、海原 3 县；南部山区包括原州、隆德、彭阳、泾源、西吉 5 县区。根据本研究的实地调研数据并参考2017年宁夏回族自治区人大常委会调研组对宁夏农地流转情况的调研报告，本研究将宁夏回族自治区农地流转的区域特征梳理归纳如下：

（一）引黄灌区农地流转特征

引黄灌区农地流转面积最大，流转比例和价格最高，该区域农地流转面积占全区农地流转总面积的一半，约为 49.7%。2009 至 2017 年，农地流转面积逐年稳定增长，年均增加 19.4 万亩。该区域农地流转特征主要体现在以下方面：一是农地流转占比全区最高，约有 54.2% 的农地已经流转，同时，全区流转占比超过 40% 的 9 个县（市、区）全部集中在本区域；二是流转价格全区最高，均价为 731 元 / 亩，明显高于中南部地区；三是户均农地流转面积全区最小，约为 6.82 亩 / 户，但农地流转收入占其家庭农业总收入的 4.6%，为全区最高；四是流转的农地以种植水稻、玉米、小麦等粮食作物为主，占比为 59.8%，其后依次为蔬菜、瓜果、花卉，占比为 18.1%；经济作物占比为 9.7%；林木占比为 4.8%；五是移民村人均农地面积少，农地流转收入低，但工资性收入较以前明显提高。如灵武市狼皮子梁子生态移民泾灵村，人均农地仅为 0.75 亩，自 2013 年将全村的 3080 亩农地集中流转给两家种植专业合作社经营，人均农地流转收入约 300 元，农地流转之后，本村劳动力主要为这两家专业合作社打工，仅此一项人均增收 1200 多元。

（二）中部干旱带农地流转特征

该区域经济作物种植面积最大，流转比例和价格最低。2009 至 2017 年，该区域农地流转总面积虽呈逐年稳步增加趋势，年均增长为 8.8 万亩，其中，2013 年增长面积最大，为 13.4 万亩，2015 年增长最少，为 3.3 万亩。该区域农地流转特征主要体现在以下方面：一是农地流转占比全区最低。平均为 18.1%，其中同心县仅为 10.1%，增幅在年际间波动全区最大，2010 年最高达 76.8%，2015 年最低仅 5.2%；二是农地规模化经营特点明显。一次性集中流转或开发荒地规模较大，从上千亩到上万亩，甚至二三万亩，但流转价格在全区最低，少则 20–50 元 / 亩，多则 70–80 元 / 亩，绝大多数在 100 元 / 亩左右；三是户均农地流转面积全区最大，为 18.96 亩 / 户。户均农地流转收入占其家庭农业总收入的 2.1%，在全区居中；四是流转的农地以种植玉米、小麦等粮食作物为主，占比为 47.4%，种植枸杞、小杂粮等经济作物占比全区最高，为 30.6%，林木占比为 10.9%。

（三）南部山区农地流转特征

该区域农地流转规模较小，流转比例和价格居中。2009 至 2017 年，该区域农地流转总面积虽呈逐年稳步增加趋势，年均增长约 9 万亩。其中，2011 年增长面积最大为 14.3 万亩，2017 年增幅全区最高为 11.7%。该区域农地流转特征主要体现在以下方面：一是农地流转占比在全区居中，比例在 13.8% 至 32.5% 之间，平均为 20.1%；二是一次性集中流转农地的规模在全区最小，大多在千亩以内，过万亩的很少，平均流转规模约为引黄灌区的一半左右，流转价格介于中部干旱带与引黄灌区之间，均价约为 500 元 / 亩左右，一些家庭农场和专业大户的流转价格多在 300 元 / 亩以下；三是户均农地流转面积略高于引黄灌区，显著低于中部干旱带，平均为 8.18 亩 / 户，户均农地流转收入占其家庭农业总收入的 1.7%，为全区最低；四是流转的农地以种植玉米、马铃薯等粮食作物为主，占比为 41.6%，其后依次为中药材、饲草等经济作物，占比为 21.3%，苗木种植比例较高，为 18.1%，蔬菜、瓜果、花卉等占比为 10.6%。

三、宁夏农地流转的典型模式及参与主体行为

（一）平罗县农地“统种分管”模式及主体行为

平罗县位于宁夏北部引黄灌区，是农业大县，全县辖 7 镇 6 乡 144 个行政村，总面积 2059.78 平方公里，耕地面积 95.6 万亩，其中农民开垦种植的荒地 40.2 万亩，总人口 31 万人，农村人口 15.37 万人。鉴于平罗农村综合改革起步早、基础好，2012 年以来平罗县先后承担全国农村农地经营管理制度改革试点、全国农村产权流转交易市场建设试点、全国宅基地制度改革试

点、全国农村小型水利工程管理机制改革试点、全国农村信用体系建设试点；2016年又承担了全国新型城镇化综合试点和农村承包农地经营权、农民住房财产权抵押贷款试点；2018年中央一号文件提出，“培育各类专业化市场化服务组织，推进农业生产全程社会化服务，帮助小农户节本增效。发展多样化的联合与合作，提升小农户组织化程度”，作为全国农村改革试验区，宁夏平罗县充分发挥其优势，探索出了农业生产“统种分管”的农地经营新模式。

农地的“统种分管”，是由农业龙头企业、农民合作社等新型农业经营主体和服务主体统一提供良种、化肥等农资，农业机械化作业服务和农业技术指导，而生产过程中的打药、施肥、田间水管理等工作，仍由原承包农户分散完成的一种农业生产合作模式。到2018年，平罗县试验区已有7家“新型主体”在7300多亩耕地上实行了“统种分管”模式①。例如平罗县宁禾谷米业公司，在2016年开展“统种分管”模式，其具体做法是首先与农户所在村集体签订“统种分管”的种植协议，在某一地块统一种植指定的水稻品种；其次，公司统一采购农资和购买农机作业服务，然后以低于市场价的价格向分散的农户提供；再次，生产过程中需要人工较多的环节，如田间水管理，则由原承包农户分散负责；然后，对于“统种分管”地块收获的达到一定质量要求的稻谷，公司承诺以高于市场价8%的价格收购；最后，在稻谷出售时公司按耕地面积扣除为各个农户垫付的农资、农机作业费用。根据调研数据显示，2017年平罗县宁禾谷米业公司“统种分管”的耕地面积达到2365亩。“统种分管”的农地生产模式对比传统的农地流转方式有所不同，在一定程度上，农户仍然可以拥有和参与农地实际生产的行为，对于目前农村中老年农户而言，这一模式能够实现基本生活保障及心理安抚的作用。另外，此模式能够在一定程度上减轻新型经营业主资金周转问题。在平罗县，为保障农户的权益，传统的农地转入需要农业合作社或农业企业缴纳一定数量的保证金，约10万－20万元，对于中小型企业而言这笔资金加重企业的农地投入风险，不利于新型经营主体的培育及长期稳定的发展，而“统种分管”模式有效地解决了这一问题。

在“统种分管”模式中，主要参与的农地流转主体包括新型农业经营主体与农户，新型农业经营主体提供农业生产所需的机械设备，农户可以获得

① 刘同山．“统种分管”的平罗经验［J］．农村经营管理，2018（04）：10-11.

标准化程度高的农业生产服务，他们的农地流转行为体现在以下几个方面：1）提高收益行为。“统种分管”可以直接提高农户经营收益，承包农户获得约定地租和产量不同，在“统种分管”模式下，无论产出多少粮食，收益都完全归农户。农户还可以享受以更低的价格购置农资，以更高的价格出售稻谷。2017年，“统种分管”每亩地的农资、农机作业服务费为380元，比农户分散作业便宜120元。而且，一些新型主体还会将“统种分管”的地块作为自己的优质农产品种植基地，对基地的农产品加价收购，这无疑会进一步提高农户的经营收益。2）解决剩余劳力行为。“统种分管”主要在农资采购、耕种和收获等方面标准化程度较高，不太需要人工参与的环节进行统一管理，而在其他环节则需要充分利用承包户的富余劳动力。在实现适度规模经营的同时，保留了农村富余劳动力对农业生产的有效参与，这对人力资源的合理利用和农村全面转型期的社会稳定都有重要价值。3）降低经营风险的行为。在“统种分管”模式下，新型主体只需垫付一部分农资、农机作业费用，而不必支付每亩600元左右的地租，可以把有限的资金用于扩大经营规模或开拓市场。而且，在“统种分管”模式下，农业的自然风险、市场风险主要由原承包农户分散承担，避免了农业风险过度集中在新型主体身上，减少了其经营不善而“跑路”的可能，保护了农村的先进生产力，稳定了农业适度规模经营。

（二）同心县农地经营权抵押＋反担保模式及主体行为

同心县地处宁夏回族自治区中部干旱带的核心区，全县辖7镇3乡2个管委会，189个行政村，总面积4466.16平方公里，总人口34.5万人，其中农业人口25.1万人。同心县作为陕甘宁红色革命根据地的一个重要组成部分，汇聚了众多开国元勋的光辉足迹，这是同心人无尽的精神财富，也是这块黄农地永远的光荣和骄傲。然而，由于生态环境的极度恶劣，导致农村经济发展缓慢，人民群众生产、生活水平低下，同心县一度是国家级重点扶贫县之一。为探索和创新同心县脱贫富民模式，2010年同心县出台了农地承包经营权反担保贷款管理办法及实施意见；2015年同心县被列为全国农村承包农地经营权抵押贷款232个试点县之一，积极探索，创新实施“抵押＋反担保”贷款模式。开展农地经营权抵押和反担保贷款，能够扩大农村有效担保物的范围，起到激活农村资产，支持农业产业发展和农民增收致富的积极作用。

根据调研资料显示，同心县河西镇上河湾村 2006 年贷款仅有 36 万元，而到了 2016 年用农地经营权反担保贷款达 2600 万元，十年时间该村玉米亩产从 300 斤提高到 2300 斤，养牛也从出栏不足 100 头发展到成年出栏 5000 头的养牛示范村。截至 2017 年 4 月，该县累计抵押农地 60 余万亩，涉及 37 个村，受益农户达 9 万户，投放抵押贷款 18.5 亿元，用于发展苹果、辣椒、大葱、肉牛、滩羊等产业，促进贫困户脱贫致富。

在农地经营权抵押 + 反担保模式中，主要的参与主体是地方政府，包括县、乡镇政府以及合作社与农户，通过在行政村成立“农户农地承包经营权流转合作社”，村民将农地承包经营权向合作社入股，入股社员需要贷款时，选择 3 户已加入合作社的村民作为贷款保证人，由合作社进行反担保取得贷款，如果不能按期还贷，农地将由合作社流转给代其偿还贷款的担保人，直到贷款农户重新赎回。在参与农地流转的过程中，农地流转主体的行为表现在以下几个方面：1）土地确权行为。通过实地丈量、三榜公示、农民确认、依法颁证，明晰了农村集体农地所有权、农民农地承包经营权、集体荒地承包经营权，实现了“以图管地”，为开展产权抵押贷款工作夯实了基础。目前，同心县已完成 44534 户农户农地确权工作，确权面积 118 万亩，确权率 98%。2）担保抵押行为。贷款抵押登记业务由县农村农地产权流转服务中心办理，入股社员需要贷款时，选择 3 户已加入合作社的村民作为担保人，由合作社向金融机构出具担保或反担保证明。贷款抵押范围延伸至农村集体“四荒”地承包经营权，水域滩涂养殖经营权，大型农机局、设施大棚、晒场、仓库等农业生产设施设备所有权，牧业、林业及其他符合抵押和反担保条件的农村农地，满足了不同农户和新型经营主体的不同贷款需求。3）产权评估行为。依据区域、农地条件、经济效益、流转价格、流转便利性等因素，确定了农村农地流转基准参考价，作为农村产权抵押贷款评估的依据。抵押额度在 20 万元以下的贷款，其产权价值由借款人和信贷员协商评估；抵押额度在 20 万元以上的贷款，其产权价值由借款人选择县级组织的协商评估组或专业评估机构进行评估。4）健全规章行为。同心县县委县政府先后印发了《同心县农村承包农地的经营权抵押贷款试点工作实施方案》《同心县农村农地经营抵押贷款管理暂行办法》，对抵押贷款工作进行周密安排，确保规范运行。设立 500 万元农村产权抵押贷款风险基金，用于化解农村产权抵押贷款风险。5）利率补贴行为。允许农民和各类经营主体以农地承包经营权、流转经营权等农村产权抵押贷款融资，利率按照人民银行公布的同档次基准利率上浮最高不超过 30% 执行。按每户平均贷款 4 万元计算，仅利息每年就可以为农户节省 1000 元左右，极大地降低了农民群众的贷款成本。

（三）泾源县“三权分置”+ 监督权模式及主体行为

泾源县位于宁夏回族自治区最南端，因泾河发源于此而得名，其境内六盘山地区被列为国家级自然保护区、国家级森林公园和中国第一个旅游扶贫开发试验区。全县辖 4 乡 3 镇 108 个行政村，总人口 11.8 万人，农业人口约 10.5 万人，总面积 1131 平方公里，占全自治区总面积的 2.18%，其中耕地面积 57.9 万亩，森林覆盖率达 48.5%。2017 年以来，泾源县依照自治区《关于完善农村农地所有权承包权经营权分置制度的实施意见》和固原市《关于推进农村产权制度改革实施意见》，先后颁布了《关于发展壮大村集体经济的实施方案》《泾源县农村产权交易中心建设方案》《关于深化农村农地所有权承包权经营权抵押贷款》及《泾源县农村农地股份制改革试点实施方案》等方案，并确定了大湾乡杨岭村、六盘山镇杨庄村、黄花乡羊槽村等 10 个改革试点村推行“三权分置”+ 监督权的农村农地产权改革。泾源县实施的“三权分置”+ 监督权制度也简称为“四权分置”，是在构建“集体所有、家庭承包、多元经营”的农村农地产权制度的基础上强调监督权的作用，充分发挥监督权的功能和效用，形成层次分明、结构合理、平等保护的格局，健全和完善农村农地监管服务体系。“四权分置”改革涉及多方权益，是一个渐进过程和系统性工程，要坚持统筹谋划、稳步推进，确保“四权分置”有序实施。

在“三权分置”+ 监督权模式中，主要参与主体除了农地转出与转入方以外，强调基层地方政府参与的重要性，在国家制定农村土地“三权分置”的基础上，加强农地流转监督权的职能与权责，对地方政府参与农地流转的行为体现在以下几个方面：1）明确主体行为。农业部门是农村土地流转监管的主体，而乡镇级农业部门是农村土地流转监管的第一责任人。主要职责是按照转让合同的标准监督农村土地的流转，并按规定用途使用和保护农村土地，制止损害农村土地的行为。2）完善审查行为。建立土地流转申请制度，流转双方达成流转协议后，应当向集体经济组织提出书面申请，批准后签订土地流转合同，合同将提交农村土地管理机构或农村土地流转服务中心备案。审评过程中，审批制度应当按照规定执行，审计准入制度应当按照企业的资质，经营能力和土地流转规模执行。特别是要对农地长期大规模租赁有明确的上限控制，实行分级备案，法律法规如果明确规定需要向上级报告审查应及时报告。3）信息跟踪行为。在全面调查的基础上，建立农村土地流转数据信息数据库，准确把握可供流转的农村土地的基本情况和数据信息，依靠信息技术实现农村土地流转的综合监测，不断提高监管人员的科技水平和信息技术的使用，建立与农村土地流转监督管理制度相适应的设施，有效地警告非法使用流转土地现象或行为。4）监管奖惩行为。将农村土地流转监督纳入乡镇领导干部绩效考核评价体系，奖励完成农村土地流转监督任务的县市，处罚农村土地流转监管不力的县市，并将资金用于监督农村土地流转基金。并加强村民的互相监督，对情况属实的投诉人给予一定的奖励，及时制止和纠正违法行为，对构成犯罪的及时向相关职能部门交办查处。

第三节　本章小结

本章内容共分为两个部分：第一部分梳理了我国农地产权制度演变的历程，主要侧重于产权分置的演变特点与演变规律，随着农地产权制度的四次改革，我国的农地产权分置状态由封建所有制演变为集体所有制的“一权所有”阶段，再由集体所有制演变为集体所有、家庭承包经营的“两权分离”阶段，再之后发展为现阶段集体所有、农户承包、多元经营的“三权分置”阶段。第二部分总结现阶段西北地区农地流转存在的短板，包括部分群众对农地流转不热衷、新型经营主体的培育成效不显著、市场化风险及社会风险的相对复杂。随后，以宁夏回族自治区为例，按照宁夏空间区域划分为引黄灌区、中部干旱区及南部山区，并详细论述各区域农地流转特点，并对宁夏农地流转的典型模式及模式中相应的主体行为进行了梳理。引黄灌区选择的是平罗县统种分管模式，该模式的参与主体主要是新型农业经营主体及农户，其中经营主体的流转行为包括解决剩余劳力行为和降低经营风险的行为，农户的参与行为主要是提高收益行为；中部干旱区选择的是同心县农地经营权抵押 + 反担保模式，该模式的参与主体主要是地方政府，包括乡镇及以上的政府、合作社与农户，参与流转的主体行为有土地确权行为、担保抵押行为、产权评估行为、健全规章行为和利率补贴行为；南部山区选择泾源县“三权分置”+监督权模式，该模式的参与主体主要是地方政府，包括乡镇、县市级政府，参与流转的主体行为有明确主体行为、完善审查行为、信息跟踪行为和监管奖惩行为。国家农地产权制度的调整始终是为了适应国家社会经济的发展需要，纵观我国农地产权分置制度演变的历程，我国农地产权制度可视为一种诱引性制度，通过人的能动性促使政策调整和变化。为确保西北地区农业生产经营方式的顺利实现，有必要相应调整以往的配套制度，以适应当前西北地区农地改革需要。

第四章　西北地区农地流转主体行为的博弈分析

事实上，在农地流转的过程中先决条件是“三权分置”，应满足劳动力非农化的要求，然而，其实质则是利益主体为了实现个人最大化的目的，从而所做出的利益博弈选择。农地流转和相关利益方的参与密不可分，每个主体的诉求均是存在差异的，各主体之间的行为关系将会对农地流转效率产生直接影响。本章通过农地流转利益主体识别、利益主体行为分析、利益主体行为博弈三部分展开了深入的探讨，目的则是基于博弈论构建出相关的理论框架，对各行为主体在此期间的行为关系进行分析。本书在研究的过程中，主要采用了完全信息动态博弈，并且参考交易理论的内容，研究在农地流转的过程中，参与主体追求获利机会，各主体的行为决策均会对他人决策产生一定程度的影响，合理权衡“成本－收益”之间的关系，并实现利益博弈的目的。

第一节　西北地区农地流转主体的识别

一、利益主体及利益主体理论

针对“利益主体”来说，是基于“利益相关者”这一理念产生的，最初是由斯坦福大学研究所提出的，他们明确地提出：“利益主体是这样一些团体，没有其支持，组织就不可能生存。”随后，瑞典商学教授 Eric Rhenman 对此进行了概括：“企业是利益主体实现个人目标的载体，而利益主体则是维持企业发展的重要保障”[①]。在这之后的三十年里，关于利益主体的定义越来越多，很多专家学者均从不同层面予以定义。其中最具代表性的是在 1984 年由美国哲学家、弗吉尼亚大学达顿商学院教授 Freeman 在其编撰的《Strategic

① Vandekerckhove Marie, Panksepp Jaak. The flow of anoetic to noetic and autonoetic consciousness: A vision of unknowing (anoetic) and knowing (noetic) consciousness in the remembrance of things past and imagined futures [J]. Consciousness and Cognition, 2009, 18 (4), 1018–1028.

Management：A Stakeholder Approach》中，详细阐述了利益主体理论的相关内容，并从广义上将其定义为“可以对实现组织目标产生重要影响，或者受到一个组织实现其目标过程影响的所有个体以及群体”。自此之后，Clarkson 通过进行研究后，在 1998 年时，将“专用性投资”融入到了利益主体理论中，并从狭义上将其定义为“通过专用性资产的投入而为组织的财富创造做出过贡献的产权主体”。

20 世纪 60 年代左右，西方国家就已经提出了利益主体理论。在 20 世纪 80 年代之后，该理论得到了迅速发展，影响力也随之扩大化，促进了公司治理的转型。该理论的核心理念为，所有组织或者公司的发展都必须要有利益主体的支持和帮助。所有利益主体都能够分享企业的剩余权利，尤其是那些为企业或组织的发展做出专用性投资的利益主体。由此，本研究认为，利益主体理论为“协同合作”提供了比较完整的分析框架。

二、西北地区农地流转主体识别

在西北地区农地流转过程中，有许多关联主体有利益联系。特别是与一般意义上的农业生产和经营活动相比，西北地区农地流转不仅具有推动地区经济发展的价值，而且承担着促进西北地区农村社会进步、民族团结及生态保护等多方面的涉及多利益群体的福利增强功能，是一个复杂的经济和社会问题。从这个意义上说，Clarkson 对企业相关利益者的界定很难作为真理具有普遍适用性。因此，本研究认为农地流转过程中除了直接参与流转环节的农地转入方及农地转出方以外，研究者还需充分考虑农地属性，明晰企业管理与农地流转在利益诉求、价值取向等方面的异同。基于以上认识，本书更加倾向于借鉴 Freeman（1984）的观点，将农地流转利益主体界定为，与农地流转利害攸关，且能够在农地流转顺利运行过程中获得经济、社会或生态利益的社会实体[①]。

目前，国际上对于利益主体的划分常采用多维细分法和米切尔平分法，基于 Freeman（1984）、Mitchell（1997）以及 Wheeler（1998）等专家学者的

① Freeman E. Strategic management：A stakeholder approach［M］. Pitman Press，Boston，1984.

研究成果①②，在综合考虑农地流转各种活动的供求关系的基础上，采用多维细分方法，列出了农地流转主要参与主体的备选名单，并附有参考文献，它主要包括三大类：一是实施农地转入行为的转入方，“三权分置”政策实施以来，农地转入方主要体现为新型农业经营主体，区别于传统经营的主体是农民，新型农业经营主体的主要类型包括专业大户、农村合作社、家庭农场及农业企业等；二是提供农地流转人力，信息及其他资源的供应保障，如村委会等，其行为能够起到中介及部分监督作用；三是实施农地转出行为的转出方，如农户（拥有农地承包经营权）、村集体组织；此外还有文献中涉及农地流转监督行为的中央及地方政府等主体。

表 4-1　农地流转主体类别划分表

农地流转主体		参考文献
农地转入方	农业企业	鹿梅（2017）③，王天琪等（2018）④
	家庭农场	周凡（2017）⑤、郭熙保等（2018）⑥
	专业大户	郭斌等（2014）⑦、蒋永甫等（2016）⑧
	农业合作社	蒋永甫等（2016）、刘雨欣（2017）⑨
农地流转中介方	村委会	宋辉（2013）⑩、吴光毅（2016）⑪

① Wheeler J O. Urban cultural geography：Country cousin comes to the city［J］. Urban Geography，1998，19（7），585-590.

② Mitchell V.W.，Vassos V. Perceived risk and risk reduction in holiday purchases：A cross-cultural and gender analysis［J］. Journal of Euromarketing，1997，6（3），47-79.

③ 鹿梅．资本主导型农地流转模式的动因环境、特征与效应分析［J］．农村经济与科技，2017，28（01）：5-6.

④ 王天琪，黄立军．资本主导型农地流转利益主体的博弈关系［J］．江苏农业科学，2018，46（17）：315-320.

⑤ 周凡．家庭农场推进中农户参与农地流转意愿、行为选择及激励机制构建［D］．江西财经大学，2017.

⑥ 郭熙保，龚广祥．信贷市场对家庭农场农地流入决策的影响［J］．社会科学战线，2018（08）：70-77.

⑦ 郭斌，李伟．基于交易效率的农地流入方交易费用研究［J］．江苏农业科学，2014，42（02）：363-366.

⑧ 蒋永甫，张小英．农地流转主体的交易成本——基于种养大户、家庭农场、合作社及龙头企业的比较［J］．学术论坛，2016，39（02）：43-48.

⑨ 刘雨欣．农机合作社流转农地对农民收入的影响研究［D］．东北农业大学，2017.

⑩ 宋辉．农地流转中农户、村委会、政府行为研究［D］．华中农业大学，2013.

⑪ 吴光毅．农地流转背景下基层政治参与研究［D］．西北农林科技大学，2016.

续表

农地流转主体		参考文献
农地转出方	村集体	许艳（2010）[①]、吴光毅（2016）
	传统农户	刘淼芬（2016）[②]、王天琪等（2018）
农地流转监督方	中央政府、地方政府	于传岗（2012）[③]、王雪琪等（2018）[④]

上述利益主体直接或间接参与农地流转活动，其行为对西北地区农地流转能否顺利进行有重要作用。在此过程中，各利益相关者的经济行为也会受到多种因素的约束，其中可包括自然资源、经济环境以及政策体制等，他们经常会在短期利益和长期利益，经济利益和社会利益之间犹豫不决，这一矛盾在西北地区尤为突出。所以，各主体之间必须要进行科学博弈，采取合理的制度体系，缓解各个主体之间的矛盾纠纷，为利益主体创设出良好的社会环境，占据更多的优势，避免劣势，才能有利于确保西北地区农地流转的有序开展。

第二节　农地流转主体的行为分析

农地流转属于一项系统工程，由于利益主体的社会地位、资源优势以及流转目的存在差异，所采取的应对策略也截然不同。然而，无论是什么原因，系统内的其它利益主体均会对其产生一定程度的影响与约束。在农地流转的主体中，中央政府制定相关政策推动经济发展，保障社会稳定，而各级地方政府原则上也是为发展地方经济、促进农村地区的和谐稳定而鼓励农地有序流转，中央政府及各级地方政府在参与农地流转中的利益目标基本一致。因此，本研究主要选择熟悉农村社会情况的乡镇基层政府作为中央及地方政府的代表，并基于前文的分析内容，在后面的研究中将着重分析基层政府、村委会、新型农业经营主体以及农民等在农地流转中的行为特征与利益关系。

---

① 许艳．我国农村土地流转中的委托代理问题研究［D］．北京工商大学，2010.

② 刘淼芬．农地流转中的农户行为研究［D］．福州大学，2016.

③ 于传岗．我国政府主导型农地大规模流转演化动力分析［J］．农村经济，2012（10）：31-34.

④ 王雪琪，曹铁毅，邹伟．地方政府干预农地流转对生产效率的影响——基于水稻种植户的分析［J］．中国人口·资源与环境，2018，28（09）：133-141.

一、农地流转主体的行为分析

（一）乡镇基层政府的行为分析

对于西北地区而言，经济发展水平较低，地方政府想要发展地方经济从而提高自身政绩。因此在农地流转中，其行为动机主要是通过农地的大规模流转，实现地方财政收入的显著增长和政治成果的优化。地方政府的身份不仅是农地的管理者，同时也是社会的服务者，基于某些方面考虑，不仅要传达上级的政策指示，并且也要使中央政府与微观市场实现有效衔接，因此具有十分重要的作用。基于本研究的需要，分析西北地区地方政府主要选取熟悉农村经济社会发展情况的基层地方政府。

所谓基层政府，实质即为乡镇政府，与农民的日常生活走得比较近，对当地的实际状况有着充分的了解，在农地流转中，主要负责一些事务性工作。针对西北地区的农村来说，一般均位于偏远地区，农民的文化程度普遍较低，无法充分理解农地流转的内涵，并且也没有形成积极的参与意识，不想改变原有现状。在宣传各项政策时，可以采用干部下基层、农业调研以及座谈会等形式，让农民可以对此有着深入的了解，紧跟国家的政策脚步。基层政府也应派遣相关人员在农地流转工作中予以适当的指导，在此过程中，也可以构建农户专业合作组织，促使农地流转可以跨地区开展，从而朝着连贯性与稳定性的趋势发展。除此之外，在农地流转期间，或许会产生一些纠纷与矛盾，基层政府要充分保障农户的合法权益，对农地流转密切监督，实时监测农地的应用状况，发挥出政府的职能作用。由于乡镇政府代表的是上级政府的身份，与此同时，也是尤为关键的权益主体，在农地流转工作中，所起到的重要性不容小觑，其在农地流转中不仅发挥着领导和监督的作用，也起到中介的作用。

（二）村委会的行为分析

作为农村集体组织的代表，村委会的主要职能是宣传和落实上级政府和村代表会议的决议，处理村里的公共事务，实现自我管理、服务和教育。我国现行农地制度规定农村农地所有权归村集体所有，作为村集体组织的代表，村委会有权管理、调整和发包集体所有的农地。村委会参与农地流转行为表现在以下方面：

一是管理农地行为。在农地流转过程中，村委会和上级政府农地管理机关对该行为予以合理规范，维护公共安全，保障农户的合法权益不受侵犯，提升耕地的利用率。对于村委会来说，其管理权限表现为以下几项，即一方面记录了农地流转行为。根据相关规定，农地流转不得改变农用地的使用性质，农地流转行为应当向村集体经济组织备案，明确权责主体。另一方面是确保农民的农地权利。在进行农地流转时，应签署规范的合同协议，村委会被赋予了监督权利，在协议内容中，应确定以下几点内容，即农地的流转方式、地点与面积、价格、期限以及双方的责任关系。

二是中介服务行为。在农地流转中，村委会发挥中介组织的作用，在减少流转活动中的各种交易成本方面发挥作用，从而改变各利益相关方的决策策略，促进农地流转效率的提高。首先是降低信息成本。由于农民相对分散，农地流转交易受限，村委会收集农地流转信息及时发布，不仅降低了流转信息的搜索成本，而且准确性、速度和可信度均有所提升。其次，则是谈判成本减少。村委会是连接市场交易的重要枢纽，在进行谈判的过程中，所产生的影响力也至关重要。村委会作为村民的代表，可以提升谈判效率，使分散的谈判得以集中，参与谈判的人员比较少，进而减少所需要的签约成本。除此之外，也可以避免产生过多的争议成本。在农地流转期间，假设双方因利益而发生争议，消耗成本巨大，村委会的积极干预一方面能够体现出自身的中介职能，从某种程度上来看，也可以防止一些矛盾问题出现。村委会代表村民的权益，在解决纠纷矛盾时可以节省时间，降低成本的支出。

三是监督流转行为。乡镇农地管理部门对农地流转监管的职能则是签署流转协议以及做好备案工作，流转之后的监管效率比较低，一般均将重心放在了流转前与流转过程中。然而，村委会的身份是集体组织，在实现农地流转之后，对于农地的应用情况十分了解，赋予村委一定的监管职能，可以维护双方的公平地位，可以及时纠正违规行为，确保农地流转的良好运行。

（三）新型农业经营主体的行为分析

随着国家对农地流转的一系列政策法规的出台及农地“三权分置”改革的落实，流转方法也呈现出了巨大改变。在传统的社会环境中，仅是体现在农户之间的分散和自发的农地流转，现在是逐渐转向农业大规模经营的多元化农地流转。现阶段，由于农地流转的规模逐渐扩大，呈现为多元化的发展趋势，与传统的承包模式存在很多区别，在这一背景条件的影响下，规模化、多元化的新型农业经营主体在各地应运而生。新型农业经营主体是相对于传统小农提出的概念，目前，我国已形成多种新型农业主体，大致可分为四类：家庭农场、专业合作社、农业企业以及专业大户。针对新型农业经营主体来说，其是以传统的小农经营主体为基础而产生的。该主体是进行农地转入的重要参与者，首先，政府应创造优质的的投资环境，吸引更多的经济组织与投资资金，其次，利用内生发展模式侧重于在该地区培育大规模养殖户，家庭农场以及中等规模经营合作社，为新型经营主体提供更多的扶持，政府颁布一系列的优惠政策，让更多主体积极参与其中，从而使西北地区的农地流转工作得以贯彻落实。

新型农业经营的主体在农地流转过程中的行为有两个主要表现：一是理性的经济人行为。主体获得农地收益的主要依据不仅包括农地产出水平，也包括农地租金水平，对于新型农业经营主体而言，从事农业生产活动就是一种市场行为，农地的租金水平直接影响今后的经营成本。因此，作为理性的经济人，新型经营主体为了节省成本会委托村集体或村干部与农民谈判并签署农地流转协议。在这个过程中，基层政府组织的力量将被用来降低流转的价格。此外，由于流转信息不对称等原因，新型经营主体为保障自身利益最优进而易产生不公平的农地流转交易行为。二是经济助推行为。目前我国西部西北地区经济发展较为落后，尤其对于农村地区而言，发展经济势必需要资本的带动效用，而新型经营主体的出现可在根本上解决农业外部性以及耕地细碎化等问题。培育和发展新型农业经营主体有利于实现农民增收，激发农村经济发展活力。

（四）农户的行为分析

农地是当代中国大多数农户最主要的生产资料，也是最重要的财产权益，农户是农地资源能否实现流转的关键环节，而农户是否转出农地主要受农地流转收益、农业以及非农业收入等因素影响，农民作为农地流转的直接参与者，通常是农地的转出方，其行为对农地经营权的流转具有重要影响。其在农地流转过程中的行为主要表现在以下三个方面：一是规避风险行为。农户的行为意愿目标是以较低的风险完成最大化利益，但在实际的农地流转活动中，农户法律政策知识少，实际话语权小，属于弱势群体。在社会上，一些随意或变相改变农地用途，强迫或限制流转的现象时有发生，强势群体容易剥夺农户权利，给农户的流转行为带来风险。因此，农户在农地流转过程中通常存在风险规避的行为，制定的决策行为需要权衡利弊。农户选择自主从事农业生产活动是为了规避失去农地的风险，农地作为农户的基本生产资料及生活保障，一旦流转合约无法履行，没有了资金来源，生活将会面临很大困难；如果农户选择转出农地则是为了规避自然风险及农业外部性风险，以求获得比流转前更高的可预见的稳定性增量收入。二是追求自身利益行为。无论在任何情况下追求个人的利益最大化都是农户从事生产经营的一个首要目标。农地是农户生存和发展的保障，农民不仅可以通过经营农地获得利益，还可以通过流转农地获得农地租金。通过合法的流转农地不仅可以从农地中解放农民，也可以实现农地规模经营，提高农地利用率。三是“羊群”行为。农户农地转出行为呈现“羊群效应”的特征，一方面的原因是农户的从众心理，越偏远的地区农户生存的环境越狭小，经常接触或交流的人群多是本村居民，农民在生活区域内看到他人转出农地自己也想转出，或者发现其他人转入农地，自己也就不想参与了；除此之外，村委会带领全村开展农地流转是一种普遍现象，因为承包给农户的农地是支离破碎的，如果农业企业要流转整块农地，如果与每户家庭均进行谈判，所需要的交易成本通常比较高，所以，一般会推选村委会作为中介的身份来代表整村出面与流转企业洽谈。这两种情况将导致农民自己的农地流转行为呈现理论上的“羊群”行为特征。

二、农地流转主体间的利益关系

在农地流转过程中，农地转出方、转入方及中介方之间存在直接利益合作和冲突。由于农地流转资源是由不同主体掌握的，各个主体之间需要相互合作，彼此有着密切的联系，相辅相成，共同促进彼此的发展。所以，通过对各主体的资源进行转移与配置，在进行农地流转时，也就产生了一系列的利益关系，充分把握各主体之间的相关性，将会使农地流转的工作效率得到有效提升，促进农地流转的发展。

（一）农地转出方与农地转入方的关系

这是农地流转利益主体间最核心的关系，作为农地转出方的农户，以及农地转入方，涉及新型农业经营者，主要由以下几个部分构成，即：家庭农场、专业大户、农业企业以及合作社。受到多种因素的影响，农地流转给转入主体将导致与农民转出方的一系列的纠纷与合作，进而产生某种利益关系。通过农地流转后，农户与转入方之间会产生合作利益，也存在利益分配矛盾。本研究中设计的农地转出方与农地转入方的关系主要包含三种形式：一是农户与专业大户、家庭农场。从传统意义上来说，普通农户、专业大户和家庭农场属于同一类别，根本区别在于运营规模和是否进行注册的差异。在西部偏远的西北地区，受自然和经济条件的制约，农民经常选择外出打工无法耕种，将农地转出到其他大户或家庭农场。基于熟人社会的关系，农户与专业大户和家庭农场主之间达成信任，农地的流转往往通过口头协议而非签订合同的形式来进行。然而，正是因为这种形式的存在，导致交易行为产生了过多的风险因素。第二，即为农户与合作社。纵观西北地区的发展现状，最近几年，农民合作社得到了迅速的发展。很多在乡务农的农民将农地流转到合作社以获得股息收入。但是，不同地区农民专业合作社的发展情况喜忧参半。在一些合作社的利益分配制度不完善的情况下，虽然农民在农地上获得红利，但他们往往只获得一小部分利益。在利益受到不公平待遇的情况下，一些农民将退出合作社，然后从其他农民那里流入更多的农地，从而展开一系列的规模经营。这样一来，不但会对农地流转的连贯性与稳定性产生影响，同时也加剧了农民与合作社之间的矛盾。第三是农民和农业企业。对农业企业来说，指的是工商资本在农村投资的主体。现阶段，西北地区的投资环境越来越开放，再加上政府政策的大力扶持，有更多的农业企业开始对农业生产进行投资。农业企业与农户之间产生一些矛盾与冲突，如当农业企业因各种原因突然撤资时，已经将农地转让给农业企业的农民无法获得已经流转的耕地收益，而且由于农地被破坏不能继续进行农业生产，也会影响农地流转的开展。

（二）农地转出方与中介方的关系

在进行农地流转时，对于农民来说，其身份则是农地的承包者，他们有权在合同期内使用和处置农地，并保留耕种或流转农地的权利。然而，农民的文化水平有限，无法全面了解市场发展趋势，也难以对农地流转形成正确的认识与理解，导致对该项工作的开展产生了极大的阻碍作用。在中介方的干涉下，能够使流出方与流入方之间得到更好的交流，通过为双方传递信息，从而促进农地流转的有序开展，形成良性循环的发展趋势。然而，在此期间，中介方与农民之间也会产生很多的利益矛盾。一些村委会为了切身利益，占据更多的控制权与主导优势，逼迫农户将农地流转给村委会，然后村委会租给其他农地转入主体，村委会则能够得到一些款项，由此一来，将会激发农户与中介方之间的矛盾，导致不利于各项工作的执行。

（三）农地转入方、农地中介方与农地转出方的关系

在正常情况下，只有当农地转出的预期回报大于不转出的预期回报时，农民才愿意转出农地。也就是说，为了实现农地流转，转入方必须支付更高水平的流转租金。但是，在统筹城乡发展过程中，农地中介组织渴望流转农地实现规模经营，追求政治成果和经济利益。愿意转入农地的团体或个人寻求从基层组织寻租并处于勾结状态，流转租金的决定权掌握在农地转入方的手中。在谈判和博弈过程中，农地转出方，农地中介和转入方都希望确保自己的利益最大化，但农地转入方和中介方均处于强势地位，农民面临信息不对称和个人力量单一问题处于谈判中最不利的立场，再加农民相互之间缺乏合作，加大了受损的可能性，这种损失的过程是间接的和隐蔽的。因此，在农村土地转入方和农村基层组织的共谋干预下，农民的农地流转收益远远低于损失。在这场利益博弈中，农地转入方与农地中介方可能会获得最大的好处。

（四）农地转出方与乡镇政府的关系

针对农地流转来说，则是合理分配农村土地资源的重要措施，基层政府在此过程中发挥着主导作用。综上所述，在农地流转过程中，农民与乡镇政府的关系主要体现在两个方面。一是乡镇政府经常通过投资促进或培育农地流入主体来提高当地农地流转的效率，进而确保农地流转工作可以顺利进行。如果有村民不配合，或者没有对农地流转产生正确理解，农民的不合作行为致使当地政府利用其权力迫使农民同意将农地流出，此时乡镇政府显然会站

在农地转入主体的一方，结果导致农地转出方与乡镇政府之间埋下潜在冲突。第二，在进行农地流转时，基于政府征地问题层面，也可以使二者之间的关系有所体现。通常情况下，因为农地资源的重新配置，政府机关为了获取农地使用权，将会采用征地的方式得以实现，也可以说是强制性农地流转。在征地过程中的矛盾与不满主要集中在补偿费问题上。国家和地方政府征用农地，经常通过乡镇及村委会代理协商和谈判，乡镇政府直接与农民谈判征地，并将获得的土地收益转移到村委会分配到农民，若农民没有充分获得补偿款，将导致农民对基层政府的不满，也会破坏农民与基层政府之间的关系。

第三节　农地流转主体行为的博弈关系分析

农地流转各利益主体在进行农地流转这一经济行为时，任何理性的经济人，均想在农地上实现利益最大化的目标，一方的决策行为将会对其他人的决策产生重要影响，应对成本与收益进行合理的权衡，从而争取更多的利益。事实上，在农地流转的过程中，其实质是利益主体为了实现个人最大化的目的，从而所做出的利益博弈选择。从某种程度上来看，乡镇政府不仅要按照上级的政策与法律执行，同时也要与当地的实际情况相结合，健全各项法律制度体系，促进农地流转工作的有序开展，构建出行之有效的政治方针，提高当地的财政收入，从而推动社会的进步与发展。本章节主要采用了完全信息博弈方法，对各个利益主体的行为进行博弈分析，假设各主体间博弈的过程中完全清楚对方的行为决策及信息，分析各行为主体在农地流转中的行为选择和行为关系。

一、农地转出方和农地转入方的博弈分析

在农地流转工作中，转出方与转入方作为其中的重要组成部分，也是不可缺少的核心利益主体。本书在研究的过程中，主要从两个方面进行分析，一是目前在西北地区仍然大量存在的传统农户之间的耕地流转；二是传统农民与新型农业经营者之间的农地流转。传统农民自身的预期收入是耕地收益，而对于新型农业经营主体来说，不仅要获取农业收益，同时也期望对规模与

合作的收益进行分享，并且有着较高的预期收益，因此，当环境条件发生变化时，博弈策略也呈现出相应的改变。不管采用哪种类型的农地流转，在农地流转的决策过程中，将根据各自的利益诉求试图选择一种最大化自身利益的行为。本研究界定了先行动的是转出方，后行动的是转入方，这是一个收益透明化的完全信息动态博弈。

（一）农地转出方和农地转入方特征假设

1. 在博弈的过程中，假设仅具备农地转出方与转入方，并未涉及到其他个体及组织机构；

2. 如果农户的生产效率存在差异，农地是由产出低效一方（即为转出方）流向至高效一方（即为转入方）；

3. 如果转出方和转入方都是理性经济人，没有对社会成本予以过多的考虑，双方在进行选择时，应实现自身利益最大化的目标；

4. 针对转出方而言，如果不选择转出农地，则是选择个人耕地的方式，那么所采取的博弈策略则是（转出和不转出）；针对转入方而言，由于涉及到租金、预期收益以及能力水平等多项因素，所采取的博弈策略即为（转入和不转入）；

5. 效益函数指的是双方的效用函数或者是期望收益，是对各方策略进行博弈的函数。

（二）传统农户间的转出方与转入方博弈分析

1. 传统农户之间的博弈模型分析

在此过程中，主要对传统农户之间的博弈展开了深入的探讨，基本假设条件如表 4–2 所示：

表 4-2　传统农户间博弈模型的假设条件

代表值	代表细项
1	农地转入方（指的是传统农户）
2	农地转出方（指的是传统农户）
S	转出农地的单位收益平均值
C_2	转出农地所产生的交易成本
G	农民个人耕地的平均收益
J	转入方转入农地之后所产生的经济收益
C_1	转入农地所产生的交易成本
a，1–a	转出方将农地转出的几率，不转出的几率
b，1–b	转入方将农地转入的几率，不转入的几率

基于假设条件的博弈模型分析如下：

①当农地转出方决定转出之后，对于转入方来说，那么所获得的收益是 $J-C_1-S$，而转出方所获得的收益则是 $S-C_2$；如果转入方不决定转入，那么所获得的收益则是 0，而转出方获得的收益则是 G；

②如果转出方决定不转出之后，转入方决定转入，所产生的收益则是 $-C_1$，那么转出方获得的收益是 0；如果转入方决定不转入，所获得的收益即为 0，转出方所获得的收益将会达到 G。

具体内容详见下表 4-3 所示：

表 4-3　传统农户之间的博弈矩阵

		农地转入方（指的是传统农户）	
		转入（b）	不转入（1–b）
农地转出方（传统农户）	转出（a）	$(S-C_2,\ J-C_1-S)$	$(-C_2,\ 0)$
	不转出（1–a）	$(G,\ -C_1)$	$(G,\ 0)$

在农地转入方策略为（b，$1-b$）时，农地转出方的期望收益为 $U_2=ab\times(S-C_2)+a\times(1-b)\times(-C_2)+(1-a)\times b\times G+(1-a)\times(1-b)\times G=abS-aC_2+G-aG$

在农地流出方策略为（a，$1-a$）时，农地转入方的期望收益为 $U_1=ab\times(J-C_1-S)+a(1-b)\times 0+(1-a)\times b\times(-C_1)+(1-a)\times(1-b)\times 0=ab(J-S)-bC_1$

对 U_1，U_2 的 b，a 求一阶偏导，$U_1b=a(J-S)-C_1$，令偏导式为 0，则 $a=\frac{C_1}{J-S}$，转入方的>混合策略为（$\frac{C_1}{J-S},1-\frac{C_1}{J-S}$）；$U_2a=bS-C_2-G$，令偏导式为 0，则 $b=\frac{C_2+G}{S}$，则转出方的混合策略为（$\frac{C_2+G}{S},1-\frac{C_2+G}{S}$），动态混合纳什均衡点为（$\frac{C_1}{J-S},\frac{C_2+G}{S}$）。

2. 传统农户之间的决策行为分析

如果 $a=\frac{C_1}{J-S}$，$b=\frac{C_2+G}{S}$，无论是农地转出方，亦或者是转入方，均可以实现利益最大化的目标，也可以使博弈双方达成共识。由于 S，G，C_1，C_2 以及 J 的改变，a 与 b 也呈现出了相应的变化，从而打破了这种平衡局面，双方之间的期望收益也产生了改变。接下来将主要探讨博弈双方在选择应对策略时，各项变量的变化会产生哪些影响。

如果 $a=\frac{C_1}{J-S}=0$，指的是转出方没有转出的意愿，若想符合条件，仅为 $C_1=0$，在此过程中，转入方成本将会达到 0，这也与其预期设想相符，然而，如果不支出任何成本，则无法实现农地转入，对于博弈双方来说，所采取的策略则是（不转出与不转入）。基于实际状况考虑，这有悖于农地流转的基本前提，因此这种情况一般是不会出现的。

当 $0<a<1$ 时，即农地转出方选择转出，此时，$0<\frac{C_1}{J-S}<1$，导出 $J-S-C_1>0$，即表示转入方在转入农地时，所获得的经营收益是高于零的，在此过程中，转入方会产生转入农地的倾向，如果社会利益平均是 L，仅需要达到 $J-S-C_1\geqslant L$，转入方将会对农地进行转入，在此期间 $b=\frac{C_2+G}{S}\in(0,1)$，进而促使 $S-C_2\geqslant G$，对于博弈双方来说，所采取的策略则是（转出和转入）；假设 $J-S-C_1<L$ 的话，转入方将会不再有转入的意愿，对于博弈双方来说，所采取的策略则是（转出与不转入）。若想使农地转出率得到有效提升，换而言之，即为提升 $\frac{C_1}{J-S}$，当 C_1 与 J 没有发生变化时，增加农地的转入价格，可以激发出转出方的参与意愿，与此同时，当 C_2 与 G 没有发生变化时，适当地减少转入成本，可以提高转入方的参与倾向，必须要保证地租价

格具有合理性，并且处于 $J-S-C_1 \geqslant L$，$S-C_2 \geqslant G$ 的状态下，方可促进农地流转的顺利开展。

如果 $a=1$，且 $J-S-C_1=0$，在农地市场的交易活动中，将会由农地转出方掌控，如果收益没有超过社会平均利益，转入方将会取消转入的意愿，这时所采取的博弈策略则是（转出和不转入），如果转出方仍有转出的倾向，则必须减少租赁价格，由此一来将会产生更多的交易成本，所得收益减少，受到这些因素的影响，将会致使转出方打消转出的意愿。随着租金价格降低，转入方则会产生转入的意愿，这时双方之间采取的策略则是（不转出与转入）。

根据前文的分析结果可知，最佳的博弈策略即为（转出与转入），双方之间均可以实现利益最大化的目标，然而，如果 S，J，G 没有发生变化，若是想要提高转入概率与转出概率，则需要产生更多的成本费用，这与最初目标是背道而驰的，政府在采取农地流转后，目的是为了提高农户的经济收入，从而降低交易成本。在这一发展阶段，农民之间所产生的自发流转形式，流转规模相对比较小，双方参与流转的各项成本比较高，交易流程缺乏合理性与规范性，农民很难获取更多的经济收益。

（三）传统农户和新型农业经营主体之间的博弈分析

1. 传统农户和新型农业经营主体间的博弈模型分析

在此期间，流转行为博弈是在转出方与转入方之间发生的，前者指的是农户，后者表示的则是新型农业经营主体，下面的分析中简称新型农业经营主体为新型主体。基本假设条件如表 4–4 所示：

表 4–4　传统农户和新型农业经营主体间博弈模型的假设条件

代表值	代表细项
1	农地转入方（新型主体）
2	农地转出方（传统农户）
P_1，P_2	转入方、转出方经营农地的利润
M	农地流转的市场成交价
C	农地流转所产生的市场交易成本
Q	转出方参加农地流转所产生的初级效益（市场价格和农地成本之间的差值）
R	转入方因为转出方的农地流转所得到的规模化效益

续表

代表值	代表细项
S	转入方转让给转出方的一些收益
c，1-c	转出方对农地进行转出的几率，不转出的几率
d，1-d	转入方对农地进行转入的几率，不转入的几率

注：转出农地时假定为全部转出，且经营农地的利润小于流转利润。

基于假设条件的博弈模型分析如下：

①当农地转出方决定转出之后，如果转入方决定转入，那么收益则是 $Q-C+S$，转入方所获得的收益则是 $P_1+R-C-S$；如果转入方决定不转入，转出方所获得的收益即为 $Q-C$，转入方获得的收益则为 P_1；

②如果转出方决定不转出之后，转入方决定进行转入，转出方获得的收益是 P_2，转入方获得的收益则是 P_1+R-C；如果转入方决定不转入，转出方获得的收益是 P_2，而转入方获得的收益则是 P_1。

具体内容详见下表 4-5 所示：

表 4-5　传统农户与新型农业经营主体之间产生的博弈矩阵

		农地转入方（新型主体）	
农地转出方（传统农户）		转入（d）	不转入（$1-d$）
	转出（c）	（$Q-C+S$，$P_1+R-C-S$）	（$Q-C$，P_1）
	不转出（$1-c$）	（P_2，P_1+R-C）	（P_2，P_1）

针对农地转入方来说，假设策略是（d，$1-d$），转出方的预期收益则是 $U_2=cd\times(Q-C+S)+c\times(1-d)\times(Q-C)+(1-c)\times d\times P_2+(1-c)\times(1-d)\times P_2=cdS+c(Q-C)+P_2-cP_2$

在农地转出方策略为（c，$1-c$）时，转入方的预期收益则是 $U_1=cd\times(P_1+R-C-S)+c\times(1-d)\times P_1+(1-c)\times d\times(P_1+R-C)+(1-c)\times(1-d)\times P_1=-cdS+d(R-C)+P_1$

对 U_1，U_2 的 c、d 求一阶偏导，$U_1c=-cS+R-C$，令偏导式为 0，则 $c=\dfrac{R-C}{S}$，转出方的混合策略为（$\dfrac{R-C}{S},1-\dfrac{R-C}{S}$）；$U_2d=cS+(Q-C)-P_2$，令偏导式为 0，则 $d=\dfrac{(Q-C)-P_2}{S}$，则转入方的混合策略为

（$\frac{(Q-C)-P_2}{S}$,$1-\frac{(Q-C)-P_2}{S}$），动态混合纳什均衡点为（$\frac{R-C}{S}$,$\frac{(Q-C)-P_2}{S}$）。

2. 传统农户和规模经营主体之间的决策行为分析

假设 $c=\frac{R-C}{S}$,$d=\frac{(Q-C)-P_2}{S}$，双方之间均期望可以获得最高的预期收益，这是双方之间的共同目标。由于 R，C，Q，S 以及 P_2 的改变，导致 c 与 d 也呈现出了相应的改变，打破了这种平衡的局面，双方之间的期望收益也产生了一定的改变。接下来将主要探讨博弈双方在选择应对策略时，各项变量的变化会产生哪些影响。

如果 $c=\frac{R-C}{S}=0$，且 $R=C$，针对农地转入方来说，所产生的规模化收益就相当于交易成本，并没有产生优厚的利益，如果仍有规模化经营的倾向，将会产生转入的意愿，这时所采取的博弈策略则是（不转出与转入）；如果对今后的规模化经营没有期望，这时策略将会变化为（不转出与不转入）。

如果 $0<c\leqslant 1$，这时转出方将会产生转出的意愿，因为（$Q-C$）$-P_2>0$，且 $d>0$，如果 $R-C-S\geqslant 0$，转入方会产生转入的意愿，这个时候所采取的博弈策略则是（转出与转入）。基于这一条件下，可以使 R、C、Q、S 以及 P_2 等发生变化，从而推动农地流转的有序开展，主要可以采用以下几种措施手段，即：首先，降低交易成本（C）。当以上几个变量不发生变化时，降低交易成本 C，那么 $c=\frac{R-C}{S}$，$d=\frac{(Q-C)-P_2}{S}$，在此过程中，将会增加 c 与 d。因此，在进行农地流转的过程中，应利用交易平台，避免产生过多的繁琐流程，减少交易费用，让双方均实现收益最大化的目标；其次，产生更多的规模化收益（R），当 C、S 没有发生变化时，即 $c=\frac{R-C}{S}$，规模化收益 R 有所提升，方可提升转出方的积极性。如果 R 逐渐增大，在农地流转过程中，转入方可以获得的收益也会随之增加，为了实现收益最大化的目标，将会更倾向于向转出方转让一些收益，激发对方可以积极参与；最后，即为提升初级利润（Q）。当 C、S 没有发生变化时，且 $d=\frac{(Q-C)-P_2}{S}$，通过提高初级利润 Q，可以使转入方的积极性得到有效提升，在进行农地流转之前，如果转出方的 P_2 比较低，那么基于此而产生的利益也比较高，转入方的积极性也会得到提升，反之则不会产生转入的倾向。

假设转出方决定对农地进行转出，因为（$Q-C$）$-P_2>0$，且 $n>0$，转入方会产生相应的转入预期，然而，若是 $R-C-S<0$，转入方将会取消转入的计划，在此期间，所采取的博弈策略则是（转出与不转入）。

根据前文的分析结果可知，最佳的博弈策略即为（转出与转入），双方之间均可以实现利益最大化的目标。然而，大家需要意识到的是，若想提高 Q，则必须要使市场价格得以增加，如果由政府对 M 进行调控，将会造成市场秩序紊乱，不利于农地流转工作的有序执行。

二、农地流转双方和中介方的博弈分析

（一）农地流转双方和中介方特征假设

1. 在博弈的过程中，假设仅具备农地流转双方（简称农地流转方）与中介方（村委会、乡镇政府或流转中介机构），并未涉及到其他个体及组织机构；

2. 如果流转方与中介方都是理性经济人，没有对社会成本予以过多的考虑，双方在进行选择时，应实现自身利益最大化的目标；

3. 针对流转方而言，所采取的博弈策略则是（履约与违约）；对农地中介方来说，（监督，不监督）是其博弈策略；

4. 基于流转方与中介机构的预期收益或者效用函数考虑，指的则是效益函数，在双方博弈中具有重要作用。

（二）建立博弈模型

基本假设条件如下表所示，行动顺序上，界定中介方先行动，农地流转方后行动。

表 4–6　农地流转方和中介方之间博弈模型的假设条件

代表值	代表细项
1	农地流转中介方
2	农地流转方（转入方和转出方）
M	中介方不监督时，农地流转方履约的收益
L	中介方不监督时，农地流转方履约成本

续表

代表值	代表细项
P	中介方监督时，农地流转方履约的收益
D	农地流转方违约支付的违约金
T	流转方违约实施其他活动的收益
G	中介方履行监督职责的收益
K	监督成本
e，1-e	中介方履行监督职责的几率、不监督的几率
f，1-f	流转方履约的几率、违约的几率

注：1）中介方不监督时，农地流转方履约成本很少，有时可忽略不计，且 $M > L$；

2）扣除监督费用等，假定 P 为 0。

基于假设条件的博弈模型分析如下：

①如果中介机构决定监督之后，且流转方决定履约，中介机构所获取的收益是 $G-K$，流转方获取的收益则是 0；如果流转方出现违约，中介机构获取的收益是 $-K$，流转方获取的收益则是 $T-D$；

②如果中介机构决定不监督，且流转方决定履约，中介机构获取的收益是 0，流转方获取的收益则是 $M-L$；如果流转方决定违约，中介机构获取的收益是 0，流转方获取的收益则是 $T-D$。

具体内容详见下表 4-7 所示：

表 4-7　农地流转方和中介方的博弈矩阵

		农地流转方（转入方和转出方）	
农地流转中介方		履约（f）	违约（$1-f$）
	监督（e）	（$G-K$，0）	（$-K$，$T-D$）
	不监督（$1-e$）	（0，$M-L$）	（0，$T-D$）

在农地流转方策略为（f，$1-f$）时，中介方的期望收益 $U_1=ef\times(G-K)+e\times(1-f)\times(-K)+(1-e)\times f\times 0+(1-e)\times(1-f)\times 0=efG-eK$

在中介方策略为（e，$1-e$）时，农地流转方的期望收益为 $U_2=ef\times 0+e\times(1-f)\times(T-D)+(1-e)\times f\times(M-L)+(1-e)\times(1-f)\times(T-D)=(1-e)f(M-L)+(1-f)(T-D)$

对 U_1，U_2 的 e、f 求一阶偏导，$U1e=fG-K$，令偏导式为 0；则

$f=\dfrac{K}{G}$，流转方的混合策略为（$\dfrac{K}{G},1-\dfrac{K}{G}$）；$U_2f=M-L-e(M-L)-T+D$，令偏导式为0，则 $e=\dfrac{M-L-(T-D)}{M-L}$，则中介方组织的混合策略为（$\dfrac{M-L-(T-D)}{M-L},1-\dfrac{M-L-(T-D)}{M-L}$），动态混合纳什均衡点是（$\dfrac{M-L-(T-D)}{M-L},\dfrac{K}{G}$）。

（三）决策行为分析

当 $e=\dfrac{M-L-(T-D)}{M-L}$，且 $f=\dfrac{K}{G}$ 时，双方之间均期望可以获得最高的预期收益，这是双方之间的共同目标。由于 M，L，T，D，K 以及 G 的改变，导致 e 与 f 也呈现出了相应的改变，打破了这种平衡的局面，双方之间的期望收益也产生了一定的改变。接下来将主要探讨博弈双方在选择应对策略时，各项变量的变化会产生哪些影响。

假设 $0<e\leqslant1$，且 $0<\dfrac{M-L-(T-D)}{M-L}\leqslant1$，那么 $T\geqslant D$，在此过程中，中介机构决定予以监督，针对流转方而言，如果 $f=\dfrac{K}{G}>0$，将会产生履约预期，若是 $T\geqslant D$，那么虽然违约，或许也会产生收益，因此，流转方可以双重选择。针对中介方而言，如果 H、D 和 T 没有发生变化，在指定范围内，D 逐渐提升，中介机构的监督几率则比较大，最高值可达到1，这时违约金 D 无法继续提升，基于经济学层面考虑，因为设定的罚金过多，流转方很难承担，惩处效果不明显，最后监督也没有任何效用；针对流转方而言，如果在 G 没有变化的情况下，K 比较大，则可表示中介机构的监督效率较高，需要过多的监督成本，发现到违约的几率也会提升，流转方的履约几率则会明显提高。

但实际情况是，大多数中介机构都是非营利组织，缺乏营运资金和专业人员配置使他们参与农地的流转和履行职能不能令人满意，农地流转纠纷与矛盾不断。为了正确有效地规范、引导和支持中介机构，能够使中介职能被强化，例如交流、监督以及提供服务等。

三、乡镇政府与农地转出方的博弈分析

在发展的过程中，乡镇基层政府为了完成规模化经营的目标，获取更多的经济收益，提升自身的政绩水平，从而大力促进农地流转的开展，没有设身处地考虑到农民的利益，导致转入方仅需要支付较少的流转地租就可以对农地进行转入，实际上，农地转入方被赋予了决定流转地租价格的权利，导致转出方的收益与预期不符，严重打击了大家的积极性。由于农地转出是开展各项工作的基础条件，在此并不对农地转入方做出过多的赘述，仅对乡镇基层政府以及转出方之间的博弈产生了深入的探讨与分析。

（一）乡镇政府与农地转出方的特征假设

1. 在这场博弈中，参与方即为乡镇政府以及农地转出方，其他个体以及组织并未参与至其中；

2. 假设乡镇政府和农地转出方均是理性经济人，不考虑社会成本，双方以实现自身利益最大化为最优选择；如果乡镇政府与转出方都是理性经济人，没有对社会成本予以过多的考虑，双方在进行选择时，应实现自身利益最大化的目标；

3. 针对乡镇政府而言，所采取的博弈策略则是（干预，不干预）；对农地转出方来说，（转出，不转出）是其博弈策略；

4. 基于乡镇政府和农地转出方的期望效用函数考虑，指的则是策略函数，在双方博弈中具有重要作用。

（二）建立博弈模型

基本假设条件如下表所示，在行动顺序上，本研究界定为先行动的是乡镇政府，后行动的是农地转出方。

表 4-8　乡镇政府与农地转出方之间博弈模型的假设条件

代表值	代表细项
1	乡镇政府
2	农地转出方
M	参加流转的农地数目
W	边际干预收益（设定为常数）
Y	干预成本（根据干预频率的提升而提升）
S	转出农地的单位收益平均值
B	转出方因为转出农地所产生的边际成本
G	采取个人耕地的转出方获取平均收益
j，1-j	乡镇政府决定干预的几率、不干预的几率
h，1-h	农地转出方决定转出的几率、不转出的几率

基于假设条件的博弈模型分析如下：

①当乡镇政府决定干预之后，如果转出方决定转出，那么所获得的收益是 S-B-W，乡镇政府所获得的收益则是 W×M-Y；如果转出方决定不转出，不可以将土地闲置，必须由个人耕种，那转出方所获得的收益则是 G，乡镇政府所获得的收益则是 -Y；

②如果乡镇政府决定不予以干涉，转出方决定转出，那么所获得的收益是 S-B，乡镇政府所获得的收益则是 0；如果转出方决定不将农地转出，由个人负责耕种，所获取的收益是 G，乡镇政府获取的受益还是 0。

具体内容详见下表 4-9 所示：

表 4-9　乡镇政府与农地转出方的博弈矩阵

		农地转出方	
乡镇政府		转出（h）	不转出（1-h）
	干预（j）	（W×M-Y，S-B-W）	（-Y，G）
	不干预（1-j）	（0，S-B）	（0，G）

在农地转出方的策略为（h，$1-h$）时，乡镇政府期望收益函数：

$U_1=jh\times(W\times M-Y)+j\times(1-h)\times(-Y)+(1-j)\times h\times 0+(1-j)\times(1-h)\times 0=jh\times WM-jY$

在乡镇政府的策略为（j，$1-j$）时，农地转出方期望收益函数为：

$U_2=jh\times(S-B-W)\times+j\times(1-h)\times G+(1-j)\times h\times(S-B)+(1-j)\times(1-h)\times G=-jh\times W+h\times(S-B)+G-h\times G$

对 U_1、U_2 的 h、j 分别求一阶偏导，$U_1j=h\times WM-Y$，令偏导式为0，则 $h=\frac{Y}{WM}$，转出农户的混合策略为（$\frac{Y}{WM},1-\frac{Y}{WM}$）；$U2h=-j\times W+S-B-G$，偏导式是0，那么 $j=\frac{S-B-G}{W}$，对于乡镇政府来说，其混合策略则是（$\frac{S-B-G}{W},1-\frac{S-B-G}{W}$）；所产生的动态纳什均衡点即为（$\frac{S-B-G}{W},\frac{Y}{WM}$）。

（三）决策行为分析

当 $j=\frac{S-B-G}{W}$，$h=\frac{Y}{WM}$ 时，双方之间均期望可以获得最高的预期收益，这是双方之间的共同目标。由于 S，G，B，Y 和 M 的改变，导致 j 和 h 也呈现出了相应的改变，打破了这种平衡的局面，双方之间的期望收益也产生了一定的改变。接下来将主要探讨博弈双方在选择应对策略时，各项变量的变化会产生哪些影响。

假设 $j=0$，乡镇政府决定不予以干涉，并且也不会利用农地从事其他活动。在此过程中，那么 $S-B-G=0$，且 $S-B=G$，农地转出所获得的收益与个人耕地获取的收益是相同的。转出方可以决定将农地转出，也有权利拒绝转出。如果倾向于转出，这个时候双方之间的博弈策略所采取的则是（不干预和转出）。通过进行分析后发现，其实质即为子博弈完美纳什均衡策略，基于转出方立场考虑，期望收益实现了最大化的目标，整个市场呈现为自由竞争的状态。若是农民的流转收益超过个人耕地所获得的收益，转出方将会想尽一切办法提升农地的利用价值，实现经济效益最大化的目标。在此过程中，市场效率达到了最高点，转出方将会获得最多的收益。如果转出方决定拒绝转出，那么 $h=\frac{Y}{WM}=0$，且 $Y=0$，这个时候双方之间的博弈策略所采取的则是（不干预和不转出）。

如果 $0<j<1$，乡镇政府决定不予以干涉，这个时候 $S-B-G>0$，且 $S-B>G$，与个人耕地的收益相比，农地转出所获得的收益明显更多，转出方的积极性也会提升，这个时候双方之间的博弈策略所采取的则是（干预和转出）。转出方决定将农地转出的几率为 $h=\frac{Y}{WM}$，若想使流转几率得到提升，可以通过以下几种方法实现，即：1）当 M 没有发生变化时，提高乡镇政府需要承担的干涉成本，随着干涉成本的提升，乡镇政府或许会避免此种行为，而农民也会因为政府干涉过多而选择放弃；（2）如果 Y 没有发生变化，则需要降低 M。这个时候双方之间的博弈策略所采取的则是（干预和转出），在政府的引导下，农户采取了农地流转，政府获取了一定的经济收益，例如优惠政策以及政绩等，而农户则得到了流转收益。事实上，政府的干预成本（Y）与转出方的转出数目（M）之间是不断变化的，并具有动态性的特点。基于这一条件下，假设政府的该项成本是 y_1，那么所产生的收益函数则是 $U_1=W\times M-y_1$，如果农户数目 n 超过 y_1/W，政府收益则呈现为正数，这并不表示转出方的数目不受限制，因为政府可以从中获利，过多干涉了农地流转工作，打破了自由的市场竞争秩序，受到多种因素的影响，市场效率也有所下降，很多转出方决定不再参与流转。随着政府干涉的越来越多，转出方退出的几率也随之提升，由此一来政府干预成本急剧增长，将其设为 y_2，且 $y_2>y_1$，对于乡镇政府来说，所产生的收益函数是 $U_2=W\times M-y_2$，如果转出方数目 n 没有超过 y_2/h，政府收益则呈现为负数。在此过程中，政府机关迫于政绩压力，仍旧会予以过多的干预，但是农民所产生的期望收益则达到了负数，转出方会拒绝流转行为，这个时候双方之间的博弈策略所采取的则是（干预与不转出）。

如果 $j=1$，则可表示市场秩序紊乱，与经济预期及市场规律并不相符，乡镇政府则需要予以适当的干预，正确引导流转工作的开展。

第四节　本章小结

西北地区的农地流转主体由于受到自然资源、经济环境、政策制度、知识、信息资源等因素的制约，他们的利益冲突与利益矛盾更为突出，利用博弈理论分析利益主体之间行为决策关系有利于理解和分析西北地区农地流转主体行为。本章在回顾了利益相关者的概念及理论的基础上，采取多维细分法列出农地流转的相关利益主体，并对各流转主体的行为和利益关系进行了深入的剖析，通过完全信息博弈论的方法，假设各主体间博弈的过程中完全清楚对方的行为动机，判断各主体的行为关系。基本研究结论如下：

（1）本研究在综合考量农地流转各类活动的供给需求的基础上，认为农地流转利益主体主要包括三个大类：一是实施农地转入行为的转入方，在西北地区的农地流转仍有部分发生在传统农户之间，但自“三权分置”政策实施以来，农地转入方多体现为新型农业经营主体，区别于传统经营的主体是农民，新型农业经营主体的主要类型包括专业大户、农村合作社、家庭农场及农业企业等；二是提供农地流转人力、信息及其他资源的供应保障，如村委会等，其行为能够起到中介及部分监督作用；三是实施农地转出行为的转出方，如农户（拥有农地承包经营权）、村集体组织；此外还有文献中涉及的农地流转监督行为的地方政府（乡镇基层政府）等主体。

（2）在农地流转的过程中各主体行为各不相同。西北地区基层地方政府管理地方事务并确保本地区经济和社会的稳定发展，既需要传达落实上级政府的政策，也要行使监督管理的职责，使农户的合法权益得到充分保障，密切监测流转状况，采取动态化的追踪模式；村委会行为包括农地管理行为、中介服务行为和流转监督行为；新型经营主体行为包括理性经济人行为和经济推动行为；农户流转行为体现为规避风险行为，追求自身利益行为和“羊群”行为。

（3）农地流转是一个复杂的系统工程，其利益主体行为的顺利实现，离不开多个利益相关者的深度协作。本章分析的利益主体间的行为关系如下：一是农地转出方与农地转入方的关系，主要指农户与新型农业经营主体之间的关系，农户是一个独立的家庭经营生产单位，一方面，农民和转入主体分享农地流转带来的合作利益，另一方面也与转入方的利益分配发生冲突；二是农地转出方与农地中介方的关系，主要指农户与村委会之间的关系，村委会等中介组织的参与和干预，可以很好地作为转出方与转入方之间信息沟通的传递者，促进农地流转的顺利进行，但同时也存在一定的利益冲突关系；三是农地转入方、农地中介方与农地转出方的关系，农地转入方和农地中介方处于强势地位获利较大，谈判能力较弱的农户处于劣势地位获利最小；四是农地转出方与乡镇政府的关系，泛指农户与乡镇政府的关系，二者之间具有隐形矛盾可能会制约农户与乡镇政府之间的关系。

（4）基于完全信息博弈分析的结果如下：第一，若农地转出方和转入方都是农户的身份，转出方结合个人耕地收益考虑，转入方则高于社会平均收益。第二，双方之间基于自身经济理性的层面分析，在进行博弈的过程中，极易发生“囚徒困境”的情况。第三，乡镇政府可以推动农地规模化的发展，帮助农户创造更多的经济收益，对农地流转进行干预，从而产生最少的干预成本，创造出更大的经济收益；如果政府迫于政绩压力等因素必须与转入方站在统一战线，那么将会威胁到转出方的切身利益。

第五章　西北地区农地流转主体“三权分置”感知价值模型构建

由于人们的主观认知迥异，不同的农地流转主体对农地“三权分置”制度有不同的看法。本章基于感知价值理论来分析农地流转主体对“三权分置”的感知评价，其目的是充分展示农地流转主体的主观价值感知，为后续农地流转的意愿和行为分析提供新的研究视角和方法。本章的主要内容是探讨农地流转主体“三权分置”感知价值的结构维度，并根据量表开发的程序和原则制定其衡量尺度。第一部分界定了农地流转主体“三权分置”感知价值的概念和影响因素，分析了相关概念的异同；第二部分运用文献研究和访谈法确定了农地流转主体的“三权分置”感知价值的结构维度，构建了农地流转主体“三权分置”感知价值的概念模型；第三部分是基于量表开发的程序和原则，创建农地流转主体“三权分置”感知价值量表，并使用调研数据验证农地流转主体对“三权分置”感知价值的差异。

第一节　农地“三权分置”感知价值的概念及其影响因素

一、农地“三权分置”感知价值的概念

随着感知价值理论研究范围的扩大和深化，一些学者开始研究顾客感知价值以外其他领域主体的感知价值，逐渐从商业领域扩展到农业领域，如农地确权感知价值；农业废弃物资源化感知价值；宅基地退出政策感知价值[①]；农地价值感知[②]等。本书在“第一章第五节理论基础”的章节中通过详细梳理了国内外学者关于感知价值的概念及理论，对农地“三权分置”感知价值界

① 朱新华，蔡俊．感知价值、可行能力对农户宅基地退出意愿的影响及其代际差异［J］．中国土地科学，2016，30（09）：64–72.

② 刘恺，罗明忠．农村转移劳动力城市融入对农地流转影响分析——以农地价值感知为中介变量［J］．南方农村，2015，31（06）：8–15.

定为参与农地流转的各主体在全面权衡农地“三权分置”过程中的利益和成本的基础上，总体评价农地“三权分置”满足其自身农地流转的需要。

关于农地“三权分置”感知价值的定义有以下三个主要特征：

（1）评价的主体是参与农地流转的主体。管理学中顾客感知价值的评价主体是顾客，而农地“三权分置”感知价值的评价主体是实际参与农村农地产权制度调整的主体，这与农地流转主体具有高度的一致性。从人地关系的视角来看，农地能为农户提供基本保障，“三权分置”制度在明确农地产权的基础上鼓励农村剩余劳动力外出务工实现增收目的；新型经营主体通过经营权确权可以更好地扩大农地生产规模增加经济效益。完善“三权分置”制度，是推进农村农地有序流转的基础和保证，国家提出要实现及完善“三权分置”办法，在落实集体所有权的同时，稳定承包权并放活农地经营权。农地流转是在承包经营责任制基础上产生的，进入20世纪90年代后，农地生产吸纳劳动力数量有限，且规模小效益低，产生了大量剩余劳力，而城市二三产业的发展迫切需要大量劳动力支持，这就出现了承包经营者把农地转让给别人“代为经营”的做法，即经营权流转，这就使承包权和经营权发生了分离。通过实地调研，本研究发现在农地“三权分置”落实中，农地权属关系不同，农地流转主体的利益目标不同，其实际参与农地流转的意愿和行为也不尽相同。本研究判断，农地流转主体在参与农地流转的过程中对于农地所有权、承包权与经营权的分离在感知价值方面存在着较大差异。

（2）评价的对象是农地“三权分置”满足各主体需求程度的总体评价。农地“三权分置”感知价值是对“三权分置”以满足农地流转主体的需要的总体评价，评价是基于农地流转过程中优劣之处的综合权衡。农地“三权分置”感知价值的构成要素具有多个维度，可分为感知利益和感知风险两个方面；而感知利益和感知风险方面也分别包含多个结构维度。农地“三权分置”感知价值的复杂和抽象特征决定了农地流转主体的感知价值是多维因素的综合评价，是对农地流转过程的总体考虑，也是评判“三权分置”满足农地流转主体需要的心理倾向程度。

（3）农地“三权分置”感知价值具有动态性。农地流转主体对农地“三权分置”的感知价值不是一成不变的，它会随着主体和环境条件的变化而变化。一方面，农地流转主体的人口属性，地位，能力和知识以及社会价值正在发生变化，从而导致其感知价值的变化；另一方面，农村社区内部环境的变化（如移民安置，农地征用）和外部环境的变化（如社会，经济，农业产业等）都可能会导致农地流转利益主体对“三权分置”感知价值变化。

二、农地“三权分置”感知价值的构成因素

经济行为决策分析方法认为，个人行为决策是产出与投入比较的结果，是一种综合评价[①][②]。个人总是力求以最少的努力获得最大的利益，这为研究农地流转的行为提供了理论依据。值得注意的是，在分析经济决策行为时，利益和风险仅限于货币层级。本研究试图将经济学决策分析理论与管理学中的感知价值理论相结合，探索分析感知价值对农地流转利益主体行为决策的影响。基于前文对感知价值理论的分析，本书借鉴 Monroe（1991）[③]、韩成英（2016）[30]将感知价值划分为两个维度，即感知利益维度和感知风险维度，以供后续研究讨论和使用。

（一）感知利益的维度构成

感知利益反映了个人对产品、服务或行为的终端诉求。对于感知利益的内涵，学者们从不同角度进行了分析。Hayley（1961）作为首批开展研究的学者之一，将感知利益定义为个人需求的利益，他认为感知到的利益是决定个人购买某种商品、服务或者采取某种行为的直接原因；Young 和 Feigin（1975）认为情感兴趣是与消费者购买行为相关的核心要素，试图探索顾客感知兴趣的本质[④]；Garvin（1984）[⑤]、Holbrook（1981）[⑥]和Zeithaml（1988）[⑦]认为个体感知利益是一种互动，这是消费者和产品提供者在某种情况下相互作用的结果；

---

① 何大安．行为经济学基础及其理论贡献评述［J］．商业经济与管理，2004（12）：4-10.

② 陈春霞．行为经济学和行为决策分析：一个综述［J］．经济问题探索，2008（01）：124-128.

③ Monroe K B，Pricing-making profitable decisions［M］．New York：McGraw Hill，1991，25-27.

④ Young S.，Feigin B. Using the benefit chain for improved strategy formulation［J］. 1975，39（3），72-74.

⑤ Garvin，D. A. What does Product Quality Really Mean［J］. Sloan Management Review，1984（26），25-43.

⑥ Holbrook H B. Integrating Compositional and Decompositional Analyses to Represent the Intervening Role of Perceptions in Evaluative Judgments［J］. Journal of Marketing Research，1981，18（1），13-28.

⑦ Zeithaml V A. Consumer Perceptions of Price，Quality，and Value：A Means-End Model and Synthesis of Evidence［J］. Journal of Marketing，1988，52（3），2-22.

Reynolds 和 Gengler（1995）[①]、Botschen 等（1998）[②] 人则通过特征、利益、价值三种要素的关联性来解释感知利益。

学者对感知利益的构成要素持不同观点，没有达成共识的结论。Hayley（1961）认为认知利益要是指产品，服务或行为的实际表现和价格（即支付的成本）；附属利益反映了伴随产品，服务或行为结果的无形因素或影响；知觉利益强调产品的外观属性；情感利益是指个人在购买某种产品，服务或采取行动时的心理状态。Park 等（1986）指出功能利益主要是从品牌管理的角度来满足个人的外部需求，象征性利益反映在个人的角色定位和自我实现中，体验效益主要指产品、服务或行为给个人带来的心理情怀。Ravald 和 Gronroos（1996）建议个人不仅要关注产品，服务或行为本身的价值，还要关注供应方面的行为决策[③]。Chandon 等人（2000）把研究中的感知利益分为享乐主义和功利主义，享乐主义利益的特征是情感功能属性，如冒险，娱乐等，而功利主义利益则强调产品质量，节约和便利等功能属性。Peter 和 Tarpey（1976）[④]、高海霞（2010）[⑤] 认为个体在行为决策中有两种感知，即正值和负值，两者之间的差异是净感知利益。因此，在设计调查问卷来衡量农地流转主体“三权分置”的感知利益时，本研究通过衡量农地流转主体对特定利益的积极评价，测量内容包括对经济利益、社会利益、制度利益等的感知程度。

（二）感知风险的维度构成

依据 Wansink（2004）、Schroeder 等人（2007）的定义，感知风险是指“在特定情况下对个体的产品，服务和行为结果的风险水平的感知判断或风险概率评估”[⑥]。Schiffman 和 Kanuk（1994）认为感知风险是主观的，个体对风险

---

① Reynolds T J., Gengler C E. Consumer understanding and advertising strategy: Analysis and strategic translation [J]. Journal of Advertising Research, 1995, 35 (4), 19-33.

② Botschen G., Hemetsberger A. Diagnosing means-end structures to determine the degree of potential marketing program standardization [J]. Journal of Business Research, 1998, 42 (2), 151-159.

③ Ravald A., and Gronroos C. The value concept and relationship marketing [J]. European Journal of Marketing, 1996 (30), 19-30.

④ Peter Lawrence X., Tarpey Lawrence X. A Comparative Analysis of Three Consumer Decision Strategies [J]. Journal of Consumer Research, 1975, 29-37.

⑤ 高海霞. 基于消费者风险态度的赋权价值购买模型 [J]. 中大管理研究, 2010, 5 (01): 118-130.

⑥ Wansink B., Pennings J M E. Channel Contract Behavior: The Role of Risk Attitudes, Risk Perceptions, and Channel Members' Market Structures [J]. Journal of Business, 2004, 77 (4), 697-724.

的感知决定了个体行为决策的类型和结果[①]。Dowling 和 Staelin（1994）认为，感知风险是个体对自身行为的不确定性和消极后果的看法[②]。Cox 等（1967）指出感知风险包括两个方面即不确定性及其后果，他认为感知风险反映了行为决策中负面结果的可能性，以及个体行为实施中不确定的结果或障碍因素[③]。Keh 等（2002）认为感知风险是个人对风险的直观判断，决策者正在做出决策时的主观感受和在过程中对客观风险的心理感知。Durovnik（2006）指出在做出决策时采取某种行为，个人总是试图减少金钱和时间，他们倾向于采用回避策略来处理兴趣较少或不确定因素较多的行为。一些学者指出，感知风险也是一个复杂的概念，应该从多个维度进行定义。正如 Jacoby 和 Kaplan（1972）所认为的，感知风险包括财务、心理、绩效和社会风险，换句话说，感知风险是指认识到行为结果在个体行为决策中偏离个体预期状态的可能性，研究中通常将其分为多个风险维度，如经济、时间、功能、健康、心理和机会等维度[④]。

如前所述，感知风险包括两个方面，不确定性及其后果（影响）。感知风险的测量首先由 Cunningham 提出，他认为衡量不确定性和影响后果，然后将两者相乘以获得感知的风险值。1975 年，Peter 和 Tarpey 使用了损失概率乘以严重程度的度量方法，但在随后的研究中，这种测量又被否定了，因为他们发现损失的严重程度是一个细分变量，感知价值的主要解释变量是预期损失的可能性。从现有研究中可以得出结论，风险度量主要通过两种方式实现：一种是基于感知方面，通过乘法或加法计算；另一个是直接询问受访者的看法。杨钰（2009）指出应采用第二种方法来衡量个人经济行为的风险感知。因此，在设计调查问卷来衡量农地流转主体“三权分置”的感知风险时，本研究通过直接询问的方式来衡量农地流转主体对特定风险的担心程度，测量内容包括对操作风险、流转风险、产权风险等的感知程度。

---

① Schiffman L G.，Kanuk L L. Consumer Behavior，5rd［Z］.Prentice-Hall，1994.

② Dowling G.，Staelin R. A Model of Perceived-Risk and Risk Handling Activity［J］. Journal of Consumer Research，1994（21），119-134.

③ Cox，D.F. Risk Taking and Information Handling in Consumer Behavior［M］. Harvard University Press，Boston，1967.

④ Jacoby J.，Kaplan L.B. The Components of Perceived Risk［J］. Advances in Consumer Research，1972（3），382-383.

（三）农地“三权分置”感知价值的影响

一方面，农地“三权分置”的感知利益对农地“三权分置”的感知价值产生了影响。农地流转主体的“三权分置”感知利益是流转主体在采取农地流转行为过程中所感受到的农地“三权分置”的利得，满足了农地流转行为的需要并实现相应价值的感觉。农地“三权分置”实施前农地流转主体的流转行为带来的经济收益是其考虑的首要因素。参与农地流转主体经济行为的意愿取决于农地“三权分置”在实施之前和实施之后的成本与行为的好处之间的比较权衡。对于农地“三权分置”而言，农地流转主体的利益主要来源于农地产权、经济效益、社会效益、制度效益和资源整合等。如果农地流转主体期望获得更大的利益，则可以获得更高的感知价值，即影响方向应为正。

另一方面农地“三权分置”感知风险对农地“三权分置”感知价值产生影响。农地流转主体对农地“三权分置”的感知风险是流转主体在执行农地流转行为过程中所感知到的农地“三权分置”后产生农地流转的支出之和，是农地流转主体在实施农地流转行为过程中的投入，不仅是支出的货币价也是非货币机会成本等。如果农地流转主体在经过权衡后即付出较小的风险，流转主体的感知价值就较高，反之亦然。预期能获得较大的收益，感知风险将影响流转主体的感知价值，感知风险与感知价值呈负相关，即影响方向应为负。

第二节　农地“三权分置”感知价值的概念模型构建

基于前文的农地“三权分置”感性价值及结构维度分析，结合对农地流转主体感知价值的概念界定可知，农地流转主体对“三权分置”感知价值是一个高阶变量，包含感知利益和感知风险两个构面。

一、农地流转主体“三权分置”感知利益构成维度

结合前文概述，借鉴已有成果，本研究将农地流转主体对农地“三权分置”感知利益定义为：农地流转主体在进行农地流转行为中所感知到的“三

权分置”带来的经济、社会以及自我实现需求等的综合所得。基于对前一部分感知利益构成维度的分析，本研究借鉴了 Lapierre 关于感知利益维度的研究成果，并将农地流转主体对“三权分置”的感知利益分为感知经济利益、感知社会利益和感知制度利益。每个维度都考虑了多个指标，并探讨了指标应具体包含的内涵。表 5–1 列出了具体的组成维度，测量指标和感知利益的内涵。

表 5–1　感知利益构成维度与测量指标

范畴	构成维度	描述	参考文献
农地流转主体“三权分置”感知利益	感知经济利益	规模效益	姚黎明（2014）①、郑丽丽（2018）②、李涛（2018）③、本研究
		经济收益	
		农地价值	
	感知社会利益	减少抛荒	司瑞石等（2018）④、宋志红（2018）⑤、钟涨宝等（2018）⑥
		保障权益	
		稳定社会	
		避免纠纷	
	感知制度利益	制度优化	何云庵等（2018）⑦、本研究
		主体培育	
		满足需求	

二、农地流转主体“三权分置”感知风险构成维度

结合感知风险的内涵和相关研究概述，并借鉴现有成果，本研究将农地

① 姚黎明，徐萍．货币补偿形式的土地流转中农民经济利益分析［J］．甘肃理论学刊，2014（04）：173–178.

② 郑丽丽．新时期下农村土地流转的经济效益分析［J］．农家参谋，2018（02）：22.

③ 李涛．土地城乡流转的效率评价、区域差异与激活机制：江苏例证［J］．改革，2018（10）：131–138.

④ 司瑞石，陆迁，张强强，梁虎．土地流转对农户生产社会化服务需求的影响——基于 PSM 模型的实证分析［J］．资源科学，2018，40（09）：1762–1772.

⑤ 宋志红．三权分置下农地流转权利体系重构研究［J］．中国法学，2018（04）：282–302.

⑥ 钟涨宝，胡梦琪．农户农地所有权认知及其对农地流转意愿的影响——基于湖北两县 483 个样本农户的实证研究［J］．中南民族大学学报（人文社会科学版），2018，38（04）：100–105.

⑦ 何云庵，阳斌．下乡资本与流转农地的“非离散性”衔接：乡村振兴的路径选择［J］．西南交通大学学报（社会科学版），2018，19（05）：97–104.

流转主体对“三权分置”感知风险定义为：农地流转主体在“三权分置”过程中的损失和对实施行为阻碍因素的担忧所造成的感受和判断。借鉴已有成果，本研究将农地流转主体“三权分置”感知风险分为三个维度：感知操作风险，感知流转风险和感知产权风险。表 5-2 列出了感知风险各组成部分的指标和内涵。

表 5-2　感知风险构成维度与测量指标

范畴	构成维度	描述	参考文献
农地流转主体“三权分置”感知风险	感知操作风险	确权不确地	梁江艳等（2018）①、匡远配等（2018）②、本研究
		机会成本	
		浪费与消耗	
	感知流转风险	限制用途	蒋云贵等（2017）③、朱文珏等（2018）④、本研究
		交易费用	
		风险规避	
	感知产权风险	所有权风险	李言松等（2018）⑤、钟涨宝等（2018）、本研究
		承包权风险	
		经营权风险	

三、农地流转主体“三权分置”感知价值的理论模型

潜变量的测量方法主要包括两种方法：形成式测量和反映式测量。两种测量方法的选择取决于测量指标和潜变量之间的因果关系。如果因果关系是从结构变量到测量指标，那么潜变量的度量应该使用反映式测量；如果因果关系是从测量指标到结构变量，那么潜变量的度量应该使用形成式测量。根据以上文献研究结论，农地流转主体“三权分置”的感知价值与感知利益和

① 梁江艳，马海霞 . 资本下乡、要素置换与农业生产体系转型［J］. 西部论坛，2018，28（03）：11-16.

② 匡远配，陆钰凤 . 我国农地流转“内卷化”陷阱及其出路［J］. 农业经济问题，2018（09）：33-43.

③ 蒋云贵，瞿艳平 . 土地流转、工商资本与投资农业风险——来自湘鄂地区的实例验证［J］. 江汉论坛，2017（12）：21-25.

④ 朱文珏，罗必良 . 农地价格幻觉：由价值评价差异引发的农地流转市场配置“失灵”——基于全国 9 省（区）农户的微观数据［J］. 中国农村观察，2018（05）：67-81.

⑤ 李言松，李富忠 . 基于流转参与主体需求的农地流转风险研究——以山西省太谷县为例［J］. 山西农业科学，2018，46（11）：1954-1958.

感知风险方面之间的因果关系是从测量指标到结构变量，感知利益和感知风险说明了感知价值的不同视角，因此，农地流转主体“三权分置”的感知价值的概念模型适合于使用形成式测量模型。农地流转主体“三权分置”感知价值的理论模型如图 5–1 所示。

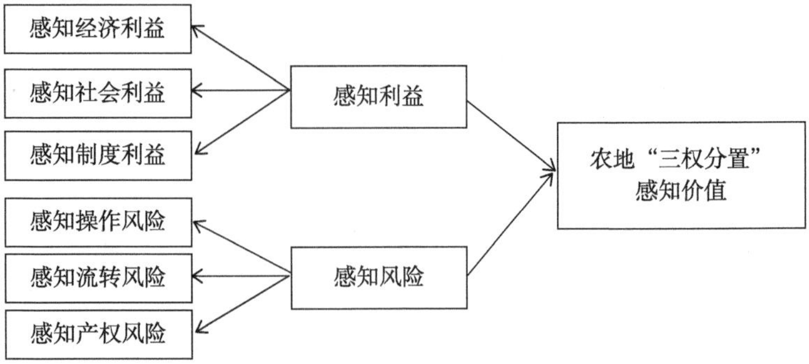

图 5–1　农地流转主体“三权分置”感知价值模型

第三节　农地“三权分置”感知价值量表的开发与验证

怎样衡量农地流转主体“三权分置”的感知价值是本研究首先要解决的问题。为了提供测量西北地区农地“三权分置”感知价值的工具，在借鉴国内外量表的基础上，结合目前西北地区农地权属关系的实际，遵循量表开发的科学方法和步骤，本研究尝试开发西北地区农地“三权分置”感知价值量表。

一、感知价值量表开发的一般规律和过程

学术界对于行动意愿的衡量大致有两种观点和方法。一种观点是定性测量，它认为直接调查可以用来衡量个人采取某种行为的意愿，例如 Hawkins 等；另一种观点是定量测量，即通过模型测量，例如基于 Gensch 的 Choice 测量模型的开发。定量测量的方法包括一维测量和多维测量[①]。大多数学者已经

① 刘刚，拱晓波 . 顾客感知价值构成型测量模型的构建［J］. 统计与决策，2007（22）：131–133.

接受了多维测量方法，因此被广泛使用。农地流转主体“三权分置”感知价值尺度的设计也遵循感知价值尺度设计的一般规则和过程。

通过对前文的理论分析，本研究总结了现有学者对感知价值计量量表的总体发展过程。可归纳如下：首先，确定维度，也就是说，最初确定个人对产品、服务或行为的感知价值维度；其次，识别感知价值项目，即通过小组讨论或专家咨询获取初始测量项目；再次，确定量表的规模，即测量项的值代表感知值的程度，如 5 点或 7 点测量量表；然后，形成初始问卷，即通过对问卷的初步调查和相关领域的专家意见，修改和调整不必要的项目和维度，形成初始问卷；另外，精简和净化，即简化问卷，归纳和筛选题项，得到每个维度的相应测量题项；最后，进行因子分析和信效度检验，并进行规模调研获取研究数据。

二、感知价值量表设计

（一）农地“三权分置”感知价值量表设计

本研究中农地“三权分置”感知价值的测量维度和题项设置原则包括：充分反映研究问题；尺度和题项的设置避免了重复和内部相关性；问题很容易理解，从而减少误解和由此产生的错误。在理论分析和文献综述的基础上，本研究利用感知价值的理论模型将感知价值划分为两个维度：感知利益和感知风险，然后将感知利益和感知风险划分为不同的层次和类别。感知利益分为感知的经济利益，社会利益和制度利益；感知风险分为感知操作风险，流转风险和产权风险。

农地流转主体“三权分置”感知价值是指农地流转主体在进行农地流转行为决策过程中所感知到农地“三权分置”为其带来的付出与收益之间的主观感受。本研究借鉴了现有的研究成果，对于农地“三权分置”概念的理解，一是反映在农地流转主体行为决策的付出与收益的比较上；二是农地流转主体在农地“三权分置”中对其流转行为是否满足了个体需求的判断和评价。基于以上分析，本书农地流转主体“三权分置”感知价值的测量量表见表 5-3。

表 5-3　农地流转主体感知“三权分置”价值的测量量表

测量变量	编号		农地流转主体“三权分置”感知价值
农地“三权分置”感知价值	PV	PV1	总的来说，“三权分置”给我带来一定的价值。
		PV2	总的来说，“三权分置”满足了我的一部分需求
		PV3	总的来说，与风险相比，“三权分置”为农村发展带来积极影响。

（二）农地“三权分置”感知利益量表设计

本章中借鉴了现有的理论已分析了感知利益的构成维度和理论模型，与此同时，在问卷设计之前，已经对一些农地流转主体进行了访谈，并将所感知的利益分为感知经济利益，感知社会利益和感知制度利益。此外，根据本研究使用结构方程模型检验的需要，增加了感知整体利益的测量。根据每个组成维度，分别构建测量子量表。

1. 感知经济利益量表。农地流转主体之所以支持农地“三权分置”下的流转行为，是因为农地“三权分置”能够带来效益或价值。理论上讲，坚持集体所有权可以有效保障和行使农地承包权，农户享有的农地承包经营权是集体所有权的具体实现形式，而农户承包经营权派生出了新型农业经营主体获得的农地经营权。“三权分置”是农村基本经营管理制度的自我完善，有利于明确农地产权关系，更好地维护农民集体，农户和经营主体的权益，促进农地资源的合理利用，建立新型农业经营体系，发展各种形式适度规模经营，提高农地产出率，劳动生产率和资源利用率，促进现代农业发展。换句话说，农地“三权分置”具有效益性和功能性，可以带来经济效益或产生有价值的行为。这是促使农地流转主体提高农地流转行为效率的的关键因素。本研究将农地流转主体对农地“三权分置”感知经济利益定义为：农地流转主体在进行农地流转行为中认为的农地“三权分置”存在的相对直接的经济功能和价值。

在问卷设计前的访谈中，分别对部分调研区域内的传统农户、家庭农场主、种植大户、合作社负责人及村镇干部进行了访谈。一些村委会干部表示“农户获得的农地确权证提高了农地的价值，农地也可以用作贷款抵押”。“现在村子发展好了，有些大户自己就愿意多转地，扩大生产，挣钱啊”。“以前流转就怕时间长，时间久了问题就来了，确权了就好签合同了”。

部分专业大户及合作社负责人表示“以前几十亩地大机器根本进不来，现在两三百亩地机械程度高了，成本也下来了，每年都用不了几个人收割就能解决”。“我们现在一亩地的播种量是原来农户自己播种量的六分之一，产量却高了几倍”。“每年给农户流转的费用要比他们自己种地拿的要多，还节省了人力，但我们产业链获得的利润也高”。“三权以后抵押贷款也方便了，这确实是非常好的”。还有一些农户认为“其实现在留在农村的都是些老弱病残，自己种地的能力已经没有了，要是有人流转我是非常愿意的，只要能保证我的基本收入就行”。“我的农地权利保障了就少了很多担忧，外出打工呀还是临近干干活儿都挺好”。基于前文的理论分析与访谈总结，本研究对农地流转主体“三权分置”感知经济利益从规模效益、经济收益、农地价值三个方面测量，具体见表 5-4。

表 5-4　农地流转主体感知“三权分置”经济利益的测量量表

测量变量	编号		构成维度	测量指标题项
感知经济利益	EB	EB1	规模效益	“三权分置”可以实现农地经营的规模效益。
		EB2	经济收益	“三权分置”使农地经营的收益增加。
		EB3	农地价值	“三权分置”增强农地的抵押价值。
		EB4		“三权分置”增强农地的流转价值。

2. 感知社会利益测量量表。当研究价值驱使个人购买产品，服务或采取某些行动时，一些学者认为价值与关系有关。例如，Gwinner（1998）以服务业为例，将个人的感知关系利益细分为社会，信息和特殊待遇①。由于农地流转行为的特殊性，与购买产品和服务存在一定差异。农地流转行为的实施可能对农地流转的主体与周边社区或与村干部间的这种关系产生了影响。它还可能对流转主体的个人形象产生影响，并且是对流转主体的社会关系影响的展示。个人行为决策的积极性除了受到经济利益的影响外，还受到社会利益的影响。当个体感知某种行为所带来的社会利益越多时，实施行为的热情就会更高。这些利益不一定与个人行为直接相关，或者不仅仅是物质满足，而是通过实施某种行为，这些利益也将得到实现或促进。根据访谈的记录，一部分流转主体认为“现在很少有人撂荒农地了，荒在那儿就被收了，转出去

① Gwinner K.P., Gremler D.D., Bitner M.J. Relational benefits in service industries: the customer's perspective [J]. Journal of the Academy of Marketing Science, 1998, 26 (2), 101-114.

双倍收益多好”。“谁的权利谁的责任归谁写的清清楚楚，遇到纠纷拿出白纸黑字就没有那么麻烦了”。“以前流转不规范，皮包公司的事情出了不少，现在监督的越来越规范，有问题村委会都给解决，流转农地前的保证金也发挥了很大作用”。“农民不懂交易呀市场呀，有的时候看到邻居把地流转出去，也会跟着流转，大家交流多了，邻里更融洽了”。“村集体拥有农地所有权，现在越来越明确，那么开展一些比如农地股份合作或者集体用地抵押贷款，都是富民利民的好事，村集体的工作也更有了话语权”。总结提炼，本研究从减少抛荒、保障权益、稳定社会以及避免纠纷四个方面进行测量，设计了农地流转主体“三权分置”感知社会利益测量量表 5-5。

表 5-5　农地流转主体感知“三权分置”社会利益的测量量表

测量变量	编号		测量方面	测量指标题项
感知社会利益	SB	SB1	减少抛荒	“三权分置”有效减少农地抛荒撂荒行为。
		SB2	保障权益	“三权分置”保障了流转主体的农地权益。
		SB3		“三权分置”能够明晰农地权属关系。
		SB4	稳定社会	“三权分置”能够稳定农村社会组织结构。
		SB5	避免纠纷	“三权分置”可以有效减少地权纠纷。

3. 感知制度利益测量量表。农地“三权分置”实际上是在处理现有社会复杂的地权关系中实践经验总结助推制度的确立。在实施家庭联产承包制时期，农地“两权分离”的农地制度有效解决了农地归属与农地生产的问题，家庭成为农业经营的主体；而“三权分置”制度的落实则是以保障农户农地权利和提高农地资源利用效率为原则，鼓励多元化的经营主体。农村农地“三权分置”制度改革是在已有制度结构基础上的深化，巩固和完善农村基本经营制度，是深化农村农地“三权分置”制度改革的基本遵循。在访谈中，还了解到，有些受访者认为“从两权到三权最受益的肯定是农民”。“现在我们流转地也有经营权了，贷款抵押什么的都能起作用，这就是制度带来的好处”。“权利明确了社会也就稳定了，现在基本确权都完成了，拿到确权证，心里也踏实”。“现在的制度肯定是比以前的好，农民越来越富了就说明国家对农村的帮助起效了”。在理论分析和访谈总结的基础上，本研究从制度优化、主体培育、满足需求三个方面设计了农地流转主体“三权分置”感知制度利益测量量表，见表 5-6。

表 5-6　农地流转主体感知“三权分置”制度利益的测量量表

测量变量	编号		测量方面	测量指标题项
感知制度利益	RB	RB1	制度优化	实施农地“三权分置”是对农村农地制度的完善。
		RB2		“三权分置”是我国农村改革的又一次创新，具有承前启后的作用。
		RB3	主体培育	“三权分置”为培育和扩大新型农业经营者提供制度保障。
		RB4	满足需求	“三权分置”制度是满足目前农村人地关系发展需要的。

4. 总体感知利益测量量表。总体感知利益反映了个人对特定产品，服务或行为的终端诉求，并且是“个人需求的利益”。感知利益是个人决定购买某种商品，服务或采取行动的直接原因，并且是行为背后的驱动力。农地流转主体在农地“三权分置”中的总体感知利益是指农地流转主体在农地流转行为中认为的“三权分置”对其生活需求，生产需求，自我发展需要等所有利得，即农地流转主体的整体主观积极评价。本研究中选择的测量方法是结构方程模型，为了本研究假设关系检验的目的，本研究设计了农地流转主体“三权分置”的总体感知利益测量量表。同时，衡量农地流转主体“三权分置”的整体利益，可以保证每个利益维度的计量一致性。总体感知利益测量量表如表 5-7 所示。

表 5-7　农地流转主体总体感知利益的测量量表

测量变量	测量指标题项
感知利益	总的来看，农地“三权分置”给我带来了好处利益。
	总的来看，我国实施农地“三权分置”是正确的选择。

（三）农地“三权分置”感知风险量表设计

感知风险是指“个体在特定情形下对决定购买某一产品、服务或采取某一行为结果的风险水平的感知判断或风险可能性评估”。本研究将农地流转主体“三权分置”的感知风险定义为：农地流转过程中的农地流转主体对农地“三权分置”造成的损失和对流转行为阻碍因素的关注、感觉和判断。结合理论分析和访谈，本研究将农地“三权分置”的感知风险分为三个维度：感知操作风险，感知流转风险和感知产权风险。不同维度的感知风险由多个方面组成，它构成了农地“三权分置”的多层次感知风险系统。在日常生活中，当个人做出实际的行为决策时，他们往往更容易受到感知风险的影响。即使感知到的利益大于感知风险，农地流转主体也未必采取某些行为。一方面，近年来随着社会经济的快速发展和农业经济效益的下降，一些年轻农民外出打工，农村留守的基本是老人，儿童和妇女，这类弱势群体对农地制度与农地产权关系的认识水平较低，学习新知识的能力较弱。另一方面，农地流转的时间较长，有些家庭外出务工多年，承包权与经营权的分离很难确保流转后的农地权利“长久性”且避免农地用途“非农化”，增加了部分主体对农地“三权分置”过程中农地流转行为的干扰因素，增加了农地“三权分置”的感知风险。即便是他们认识到农地流转过程中“三权分置”的综合利益大于付出，农地流转主体的诉求满足不了时他们也会选择放弃。

1. 感知操作风险测量量表。在实施农地“三权分置”制度的过程中，操作风险主要是指操作性成本的支出，直接产生的操作成本包括“三权分置”需要的时间、精力和人力等这些较直接消耗，涵盖了从制度的宣传动员、确权颁发证书到规范监督的整个过程。基于此，本研究从实际访谈中了解到的现象及问题对农地流转主体感知“三权分置”操作风险的测量从三个方面考虑，即确权不确地、机会成本以及浪费与消耗。确权不确地现象是指每户只有量化的农地，但没有具体分地到户，既不利于确定长久农地承包关系，也无法根本地保证农民的利益，2015 年中央 1 号文件指出：“总体上要确地到户，从严掌握确权确股不确地的范围”，因此确权不确地对农户而言存在一定的风险；机会成本是指农地流转主体在执行农地“三权分置”的过程中要放弃的其他收益或造成的其他方面的损失；浪费与消耗是指在农地“三权分置”操作中消耗的时间、人力与物力。访谈中，部分农户表示“我家移民了，搬出原来的地方，村子给化了地但是不知道具体在哪里，现在就是失地农民状态”。“现在住的村子离确权的地太远了，也没有车子，时间长了地就荒掉了”。还有其他一些流转主体提出“确权不确地这种方式只是为了适应经济发达地区而进行的补充方式，不适合全面推广，弊端太多”。“三权分置这个事情在确权阶段就是很费劲的，要一遍遍地跑农户家”。“我在外地打工，大老远跑回来就签个字实在浪费时间”。“我们村的地都转给合作社了，现在想回来种地也不行了，还得等三年流转期过了”。根据理论分析与访谈归纳本研究从确权不确地、机会成本以及浪费与消耗三个方面设计了农地流转主体感知

“三权分置”的操作风险测量量表，见表 5-8。

表 5-8　农地流转主体感知“三权分置”操作风险的测量量表

测量变量	编号		测量方面	测量指标题项
感知操作风险	OR	OR1	确权不确地	“三权分置”引发农地确权不确地的现象。
		OR2		“三权分置”很难保障返乡务农个体的生产生活权益。
		OR3	机会成本	比起花时间处理农地确权，外出打工更赚钱。
		OR4	浪费与消耗	“三权分置”实施过程中需要耗费大量的人力、物力和时间。

2. 感知流转风险测量量表。本书主要研究的农地“三权分置”的感知价值是发生在农地流转这一行为关系中的，因此对于农地流转中不确定因素造成的农地“三权分置”感知风险也应该详细叙述。基于农地“三权分置”是农地流转主体农地权属关系的转变，本研究认为的感知流转风险主要是由于农地流转受到农地“三权分置”实施后流转行为遭遇的困难所引起的顾虑。从三个方面考虑农地流转主体对感知“三权分置”流转风险的度量，即限制用途、交易费用以及风险规避。限制用途是指严格的农地用途管制，农业经营效益低下给农地流转带来压力，迫于压力一些地方的农地租赁者、农地股份合作企业将集中起来的农地用于第二三产业甚至房地产的开发。对于这种将农地变为建设用地，明显不符合“农地流转不得改变农地的农业用途”的立法规定的做法。交易费用是指在农地流转过程中支出的成本。根据交易理论可知，在进行交易的过程中交易费用是客观存在的事实，农地“三权分置”使得权属关系明晰，制度的运行都需要花费一定的代价，在这过程中造成的不确定性也会增加。风险规避是在农地流转过程中对于“三权分置”造成的不确定性及后果进行完善并解决的能力。为了减少农地流转纠纷并保障弱势农户的权益，在部分地区推行流转保证金，农业企业在流转农地前需要向村集体缴纳部分资金便于纠纷的处理。此外流转地的农业补贴给予对象是承包地的农户而不是进行农地实际经营行为的主体，这容易导致部分企业资金链短缺，遇到天灾等问题企业避险能力将明显不足。通过访谈，部分主体表示“我现在不太愿意流转农地，保证金太高，遇到天灾只能自己倒霉，可是农户不管啊，到时间就得交租金”；“农业生产收益真的低，受环境影响太大，宁夏的土质也不好，北边地还可以都是包给大企业，南部的地给钱都没人转”；“农地就只能老老实实种粮食，养植种植都不行”；“地包给别人了，人家干什

么我们也管不了，有矛盾就找村委，其他法子也没用”。基于理论分析与访谈记录，本研究设计了感知流转风险的测量量表，见表 5-9。

表 5-9　农地流转主体感知“三权分置”流转风险的测量量表

测量变量	编号		测量方面	测量指标题项
感知流转风险	TR	TR1	限制用途	“三权分置”会限制农地的流转用途。
		TR2	交易费用	“三权分置”造成交易费用增加。
		TR3	风险规避	“三权分置”会激化流转主体之间的矛盾。
		TR4		“三权分置”造成的流转风险很难规避。

3. 感知产权风险测量量表。农地“三权分置”最突出的贡献就是明确了农地权属关系，在这个基础上放活经营权促进农村农地的流转。但在实际的运行过程中，产权的矛盾及风险问题始终存在，因此本书设置农地流转主体感知“三权分置”产权风险的测量量表，并从所有权风险、承包权风险及经营权风险进行系统评价。所有权风险主要是农村集体所有权的主体不明确、农民权利虚化问题，虽然 2017 年颁布的《民法总则》规定集体经济组织作为法人，但其成员尚未获得集体财产享有和行使权利的最佳解决方案，而这反过来导致集体所有权实施的困难。承包权的风险在于农地承包权分为农地承包经营权，成为农民承包农地的资格，农户承包权利的强化会使得当村集体人员变动时频繁进行调整。经营权风险在于经营权物权化保障了经营主体的合法利益，但也可能会产生农业经营者一方独大吞噬承包权与所有权的风险。访谈中，一些主体表示“村集体所拥有的农地所有权非常空，建立农地股份合作社虽然社长是村干部，但股份的分红村委很难获利”。“我觉得我家的地就是我的，我对农地所有权归集体我明白但感受不到”。“我家大女儿嫁出去了，地就被村里收回了，我觉得不合理”。“现在平罗这边弄的统种分管就挺好，外出打工收割的时候都不用来人，邻居瞧一下就行了，不过合作社风险小了农户风险又大了”。“农地经营啊，市场化了，风险也就大了，就跟企业运营一个道理了”。基于访谈和文献分析，本研究设置了感知产权风险的测量量表，如表 5-10 所示。

表 5-10　农地流转主体感知“三权分置”产权风险的测量量表

测量变量	编号		测量方面	测量指标题项
感知产权风险	PR	PR1	所有权风险	“三权分置”中集体所有权的权能很难发挥作用。
		PR2	承包权风险	“三权分置”后村集体成员变化会导致承包权频繁调整。
		PR3	经营权风险	“三权分置”会加大农地经营权流转的市场风险。

4. 总体感知风险测量量表。

农地“三权分置”总体感知风险是农地流转主体对农地“三权分置”的主观总体负面评价，是在决定农地流转行为时，农地流转的主体感受到“三权分置”的所有风险的总和。对农地流转主体的整体感知风险的测量基于两个原因：一个是测试每个风险维度的测量结果的一致性；另一个是本研究中使用的结构方程模型分析的需要。在现有研究的基础上，总体感知风险度量反映在三个方面：购买产品，服务或采取某种行为可能带来损失；购买产品，服务或采取某种行为是错误的选择；某种产品，服务或采取某种行为的结果不符合预期。在此基础上，本研究建立的农地流转主体总体感知风险度量表见表 5-11。

表 5-11　农地流转主体总体感知风险的测量量表

测量方面	测量指标题项
感知风险	总的来看，农地“三权分置”给我带来了损失。
	总的来看，我国实施农地“三权分置”是错误的选择。

第四节　调研地区农地流转主体对农地“三权分置”感知价值的差异比较

一、确定调研区域

要从根本上促进农业现代化发展并解决农地供需矛盾，需要转变农地流转主体对于农地“三权分置”的认知，提高农地流转主体对农地“三权分置”的感知价值，降低感知风险，了解农地产权意识缺乏后果的严重性，充分调动当前农地流转行为的积极性，大力培育和形成农地流转主体农地权属意识及流转意愿和行为，改变传统的农地产权关系，实现农地“三权分置”对农地流转行为的积极影响。本节内容研究目的在于以农地流转主体为研究对象，研究农地流转主体对农地“三权分置”感知价值，剖析农地流转主体对农地“三权分置”感知利益和感知风险的影响因素，对比研究不同主体对农地“三权分置”的感知价值差异。

在这个阶段，“三权分置”的农地权利制度不再是一个简单的政策理论概念和制度规划愿景，而已成为深化我国农地产权制度改革，确保实现国家农业现代化与集约化的既定政策。十八届三中全会以来，党和国家高度重视农地问题，并针对农地“三权分置”改革出台了一系列的政策文件，旨在通过农村集体农地所有权的有效实施，能够约束不合理的征地行为，保护农户的利益，同时能够确保农村农地的承包者与所有者合理利用农地资源，避免农地非农用行为，从而保护国家整体耕地不受侵害。相对而言，西北地区经济发展缓慢，地权保护及风险意识更薄弱，自然更受到人们的关注。宁夏回族自治区自 2013 年开始全面推广“百村试点”农村承包地确权，率先在全国整省域开展承包地确权登记颁证试点工作，这是实现农地“三权分置”的重要一步。截至 2017 年底，全区农村承包地确权面积 1573.9 万亩，确权率达到 96.8%，已颁证农户 87.6 万户，占总户数的 93.9%[①]，标志着宁夏全区农村承包地确权登记颁证工作基本完成。基于抽样质量的保障，充分反映全局，促进组织实施，节约人力物力，综合考虑研究的便利性和研究数据的可获得性，本研究确定以宁夏回族自治区的引黄灌溉区、中部干旱区及南部山区作为本次调研区域的空间划分标准，并参考 2017 年宁夏自治区人大对于宁夏境内农地流转情况的调研数据，根据耕地面积、流转比例及确权时间分别选择银川市兴庆区、永宁县、贺兰县；石嘴山市惠农区、平罗县；吴忠市盐池县、同心县；固原市隆德县、彭阳县 9 个县（区）作为本研究的调研区域。关于调研区域的详细统计信息及调研问卷的信效度检验将在第七章进行展示。

① 宁夏经济发展报告［M］. 宁夏：宁夏人民出版社 2018 年版，第 84 页。

二、不同主体对农地“三权分置”感知价值的差异比较

农地流转主体的个体差异可能会带来“三权分置”的感知价值及其感知利益和感知风险构面的不同，从而影响其农地流转行为的决策。因此，这部分内容就以调研区域内进行的农地“三权分置”感知价值的调查数据为依据，运用 SPSS24.0 软件对调研数据进行方差分析，并对研究结果进行总结。

（一）研究目的与假设

本章的主要研究目的是对调研区域农地流转主体“三权分置”感知价值及其总体维度进行描述性统计分析，比较不同的人口统计学变量（性别，文化程度，务农时限）和主体身份变量（新型农业经营者，村干部，乡镇干部，普通农户）的农地流转主体在整体感知价值及各维度上的差异。

研究假设是不同人口统计学变量（性别，文化程度，务农时限）和主体身份变量（新型农业经营者、村干部、乡镇干部、普通农户）的农地流转主体，其感知价值与其感知利益和感知风险方面的维度构成上存在差异。

（二）研究方法

本研究选择的调研样本是上文中设计的 9 个县（区）的农地流转主体，样本的具体人口学、流转主体身份特征见表 5–12。研究方法主要是采用独立样本 T 检验和方差分析进行假设检验，并对方差齐性的变量运用 LSD 事后多重比较。研究的人口学变量包括性别、文化程度、务农时限；主体身份变量包括新型农业经营者、村干部及乡镇干部、普通农户。使用的统计工具为 SPSS24.0。

表 5–12　调研地区样本抽样结果

变量	编号	类别	频数	百分比
主体身份	1	新型农业经营者	161	19.9%
	2	村干部	120	14.9%
	3	乡镇干部	45	5.6%
	4	普通农户	482	59.7%

续表

变量	编号	类别	频数	百分比
性别		男	568	70.3%
		女	240	29.7%
文化程度	1	小学及以下	162	20.0%
	2	初中	237	29.3%
	3	高中	244	30.2%
	4	大专	86	10.6%
	5	本科及以上	79	9.8%
务农时限	1	5 年及以下	40	5.0%
	2	5–10 年	83	10.3%
	3	10–20 年	359	44.4%
	4	20 年以上	326	40.3%

（三）研究结果

1. 不同人口学特征的农地流转主体对“三权分置”感知价值的差异比较

（1）不同性别的农地流转主体对“三权分置”感知价值差异。在感知利益构面，不同性别的农地流转主体对“三权分置”感知利益存在显著性差异，其构成维度经济利益（T=7.005，$P<0.001$），制度利益（T=6.564，$P<0.001$）有显著差异；其他组成维度变量不存在显著差异。感知风险方面，不同性别的农地流转主体对“三权分置”感知风险存在显著性差异，其构成维度流转风险（T=5.540，$P<0.001$）存在显著性差异；操作风险（T=0.911，$P>0.05$），和产权风险（T=–0.449，$P>0.05$）上没有显著差异。

表 5–13　不同性别的农地流转主体“三权分置”感知价值及各维度的比较

	性别	*N*	*Mean*	*SD*	*T*	*P*
经济利益	男	568	4.750	1.515	7.005	0.000
	女	240	3.930	1.536		
社会利益	男	568	4.619	1.570	0.872	0.383
	女	240	4.515	1.535		

续表

	性别	*N*	*Mean*	*SD*	*t*	*P*
制度利益	男	568	5.649	1.331	6.564	0.000
	女	240	4.960	1.437		
感知利益	男	568	5.006	1.231	5.655	0.000
	女	240	4.468	1.245		
操作风险	男	568	3.800	1.552	0.911	0.363
	女	240	3.692	1.536		
流转风险	男	568	4.839	1.592	5.540	0.000
	女	240	4.152	1.649		
产权风险	男	568	4.630	1.644	−0.449	0.653
	女	240	4.687	1.622		
感知风险	男	568	4.423	1.361	2.356	0.019
	女	240	4.177	1.347		
感知价值	男	568	6.022	1.216	4.820	0.000
	女	240	5.549	1.404		

（2）不同文化程度的农地流转主体对“三权分置”感知价值差异。表 5-14 显示，不同务农时间的农地流转主体对“三权分置”感知价值（F=11.486，$P < 0.001$）存在显著差异；在感知利益构面上，不同文化程度的农地流转主体对“三权分置”感知利益（F=34.014，$P < 0.001$）存在显著性差异，其构成维度经济利益（F=19.684，$P < 0.001$），社会利益（F=25.335，$P < 0.001$），制度利益（F=23.836，$P < 0.001$）存在显著差异。在感知风险构面，不同文化程度的农地流转主体对“三权分置”感知风险（F=23.762，$P < 0.001$）存在显著性差异，其构成维度操作风险（F=18.548，$P < 0.001$），流转风险（F=11.254，$P < 0.001$），产权风险（F=21.055，$P < 0.001$）存在差异。进一步的 *LSD* 方法比较分析发现：1）在总体感知价值方面，大专、本科及以上、高中学历的总体感知价值明显高于初中、小学及以下的流转主体。2）在感知利益上，大专、本科及以上学历的农地流转主体在总体感知利益上显著高于高中、初中、小学及以下学历的主体。3）在经济利益维度上，本科及以上、大专、高中学历的农地流转主体在感知经济利益上明显高于高中、初中、小学及以下学历的主体。4）在社会利益维度上，大专、本科及以上学

历的农地流转主体感知社会利益明显高于高中、初中、小学及以下学历的主体。5）在制度利益维度上，大专、本科及以上学历的农地流转主体感知制度利益价值显著高于高中、初中、小学及以下学历的主体。6）在感知风险上，小学及以下、初中文化程度的农地流转主体的感知风险显著高于高中、大专、本科及以上学历的流转主体。7）在操作风险维度上，小学及以下、初中文化程度的农地流转主体感知操作风险显著高于高中、大专、本科及以上文化程度的流转主体。8）在流转风险维度上，本科及以上、大专文化程度的农地流转主体感知流转风险明显低于高中、初中、小学及以下文化程度的农地流转主体。9）在产权风险维度上，小学及以下、高中文化程度的农地流转主体感知产权风险显著高于初中、大专、本科及以上学历的农地流转主体。

表 5-14　不同文化程度的农地流转主体“三权分置”感知价值及各维度的比较

	文化程度	N	Mean	SD	F	P	LSD（α=0.05）
经济利益	小学及以下	162	3.860	1.512	19.684	0.000	5，4，3＞2＞1
	初中	237	4.196	1.551			
	高中	244	4.831	1.495			
	大专	86	5.061	1.408			
	本科及以上	79	5.161	1.407			
社会利益	小学及以下	162	3.793	1.499	25.335	0.000	4，5＞3＞2＞1
	初中	237	4.352	1.515			
	高中	244	4.855	1.476			
	大专	86	5.340	1.383			
	本科及以上	79	5.285	1.371			
制度利益	小学及以下	162	4.711	1.424	23.836	0.000	4，5＞3＞2＞1
	初中	237	5.284	1.430			
	高中	244	5.677	1.270			
	大专	86	6.084	1.135			
	本科及以上	79	6.016	1.127			
感知利益	小学及以下	162	4.121	1.180	34.014	0.000	4，5＞3＞2＞1
	初中	237	4.611	1.245			
	高中	244	5.121	1.177			
	大专	86	5.495	1.024			
	本科及以上	79	5.487	1.001			

续表

	文化程度	N	Mean	SD	F	P	LSD（α=0.05）
操作风险	小学及以下	162	4.357	1.420	18.548	0.000	1，2＞3，4，5
	初中	237	4.096	1.545			
	高中	244	3.462	1.529			
	大专	86	3.198	1.358			
	本科及以上	79	3.142	1.408			
流转风险	小学及以下	162	5.082	1.496	11.254	0.000	1，2＞3＞4，5
	初中	237	4.954	1.484			
	高中	244	4.359	1.728			
	大专	86	4.195	1.502			
	本科及以上	79	4.092	1.806			
产权风险	小学及以下	162	5.341	1.461	21.055	0.000	1，3＞2，4，5
	初中	237	5.002	1.573			
	高中	244	4.223	1.593			
	大专	86	4.134	1.554			
	本科及以上	79	4.022	1.630			
感知风险	小学及以下	162	4.926	1.199	23.762	0.000	1，2＞3，4，5
	初中	237	4.684	1.291			
	高中	244	4.015	1.339			
	大专	86	3.842	1.185			
	本科及以上	79	3.752	1.415			
感知价值	小学及以下	162	5.469	1.413	11.486	0.000	4，5，3＞2，1
	初中	237	5.678	1.409			
	高中	244	6.092	1.120			
	大专	86	6.310	1.055			
	本科及以上	79	6.219	1.046			

注：对不同文化程度的调研样本编号为“1”代表小学及以下；“2”代表初中；“3”代表高中；“4”代表大专；“5”代表本科及以上。

（3）不同务农时间的农地流转主体对“三权分置”感知价值的差异。表 5-15 显示，不同务农时间的农地流转主体对“三权分置”感知价值（F=6.286，P < 0.001）存在显著差异；在感知利益构面上，不同务农时间的

农地流转主体对“三权分置”感知利益（F=2.769，$P<0.05$）存在差异，其构成维度经济利益（F=8.463，$P<0.001$），制度利益（F=8.595，$P<0.001$）具有显著差异；其社会利益维度无明显差异。在感知风险构面上，不同务农时间的农地流转主体对“三权分置”感知风险（F=19.383，$P<0.001$）存在显著差异，其构成维度操作风险（F=8.943，$P<0.001$），流转风险（F=28.589，$P<0.001$），产权风险（F=8.295，$P<0.001$）存在显著性的差异。进一步地采用 *LSD* 方法比较分析发现：1）在总体感知价值方面，务农时间在 5–10 年的农地流转主体对“三权分置”感知价值显著高于务农时间在 10–20 年、5 年及以下、20 年以上的农地流转主体。2）在感知利益上，务农时间在 5–10 年的农地流转主体显著高于 10–20 年、20 年以上的农地流转主体。3）在经济利益上，务农时间在 5 年及以下、5–10 年、10–20 年的农地流转主体显著高于务农时间在 20 年以上的农地流转主体。4）在制度利益上，务农时间在 5 年及以下、5–10 年、10–20 年的农地流转主体感知制度利益显著高于务农时间在 20 年以上的农地流转主体。5）在感知风险上，务农时间在 5 年及以下、10–20 年的农地流转主体对“三权分置”总体感知风险显著高于 5–10 年、20 年以上的流转主体。6）在操作风险上，务农时间在 5–10 年、5 年及以下的农地流转主体显著高于 10–20 年、20 年以上的主体。7）在流转风险上，务农时间在 20 年以上、10–20 年的农地流转主体感知流转风险显著低于 5 年及以下、5–10 年的农地流转主体。8）在产权风险上，务农时间在 5 年及以下、5–10 年的农地流转主体显著高于 10 年以上的主体。

表 5–15　不同务农时间的农地流转主体“三权分置”感知价值及各维度的比较

	务农时间	N	Mean	SD	F	P	LSD（α=0.05）
经济利益	5 年及以下	40	4.994	1.632	8.463	0.000	1，2，3＞4
	5–10 年	83	4.973	1.387			
	10–20 年	359	4.615	1.529			
	20 年以上	326	4.209	1.587			
社会利益	5 年及以下	40	4.263	1.370	2.207	0.086	
	5–10 年	83	4.337	1.695			
	10–20 年	359	4.557	1.571			
	20 年以上	326	4.726	1.522			

续表

	务农时间	N	Mean	SD	F	P	LSD（α=0.05）
制度利益	5年及以下	40	5.706	1.337	8.595	0.000	1，2，3＞4
	5–10年	83	5.693	1.335			
	10–20年	359	5.629	1.279			
	20年以上	326	5.147	1.495			
感知利益	5年及以下	40	4.988	1.288	2.769	0.041	2，3＞4
	5–10年	83	5.001	1.246			
	10–20年	359	4.934	1.230			
	20年以上	326	4.694	1.280			
操作风险	5年及以下	40	4.256	1.475	8.943	0.000	2，1＞3＞4
	5–10年	83	4.401	1.473			
	10–20年	359	3.789	1.548			
	20年以上	326	3.524	1.517			
流转风险	5年及以下	40	5.531	1.538	28.589	0.000	1，2＞4＞3
	5–10年	83	5.500	1.311			
	10–20年	359	4.837	1.505			
	20年以上	326	4.081	1.677			
产权风险	5年及以下	40	5.269	1.549	8.295	0.000	1，2＞3＞4
	5–10年	83	5.133	1.469			
	10–20年	359	4.728	1.629			
	20年以上	326	4.357	1.642			
感知风险	5年及以下	40	5.019	1.367	19.383	0.000	1，3＞2＞4
	5–10年	83	4.452	1.211			
	10–20年	359	5.011	1.306			
	20年以上	326	3.987	1.346			
感知价值	5年及以下	40	5.542	1.335	6.286	0.000	2＞3，1，4
	5–10年	83	6.086	1.419			
	10–20年	359	5.818	1.364			
	20年以上	326	5.514	1.132			

注：对不同务农时间的调研样本编号为“1”代表5年及以下；“2”代表5–10年；“3”代表10–20年；“4”代表20年以上。

2. 不同身份特征的农地流转主体对“三权分置”感知价值的差异比较

在实际的农业生产活动中，不同身份的农地流转主体对“三权分置”感知价值的差异比较。其中新型农业经营主体包括家庭农场、专业大户、农业合作社及农业企业；村镇干部包含村干部及乡镇干部；普通农户主要指从事农业生产生活的本村居住户。表5–16显示，不同身份的农地流转主体对“三权分置”感知价值存在显著性差异。在感知利益构面上，不同身份的农地流转主体对“三权分置”感知利益（F=24.850，$P < 0.001$）存在显著性差异，其构成维度经济利益（F=18.298，$P < 0.001$）、社会利益（F=20.105，$P < 0.001$）、制度利益（F=13.292，$P < 0.001$）具有显著差异；在感知风险构面上，不同主体身份的农地流转主体对“三权分置”感知风险（F=21.755，$P < 0.001$）存在显著性差异，其构成维度操作风险（F=56.621，$P < 0.001$）、流转风险（F=62.640，$P < 0.001$）、产权风险（F=8.787，$P < 0.001$）具有显著性的差异。进一步采用*LSD*方法比较分析发现：1）感知价值方面，新型农业经营主体在总体感知价值上显著高于村镇干部和普通农户。2）在感知利益上，新型农业经营主体在总体感知利益上显著高于村镇干部，村镇干部在总体感知利益上显著高于普通农户。3）在经济利益维度上，新型农业经营主体在感知经济利益上显著高于普通农户，普通农户在感知经济利益上显著高于村镇干部。4）在社会利益维度上，村镇干部在感知社会利益上显著高于新型农业经营主体，新型农业经营主体在感知社会利益上显著高于普通农户。5）在制度利益维度上，新型农业经营主体、村镇干部在感知制度利益上显著高于普通农户。6）在感知风险上，新型农业经营主体、村镇干部在总体感知风险上显著高于普通农户。7）在操作风险维度上，普通农户在感知操作风险上显著低于村镇干部，村镇干部在感知操作风险上显著低于新型农业经营主体。8）在流转风险维度上，新型农业经营主体、村镇干部在感知流转风险上显著高于普通农户。9）在产权风险维度上，普通农户、新型农业经营主体在感知产权风险上显著高于村镇干部。

表 5-16　不同主体身份的农地流转主体“三权分置”感知价值及各维度的比较

	主体身份	N	Mean	SD	F	P	LSD（α=0.05）
经济利益	新型农业经营者	161	5.089	1.393	18.298	0.000	1＞3＞2
	村镇干部	165	4.647	1.631			
	普通农户	482	4.265	1.543			
社会利益	新型农业经营者	161	5.177	1.413	20.105	0.000	2＞1＞3
	村镇干部	165	4.768	1.478			
	普通农户	482	4.330	1.573			
制度利益	新型农业经营者	161	5.812	1.185	13.292	0.000	1，2＞3
	村镇干部	165	5.677	1.264			
	普通农户	482	5.242	1.470			
感知利益	新型农业经营者	161	5.359	1.095	24.850	0.000	1＞2＞3
	村镇干部	165	5.031	1.233			
	普通农户	482	4.612	1.260			
操作风险	新型农业经营者	161	4.646	1.427	56.621	0.000	1＞2＞3
	村镇干部	165	4.162	1.524			
	普通农户	482	3.340	1.432			
流转风险	新型农业经营者	161	5.471	1.274	62.640	0.000	1，2＞3
	村镇干部	165	5.253	1.421			
	普通农户	482	4.144	1.634			
产权风险	新型农业经营者	161	4.614	1.632	8.787	0.000	3，1＞2
	村镇干部	165	4.193	1.660			
	普通农户	482	4.810	1.604			
感知风险	新型农业经营者	161	4.770	1.252	21.755	0.000	1，2＞3
	村镇干部	165	4.676	1.366			
	普通农户	482	4.098	1.338			
感知价值	新型农业经营者	161	6.375	1.305	4.560	0.000	1＞2，3
	村镇干部	165	5.879	1.302			
	普通农户	482	5.717	1.286			

第五节 本章小结

本章在文献研究的基础上，以所调研的西北地区为背景，结合访谈法设计农地流转主体“三权分置”感知价值测量量表。测量维度和题项设置的原则是：充分反映研究问题；题项和维度的设置避免了重复和内在之间的相关性；所有题项尽可能易于理解，并避免误解造成的错误。首先，基于感知价值的理论模型和相关文献量表的收集，将农地“三权分置”的感知价值分为两个维度：感知利益和感知风险。其次，农地流转主体对农地“三权分置”感知价值的测量量表包含感知利益得分量表和感知风险得分量表；感知利益得分量表包含经济利益、社会利益、制度利益三个维度，共有15个测量题项；感知风险分量表包含操作风险、流转风险、产权风险三个维度，共有13个测量题项。最后，通过方差分析研究不同类别的农地流转主体对“三权分置”感知价值的差异比较。一方面基于人口统计学特征，主要包括性别、文化程度、务农时间等类别对农地流转主体“三权分置”感知价值差异进行比较；另一方面基于不同主体身份对其感知价值进行差异比较。具体结论如下表所示：

表5-17 人口特征与主体身份特征的农地“三权分置”感知价值差异比较汇总表

内容维度 特征变量	感知价值是否存在差异	感知利益是否存在差异	感知利益构面存在显著差异的维度	感知风险是否存在差异	感知风险构面存在显著差异的维度
性别	是	是	经济利益、制度利益	是	流转风险
文化程度	是	是	经济利益、社会利益、制度利益	是	操作风险、流转风险、产权风险
务农时间	是	是	经济利益、制度利益	是	操作风险、流转风险、产权风险
主体特征	是	是	经济利益、社会利益、制度利益	是	操作风险、流转风险、产权风险

第六章　西北地区农地流转主体行为研究的理论模型

本章内容是基于前文的行为关系及价值感知分析的基础上，构建西北地区农地流转主体行为的理论模型并提出影响农地流转主体行为的研究假设。结合上述文献综述，根据计划行为理论，社会学习理论和感知理论，梳理和界定关键方面的内涵，推导变量之间的逻辑关系，划分相关方面和变量的维度。基于以往研究的理论结果，结合实际观察建立各方面之间的逻辑链，进而阐明相关变量之间的关系和影响，构建本书的理论模型并提出了本书的研究假设。

第一节　理论模型构建

一、模型构建思路

本研究设计的构面或变量有农地“三权分置”感知价值、农地“三权分置”感知风险、农地“三权分置”感知价值、农地流转意识、农地流转要素、农地流转动机、农地流转意愿、农地流转行为八个方面。其中，农地“三权分置”感知价值、农地流转意愿与农地流转行为是三个最核心的构面。前文中关于农地流转行为与农地“三权分置”感知价值研究的部分内容已表明农地“三权分置”制度明晰了农地流转中各主体的农地产权关系，才有可能会促进农地流转行为的发生。但不同农地流转主体对“三权分置”的感知程度存在差异，那么差异的程度究竟是否会影响农地流转行为？这一问题值得深入挖掘并解决。首先，“三权分置”的感知价值实际上是不同主体在参与农地相关活动时所感知到的价值及面临的风险，地权越稳定越有利于实行农地经营权的有序流转①；其次，农地“三权分置”中“三权”主体其实就是拥有农地所有权的村集体，农地承包权的农户及农地经营权的新型经营主体，而这

① Ding Chengri. Policy and praxis of land acquisition in China［J］. Land Use Policy, 2007, 24（1）, 1-13.

三者在农地流转中同时存在农地中介行为、农地转出行为及农地转入行为，那么“三权”主体与农地流转主体在理论上属于同一类别，对于制度的感知不同会对其相关意愿及行为带来影响；再次，基于博弈理论的分析，假设每个主体都具有理性的经济行为，他们将选择一种解决方案，根据某些约束条件最大化其价值，并在出现多种选择机会时获取有效信息，而“三权分置”制度就是这类有效信息，传递着加快农地流转并发展农业适度规模经营。因此，在研究农地流转行为影响的过程中，“三权分置”感知价值是研究农地流转主体行为的一个不可忽视的重要因素。

由于农地流转主体行为的形成是一个复杂的决策过程，受个人、组织和环境等多重因素的影响，虽然有些研究有自己的优势，但仍存在一些不足之处。首先，影响农地流转主体行为的因素仍存在争议。目前，学术界对影响农地流转行为的因素仍存在不同看法，尚未达成统一认识。由于农地流转主体行为的多因素性和复杂性，国内外学者对农地流转主体行为的影响因素进行了研究，但缺乏从农地产权制度转移等关键因素切入的综合研究。其次，农地“三权分置”对农地流转行为的影响程度仍然不清晰。学者们总是把农地确权与农地流转行为相匹配，但确权只是农地“三权分置”的前期基础，对于“三权分置”的感知才是影响个体流转意愿及流转行为的本质。再次，研究所参考的理论有待加强。目前研究农地流转行为的理论基础多见于计划行为理论、交易理论、地租理论等经济学行为理论，而人的行为还存在社会学习的过程，融合社会学与经济学理论分析流转行为的研究较少。最后，针对西北地区农地流转主体行为的实证研究不足。西北地区农业资源及经济水平具有特殊性，对政策依赖程度较高，复杂的人地问题在这一区域的表现更突出，而西北地区农地流转率低也是困扰乡村振兴战略发展的难题之一。

国内外学者对农地流转行为的研究主要集中在影响因素，主体关系和各种变量的作用上。由于农地流转行为的多重因素性和复杂性，主体在决定农地流转行为时会考虑各种因素。在个体特征和不同身份背景的条件下，主体流转行为的影响因素及其影响作用也会发生变化。因此，虽然国内外学者对农地流转问题进行了广泛而深入的研究，但相关研究仍在不断探索和深化。从新的角度出发，研究影响农地流转主体行为的因素，引入新变量，探讨变量之间的关系，这些是深化农地流转研究的方向。本研究提出农地流转主体的“三权分置”感知价值及其内在构面感知价值和感知风险变量作为农地流转主体行为的前因变量，尽管影响农地流转主体行为的因素是非常复杂的，但只要掌握了关键因素，就可以有效缓解农地流转问题。

在梳理计划行为理论、社会学习理论及感知价值理论的基础上，本研究提出了以感知价值作为前因变量的农地流转行为影响模型，尝试探究“三权分置”感知价值对农地流转主体行为的影响；其次，农地确权是农地流转主体获得明晰产权关系的现实依据，而对于农地“三权分置”感知价值的评价才是真正影响其行为决策的内在支撑；再次，过去的研究常用个体特征、家庭特征等单一变量作为影响农地流转行为的衡量因素，本研究尝试借用社会学习理论研究作为不同的流转主体其农地流转行为影响的因素，形成农地流转要素认知、农地流转意识及农地流转动机等构面；最后，本研究的农地流转行为研究的理论模型选择农地流转行为作为结果变量。在加快农地流转的进程中，只有实际发生了农地流转行为才有意义，才能真实反映农地流转的效率，而农地流转意愿只是个体的一种心理活动并不能够直接决定行为的结果，农地流转意愿是农地流转行为产生的必要条件，但研究农地流转行为才是解决农地流转问题的关键。

二、研究模型的构建

基于计划行为理论、社会学习理论和感知价值理论，综合以往学者的研究成果[①②③]，本研究认为农地“三权分置”感知价值可以直接正向显著影响农地流转行为同时也会对农地流转意愿等变量发生正向显著作用，形成对农地流转行为的间接影响路径；而农地流转意识、农地流转要素、农地流转动机可以分别影响农地流转意愿，并通过农地流转意愿影响主体的农地流转行为。基于此，本研究构建了西北地区农地流转行为研究的理论模型，如图6-1所示。

① 邹倩.“三权分置”对农户土地经营权流转的影响［D］.山东师范大学，2017.

② Liu Hongbin，Luo Xiaojuan. Understanding Farmers' Perceptions and Behaviors towards Farmland Quality Change in Northeast China：A Structural Equation Modeling Approach［J］. Sustainability，2018，10（9）.

③ 王亚运.农户家庭耕地利用功能对土地利用行为的影响研究［D］.华中农业大学，2018.

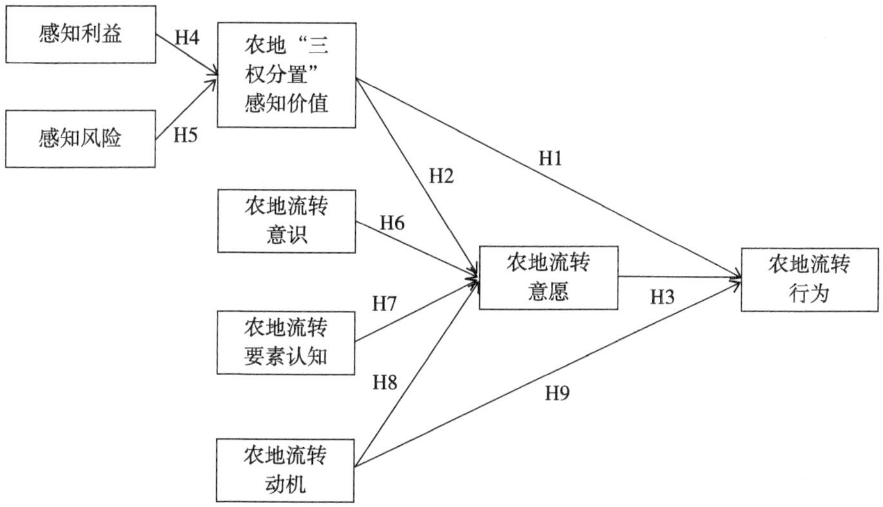

图 6-1　西北地区农地流转主体行为研究的理论模型

在上述模型中，农地“三权分置”感知价值是指参与农地流转的农户、乡镇及村委干部、新型农业经营主体在全面权衡农地“三权分置”过程中的价值和支付成本，对农地流转是否可以满足自身需求的整体评价，本研究划分为感知利益与感知风险两个维度；农地流转意识是指农地流转主体对于原有资源的整合，在实施农地流转实践中动态个体的心理特征和倾向是由权力驱动的，主要包括农地流转主体的农地流转行为态度、农地流转主体规范以及农地流转知觉行为控制等理性和感性意识；农地流转要素认知是指农地流转主体基于其自身的农地流转偏向和对可能影响其成功的各种重要内外因素的诉求、理解、认知、判断、认同、识别与注意程度。其中，内部因素主要包括农地流转理念要素和流转资源要素，外部因素主要包括流转环境要素和社会支持要素；农地流转动机是指不同的主体是根据自身因素和外部环境因素以及未来目标自行发展的、实现个人社会价值的自发性主观情绪，此信念是衡量和解释农地流转意愿和农地流转行为的重要预测指标，包括自我实现、社会贡献与经济追求等维度。

通过模型，本研究试图探讨以下问题和内容：一是农地“三权分置”感知价值对农地流转主体行为的直接影响；二是农地“三权分置”感知价值通过农地流转意愿对农地流转主体行为的影响；三是农地“三权分置”的感知利益和农地“三权分置”的感知风险对农地“三权分置”感知价值的影响；

四是农地流转要素认知、农地流转意识、农地流转动机分别通过农地流转意愿对农地流转主体行为的影响；五是农地流转动机对农地流转行为的直接影响。

第二节 研究假设

一、农地“三权分置”感知价值对农地流转行为的影响关系

农地流转作为农业现代化发展一个必不可少的环节，已经从单纯的农地交换行为转变为市场交易行为，在农地流转市场，由于信息的不对称和农地流转主体本身所具有的社会属性导致农地流转行为很难短时间内预测成败，因而在参与农地流转的过程中各主体都会承担相应的风险。相比较传统的农地代耕代种模式，农地“三权分置”的实施在一定程度上为农地流转市场提供更稳定的交易环境、更便利的交易方式以及更低的交易风险。在顾客行为意愿研究中，学者们对其前因变量进行了大量分析。其中，感知价值和满意度对顾客行为意愿的影响最大。Zeithaml（1993，1996）认为产品或服务的高感知质量和满意度将对顾客的行为意愿产生积极影响[①][②]。农地“三权分置”的感知价值是对特定使用环境下农地流转过程、效率和结果的总体感知评价。洪泉寿（2018）认为农地产权三权分置使农地产权结构得到进一步丰富和细分，也鼓励了流转农地经营权的行为[③]；邹倩（2017）提出农户对农地经营权可以抵押的权属认知显著影响其农地经营权的转出行为[183]；Deng（2013）认为农地流转主体之间与农地三权关系的合作博弈主要是为了降低农地流转的成本和风险，即获得更好的效益。基于此，本研究提出如下假设：

假设 H1：农地“三权分置”感知价值正向显著影响农地流转行为

---

① Zeithaml V. A., Parasuraman A., Berry L. L. A conceptual model of service quality and its implications for future research [J]. Journal of Retailing, 1993, 69 (1), 140 - 147.

② Zeithaml V. A., Berry L. L., Parasuraman A. The Behavioral Consequences of Service Quality [J]. Journal of Marketing, 1996, 60 (2), 31-46.

③ 洪泉寿.农地产权“三权分置”制度之完善——以农地经营权流转为视角[J].岭南师范学院学报，2018，39(04)：122-129.

二、农地“三权分置”感知价值对农地流转意愿的影响关系

目前，国内外关于农地“三权分置”感知价值与农地流转意愿之间关系研究的直接结果很少，但间接相关研究成果丰富。德国医学社会学家Siegrist（1996）提出了付出－收益失衡的概念，即行为付出和收益的比例[①]。付出－收益失衡与农地“三权”的感知价值概念相似，不同之处是农地流转主体对“三权分置”感知价值是感知利益与感知风险的综合权衡。在农地流转主体进行流转行为决策过程中，当农地流转主体期望将此行为的付出与收到的收益进行比较时，收益将高于付出，并且将具有更高的行动意愿；当流转主体认为低于付出时，其行动意愿较低，即农地流转主体“三权分置”感知价值对其农地流转意愿产生影响。例如，李小楠（2018）认为“三权分置”的顺利实施可以有效推动农村农地经营权流转的意愿[②]；陈欢（2018）通过实证分析表明明晰的农地产权有效地促进了农地地流转意愿和农地流转数量的双向提高[③]；袁茜露等（2017）利用Logistic模型分析农地流转意愿的影响因素，研究表明对农地产权改革的认知程度显著影响农地的流转意愿[④]。基于此，本研究提出如下假设：

假设H2：农地“三权分置”感知价值正向显著影响农地流转意愿

三、农地流转意愿对农地流转行为的影响关系

计划行为理论表明，个人执行特定行为的意愿是解释其采取行动的原因的关键。Fishbein等学者在1975年的研究中提出，“如果你想知道一个人是否会实施某种行为，最简单和最有效的方法就是直接问他或她是否打算实施这种行为。”一般而言，个人的流转意愿对其流转行为产生积极影响，即个

---

① Siegrist J. Adverse health effects of high effort/low-reward conditions［J］. Journal of Occupational Health Psychology，1996（1），127-141.

② 李小楠．农地经营权流转意愿预测分析——以“三权分置”改革为背景［J］．中国集体经济，2018（33）：11-12.

③ 陈欢．粮食主产区土地确权与土地流转意愿研究——以湖南省农户为例［J］．粮食经济研究，2018，4（01）：67-76.

④ 袁茜露，鲁亚楠，高岚．基于计划行为理论的农户林权流转意愿影响因素分析［J］．广东农业科学，2017，44（02）：186-192.

人对某种行为的意愿越强，采取适当行动的可能性就越大①。农地流转意愿是个体从事农地流转活动的可能性②；是农地流转行为的重要预测变量③；Brandt（2004）通过实证研究证明，由于个体农地流转行为具有不可预测的时滞性，农地流转意愿是解释和预测农地流转行为的最佳变量，是农地流转行为的前提④；张馨予（2014）经过测算提出产权政策认知关联度对农地流转意愿的影响最大，流转意愿的关联度对农地流转行为的影响相对较大⑤；Grubbstrom等（2018）认为农地流转意愿与农地流转行为之间存在显著正相关关系⑥；在农地流转过程中，农地流转主体的流转意愿对他们的流转行为的实施至关重要⑦；农地流转的意愿是农地流转行为的必要条件。只有在有强烈的农地流转意愿的情况下，才可能发生农地流转行为。基于上述研究，本研究认为农地留转意愿是农地流转行为的重要预测指标，可以积极刺激个体农地流转行为，个人流转农地的意愿越强，参与农地流转的可能性就越大。因此，本研究提出以下假设：

假设H3：农地流转意愿正向显著影响农地流转行为

四、农地“三权分置”感知价值与感知风险对农地“三权分置”感知价值的影响关系

农地流转主体对农地“三权分置”感知利益和农地“三权分置”感知风险对农地“三权分置”感知价值的影响关系在第四章已经进行了理论分析与论证，此处略。本研究提出如下假设：

---

① Kolvereid L. Prediction of employment status choice intentions [J] . Entrepreneurship: Theory and Practice, 1996, 21 (1), 47–58.

② Wang Hui, Riedinger Jeffrey, Jin Songqing. Land documents, tenure security and land rental development: Panel evidence from China [J] . China Economic Review, 2015 (36), 220–235.

③ Franks Max, Klenert David, Schultes Anselm. Is capital back ? The role of land ownership and savings behavior [J] . International Tax And Public Finance, 2018, 25 (5), 1252–1276.

④ Brandt L, Rozelle S, Turner M A. Local Government Behavior and Property Right Formation in Rural China [J] . Journal of Institutional & Theoretical Economics Jite, 2004, 160 (4) .

⑤ 张馨予 . 村民关联度对农户土地流转意愿的影响研究 [D] . 甘肃农业大学，2014.

⑥ Grubbstrom Ann, Eriksson Camilla. Retired Farmers and New Land Users: How Relations to Land and People Influence Farmers' Land Transfer Decisions [J] . Sociologia Ruralis, 2018, 58 (4), 707–725.

⑦ Zhang QF, Ma QG, Xu X. Development of land rental markets in rural Zhejiang: Growth of off-farm jobs and institution building [J] . China Quarterly, 2004 (180), 1050–1072.

假设 H4：农地“三权分置”感知利益正向显著影响其感知价值

假设 H5：农地“三权分置”感知风险负向显著影响其感知价值

五、农地流转意识对农地流转意愿的影响关系

农地流转意识是个体产生农地流转意愿的重要前提，Ajzen（1987）指出个体意识与行为之间存在显着的相关性，但个体意识与行为之间的联系是基于意愿的，同时，提出个体行为意识受行为态度、主观规范和知觉行为控制的影响。在计划行为理论的基础上，刘克春（2004）将农地流转态度、农地流转主观调控、农地流转知觉行为控制纳入农地流转意识，并在实证中得到证实，研究认为农地流转意识对农地流转意愿的影响具有重要意义；周翼虎（2016）认为农地流转行为态度、知觉行为控制和主观规范三个潜变量对农户的农地流转意愿均有正向影响[①]；殷志扬等（2012）提出采用计划行为理论能够较好地解释农村农地流转主体的意愿[②]；程建（2017）等认为在农地流转决策过程中，农户的行为态度、主观规范和知觉行为控制都会对他们的意愿产生重大影响，行为态度的影响最大，知觉行为控制影响次之，主观规范影响相对较小[③]；Morais（2018）指出农地流转意识是回应农地流转意愿的核心概念，是农地流转意愿的重要前提[④]。在此前的研究基础上，本研究将农地流转意识分为三个维度：农地流转行为态度、农地流转主观态度和农地流转知觉行为控制，并认为个体的农地流转意识较强，即个体对农地流转行为态度越积极，个体对农地流转活动的主观态度越积极，对行为的知觉控制感越强，个人越想参与农地流转活动，即个体农户流转的意愿越强。基于此，该研究提出以下假设：

假设 H6：农地流转意识正向显著影响农地流转意愿

① 周翼虎 . 安徽省农地流转农户决策行为研究［D］. 安徽师范大学，2016.

② 殷志扬，程培堽，王艳，袁小慧 . 计划行为理论视角下农户土地流转意愿分析——基于江苏省 3 市 15 村 303 户的调查数据［J］. 湖南农业大学学报（社会科学版），2012，13（03）：1-7.

③ 程建，程久苗，费罗成，徐玉婷，周翼虎 . 农地流转农户心理决策模型研究［J］. 资源科学，2017，39（05）：818-826.

④ Morais Manoela，Rossi Borges，Joao Augusto，Binotto Erlaine. Using the reasoned action approach to understand Brazilian successors' intention to take over the farm［J］. Land Use Policy，2018（71），445-452.

六、农地流转要素认知对农地流转意愿的影响关系

对农地流转要素的认知是指对可能影响农地流转成功的若干关键因素的主观判断。从计划行为理论和社会学习理论出发，主观规范是影响个体行为意志的关键因素之一，即社会、环境以及他人对个人施加的影响，包括支持、压力和建议，将显著影响个人的行动意愿。流转农地的意愿是基于理性思考和直觉思维，并由环境和个人因素共同影响①。外部环境不直接影响个人流转农地的意愿和流转农地的行为，而是需要通过影响个体的认知来间接作用于个体的农地流转意愿②；个人对农地流转要素环境的认知包括客观环境和社会支持等方面，这类客观因素不能直接影响个体农地流转意愿和农地流转行为，只能视为主观规范类别对个别农地流转意愿将产生影响③④；Chia（2006）认为流转农地的意愿受个体特征和农地流转态度的影响，农地流转要素认知作为农地流转态度中一个非常重要的维度将显著影响个人的流转意愿⑤。基于上述研究，本研究认为农地流转要素的认知反映了个体对开展农地流转活动所需的资源或要素的理解和关注程度，以及关键的农地流转要素与个人所拥有的知识和技能的匹配程度。农地流转要素认知程度相对较高的农地流转意愿程度通常较高。本研究基于第一章中对社会学习理论的概述并结合以往的文献研究，将农地流转要素的认知划分为四个维度：农地流转理念要素、社会支持要素、流转资源要素和流转环境要素。基于此，该研究提出以下假设：

假设 H7：农地流转要素认知正向显著影响农地流转意愿

---

① Ma Wenqiu, Jiang Guanghui, Li Wenqing. How do population decline, urban sprawl and industrial transformation impact land use change in rural residential areas？ A comparative regional analysis at the peri-urban interface[J] . Journal of Cleaner Production, 2018（205）, 76-85.

② Su Baozhong, Li Yuheng, Li Lequn. How does nonfarm employment stability influence farmers' farmland transfer decisions？ Implications for China's land use policy [J] . Land Use Policy, 2018（74）, 66-72.

③ 蔡银莺 . 农地生态与农地价值关系 [D] . 华中农业大学，2007.

④ Duesberg Stefanie, Bogue Pat, Renwick Alan. Retirement farming or sustainable growth – land transfer choices for farmers without a successor [J] . Land Use Policy, 2017（61）, 526-535.

⑤ Chia E. Institutions in transition：Land ownership, property rights and social conflict in China [J] . China Journal, 2006（55）, 157-158.

七、农地流转动机对农地流转意愿的影响关系

Majumdar（2009）认为农地流转动机是指个体对农地流转实践行为付出努力的意愿程度，流转农地的意愿是指个体的积极心理状态，具有这种状态的个体通常会激励自己关注某项任务或达到某个目标，最终激励个体做出农地流转的行为决策[①②③④]。农地流转意愿受到许多因素的影响，其中最重要的变量之一是个体农地流转动机，农地流转动机被认为是农地流转主体参与农地流转活动的重要内在驱动力[⑤]；农地流转主体的农地流转动机对其行为模式有着直接影响，进而决定着流转行为的成败；吴萍（2010）指出农地流转动机是决定农地流转意愿和农地流转行为的关键，农地流转的成败也间接受到农地流转动机的影响；个体农地流转动机越强，参与农地流转活动的意愿越强，即个人愿意在农地流转活动上投入更多时间及精力[⑥]。另外，由于个人在农地流转过程中遇到各种困难和障碍，这将极大地考验个体的心理素质。在此过程中，农地流转动机可以保持个体对农地流转活动的信心继续增加个体农地流转的意愿[⑦]。基于上述研究，本研究认为农地流转动机的积极方向将极大地影响个体流转农地的意愿，具体而言，个体农地流转动机越强，流转农地的意愿就越强。同时，本研究将农地流转动机分为三个维度：自我实现、社会贡献和经济追求。基于此，该研究提出以下假设：

假设 H8：农地流转动机正向显著影响农地流转意愿

八、农地流转动机对农地流转行为的影响关系

Bagozzi 等（1995）基于社会认知理论和计划行为理论，提出个体行为是

---

① 唐文金 . 农户土地流转意愿与行为研究［D］. 西南财经大学，2008.

② 刘星星 . 农户农地流转意愿与选择行为研究［D］. 中国地质大学（北京），2014.

③ Chen Huirong. State Power and Village Cadres in Contemporary China：the case of rural land transfer in Shandong province［J］. Journal of Contemporary China，2011，24（95），1-20.

④ Majumdar I，Laband D，Teeter L. Motivations and Land-Use Intentions of Nonindustrial Private Forest Landowners：Comparing Inheritors to Noninheritors［J］. Forest Science，2009，55（5），423-432.

⑤ 李笑含 . 新型城镇化下贫困地区农户土地流转动机及影响因素分析［D］. 兰州大学，2017.

⑥ 吴萍 . 农村土地流转：基于现代经济学范式的理论分析与实证研究［D］. 重庆大学，2010.

⑦ Lence SH. Farmland prices in the presence of transaction costs：A cautionary note［J］. American Journal of Agricultural Economics，2001，83（4），985-992.

通过动机和意愿的结合产生的①；Carsrud（2011）认为动机是提升意愿与转化行为的关键②；田明津（2016）③指出农地流转动机会对农地流转行为产生积极且显著的影响，动机首先为个体实施农地流转行为提供动力和能量，从而增加个体参与农地流转行为实践的可能性④⑤⑥。基于此，本研究认为，农地流转动机在显著影响农地流转意愿的同时也会影响农地流转行为。

假设 H9：农地流转动机正向显著影响农地流转行为

为方便阅读，本书以表格的形式总结了上述各种假设及其相应的研究理论，如表 6-1 所示：

表 6-1　农地流转主体行为研究假设汇总表

编号	研究假设	理论基础
H1	农地“三权分置”感知价值正向显著影响农地流转行为。	感知价值理论
H2	农地“三权分置”感知价值正向显著影响农地流转意愿。	
H4	农地“三权分置”感知利益正向显著影响其感知价值。	
H5	农地“三权分置”感知风险负向显著影响其感知价值。	
H3	农地流转意愿正向显著影响农地流转行为。	计划行为理论
H6	农地流转意识正向显著影响农地流转意愿。	
H7	农地流转要素认知正向显著影响农地流转意愿。	社会学习理论
H8	农地流转动机正向显著影响农地流转意愿。	
H9	农地流转动机正向显著影响农地流转行为。	

① Bagozzi R P, Kimmel S K. A comparison of leading theories for the prediction of goal-directed behaviours [J]. British Journal of Social Psychology, 1995, 34 (4), 437-461.

② Carsrud A., Brannback M. Entrepreneurial motivations: What do we still need to know? [J]. Journal of Small Business Management, 2011 (49), 9-26.

③ 田明津 . 工商资本进入农业的动机与政策启示 [D]. 河南农业大学，2016.

④ Baum J R, Locke E A, Smith K G. A Multidimensional Model of Venture Growth [J]. Academy of Management Journal, 2001, 44 (2), 292-303.

⑤ 刘骏，杨莹莹 . 我国农村农户土地流转动机问题与研究综述 [J]. 安徽农业科学，2014，42（14）：4458-4462.

⑥ 陈鹏鹏 . 成就动机对风险决策倾向的影响 [D]. 南京师范大学，2017.

第三节　本章小结

本章通过对现有研究的梳理、总结和分析，试图将经济学中的计划行为理论，社会学中的社会学习理论和管理学中的感知价值理论相结合，探讨和分析西北地区农地流转主体的行为，形成本研究的理论模型。通过以上分析，得出如下结论：

（1）通过理论模型的构思，结合前人研究及实地访谈的成果，本研究从农地“三权分置”感知价值、农地流转要素认知、农地流转意识、农地流转动机、农地流转意愿五个维度提出影响西北地区农地流转主体行为因素的理论假设。

（2）各维度对于农地流转主体行为的影响有直接影响也有间接影响，依据学者们的验证结论，间接影响路径主要是通过农地流转意愿实现的，农地流转意愿是农地流转行为产生的必要条件。本研究认为农地“三权分置”感知价值可以直接正向显著影响农地流转行为同时也会对农地流转意愿等变量发生正向显著作用，形成对农地流转行为的间接影响路径；而农地流转意识、农地流转要素、农地流转动机可以分别影响农地流转意愿，并通过农地流转意愿影响主体的农地流转行为。

（3）基于以上分析，构建了西北地区农地流转主体行为研究的理论模型。虽然理论模型在相关理论和事实观察的基础上进行了严格而缜密的逻辑推理，但该模型是否具有合理性和适用性还需要进一步的实证验证。

第七章　西北地区农地流转主体行为研究的实证检验

第一节 调研区域与样本描述

一、调研区域基本情况介绍

（一）自然资源概况

宁夏回族自治区成立于1958年，面积6.64万平方公里，宁夏地势南高北低，西部高差较大，东部起伏较缓。南部是黄农地貌，以流水侵蚀为主；北部以干旱侵蚀和风蚀地貌为主，是内蒙古高原的一部分。2017年末，宁夏全区常住人口681.79万人，其中回族人口为247万人，占常住总人口的36%，成为全国最大的回族聚居区。此外，城镇居民人口为395万人，城镇化率为57.98%；农村人口为286万人，占42.02%，包括5个地级市，22个县、市（区）。宁夏位于中国疆域的中北部，黄河中上游及沙漠与黄土高原的交汇处，毗邻内蒙古，甘肃和陕西省①。地表形态复杂多样，为经济发展提供了不同的条件。根据自然特点和传统习俗，银川地区、石嘴山地区和吴忠地区的利通区、青铜峡、中宁、中卫、灵武等五个市县一般被称为宁夏北部；把盐池县、同心县和灵武、中卫、中宁的山区以及海原县的北部称为宁夏中部；把固原、西吉、隆德、泾源、彭阳五县及海原县的南部山区称为宁夏南部。根据地形板块，宁夏北部称为引黄灌区，地势平坦，土壤肥沃，素有“塞上江南”的美誉；宁夏中部称为中部干旱带，干旱少雨，风大沙多，农地贫瘠，生存条件较差；宁夏南部称为南部山区，丘陵沟壑林立，部分地域阴湿高寒，是国家级贫困地区之一。

宁夏是中华民族远古文明发祥地之一，且地处我国地质、地貌“南北中轴”的北段，资源丰富，开发前景广阔。首先是矿产资源丰富。宁夏的矿产资源主要是煤和非金属，金属矿物相对稀缺，有34种已探明储量的矿产，人均自然资源的潜在价值是中国平均水平的163.5%。其中，探明储量超过300

① 宁夏回族自治区概况［DB/OL］. 宁夏新闻网 https：//www.nxnews.net/zt/2017/njs/cqgk/201804/t20180408_4486832.html

亿吨，预测储量超过2020亿吨，储量居全国第六位，人均占有量是中国平均水平的10.6倍，煤层分布面积约占宁夏面积的1/3，形成贺兰山、宁东、香山、固原四个含煤区。其次是湿地资源丰富。宁夏回族自治区的河流湿地包括三种类型：永久性河流湿地、季节性或间歇性河流湿地和泛洪平原湿地，总面积1041平方公里。黄河贯穿中部和北部，穿过银川平原，流程397公里，主要支流有清水河、苦水河和葫芦河，全区年平均径流量为266亿立方米。黄河两岸和清水河流域形成了丰富的湿地资源。再次是农地资源丰富。宁夏现有耕地1940万亩，人均3.06亩，居全国第2位，引黄灌溉区拥有耕地790万亩，是全国12个商品粮生产基地之一，有草场3665万亩，是全国十大牧区之一。

宁夏农地面积虽然不大，但是，农业用地的种类和分布表现出复杂性和多样性。平原区域较小，山地丘陵较大。宁夏的山地面积为1226.9万亩，占全区总面积的15.79%，主要有贺兰山、香山、罗山、牛首山、六盘山等；丘陵面积2951.8万亩，占全区总面积的38%，主要分布在固原市、吴忠市南部和中卫市东南部，是黄土高原的一部分；平原面积2084.6万亩，占全区总面积26.8%，主要分布在宁夏中北部，有银川平原、卫宁平原、清水河谷平原、韦州平原等，其余为沙漠和台地。另外，人均占有农地较多，可利用的潜力较大，但限制因素多。宁夏人均占有农地13.87亩，居全国第7位；人均占有耕地3.06亩，居全国第3位。耕地后备资源较为丰富，但集中连片的少，全区3000亩以上集中连片的耕地后备资源为374.3万亩，其中大部分是宜牧的牧草地，开发利用的阻碍因素很多，如缺水，盐碱地，风沙大，贫瘠。从贺兰山到西干运河，主要有山灰钙土、草甸土和灰褐色土，东部冲积平原主要由长期引黄灌溉淤积和耕作组成的灌淤土，低洼地区有湖泊土壤和盐渍土壤分布，淤泥质土壤质量适中，有机质含量高，适合节约用水和保肥。

（二）农业发展概况

2003年以来，围绕培育壮大特色农业优势产业、扩展产业链条、关注关键环节，自治区党委及政府先后制定并出台了《宁夏特色优势农产品区域布局及发展规划》《宁夏农业特色优势产业发展规划（2008—2012年）》《龙头企业升级工程》等政策意见和规划措施，分年度制定发布产业扶持政策及其实施细则，形成了我区扶持农业产业化发展的政策框架体系，推进特色优势产业集聚升级。近年来，随着国家农业供给侧结构性改革，乡村振兴、脱贫攻坚等一系列方针政策的指引下，在自治区党委、政府的正确领导下，宁夏的农业和农村经济已进入历史最好的发展时期。2017年，宁夏全区的粮食总产达到368.2万吨，在调减籽粒玉米、扩大“粮改饲”的背景下，实现“十四连丰”；农业增加值和农民收入实现快速增长，年农业增加值增长4.3%，高于年初目标目标0.3个百分点，5年来年均增长4.8%；全区农村居民人均可支配收入同比增长9%，5年年均增长9.6%，高于同期全区GDP和城镇居民收入增速。特色优势产业的质量明显提高，农业产业化发展水平明显提高，优质农产品品牌影响力明显提高。全区特色优势产业产值占农业总产值的比重达到87%，比2012年增加了2.7个百分点；主要农产品加工转化率达到64%，比2012年增加了8个百分点；“五大之乡”名片愈加靓丽，原字号、老字号、宁字号农产品越来越受到国内外消费者的青睐。

此外，宁夏在发展农业方面具有良好的优势：一是土壤类型丰富。宁夏是山地丘陵较多的省份，土壤面积约439万公顷，占宁夏总面积的95.6%。宁夏水平地带性土壤为黑垆土、灰色钙化土和灰色沙漠土，分布自南向北，山地土壤主要为灰褐色土壤，在贺兰山和六盘山呈现垂直变化。土壤类型的多样性非常适合农业生产的发展和各种经济作物的生长。二是农业灌溉条件便利。黄河穿越宁夏397公里，引黄灌区是中国四大自流灌区之一。第三，有足够的光热资源。宁夏属温带大陆性气候类型，年平均降水量305毫米，蒸发量1800毫米。昼夜温差很大。该地区80%的耕地面积，85%的畜禽养殖规模和76%的养殖水面通过无污染产区认证，非常适合生产无公害、绿色、有机农产品。第四，农产品的特点截然不同。宁夏的枸杞有“枸杞甲天下”的美名，生产和销售占全国的60%以上。清真牛羊肉，乳制品和毛皮制品在国内外商家中非常受欢迎。“宁夏滩羊”是我国独特的种质资源，肉质鲜美。宁夏南部山区的马铃薯栽培历史悠久，是一种天然的绿色食品。贺兰山东麓是葡萄种植与酿制酒品的最佳选择，葡萄酒的品质非常好。宁夏中卫的硒瓜含有丰富的多种维生素，销往全国各地。

（三）农地流转概况

宁夏的农地流转是从1997年二轮农地承包之后零星出现的，总体上呈稳步发展态势。在农地流转初期，主要以农民或农业企业之间的转移为主要形式，占农地流转的绝大部分。自 2009 年以来，随着新农村企业实体的兴起，农地流转呈规模化发展趋势，家庭农场和专业大户成为第一大主体，流转农地面积快速上升，占比达到 38.6%。从流转方式看，以出租和转包为主，占比达 92.9%。自治区农村农地流转监测数据显示，截至 2017 年底，宁夏农村土地流转总面积为 304.06 万亩，占全区家庭承包耕地总面积的 25.5%；涉及农地流转的约 34.9 万户，占全区农户总数的 39.5% ①。此外，本研究综合宁夏自治区农村农地流转监测数据以及自治区人大常委会调研组关于《宁夏农村土地流转情况调查报告（2017 年）》，测算出宁夏各市县土地流转面积及占比如图 7-1 所示，从 2009 年到 2017 年，宁夏农村土地流转面积逐年稳步增长，年均增加 33.5 万亩。从各县（区）土地流转的面积看，最大的盐池县为 36.6 万亩；其次是原州区和贺兰县，分别为 28.4 万亩、22.5 万亩。西夏区农地流转面积在全区最小，仅为 0.86 万亩。从各县（区）土地流转的占比看，最高的惠农区为 77.1%；其次是永宁县和贺兰县，分别为 72.8%、63.4%；同心县农地流转的占比最低，为 10.1%。

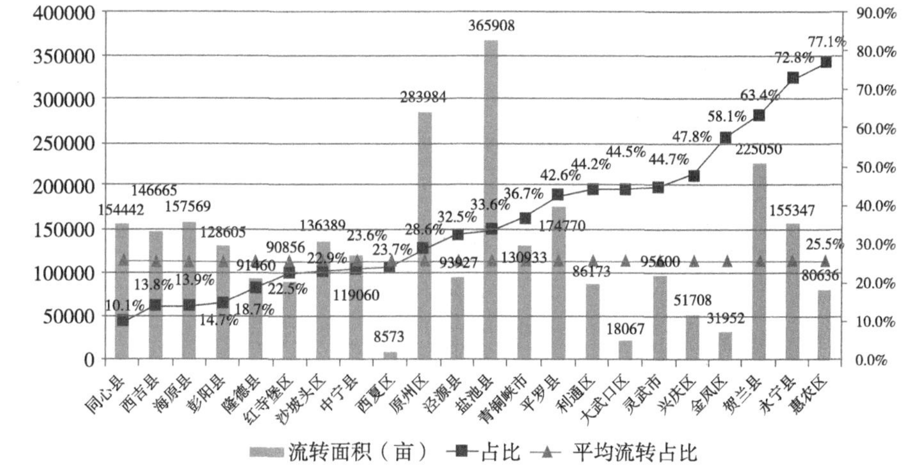

图 7-1　宁夏各县（区）农地流转面积、占比示意图

二、选取调研样本

要从根本上解决西北地区农村人地矛盾，需要转变农地产权关系的处理

① 宁夏回族自治区 2017 年国民经济和社会发展统计公报［DB/OL］. 自治区统计局 http：//www.nxtj.gov.cn/tjsj_htr/tjgb_htr/201810/t20181016_97405.html.

观念，提高农地流转主体对农地“三权分置”的感知价值，降低感知风险，重视农地流转的意义，充分调动农地流转主体行为的积极性，大力培育和形成农地流转行为的意愿和行为，改变农地流转处理方式，实现农村农地规模化利用。本研究的目的在于以农地流转主体为研究对象，以宁夏回族自治区为例，研究西北地区农地流转主体行为，进而有针对性地提出促进农地流转、缓和人地矛盾的政策建议。由于农地流转是农地流转主体的一项具体市场经济行为方式，是综合农地改革助力乡村振兴的关键因素。十九大以来，中央政府持续加大投入和政策支持力度，通过农地流转优化城乡土地利用结构和布局，促进城乡公共资源的均衡配置，生产要素将在城乡之间有序合理地流动，进而促进城乡一体化和城乡融合发展。相对而言，西北地区的农业土地资源和经济环境更加匮乏，自然也更为关注。2015 年，国家确立了全国农地流转试点地区，宁夏位列其中；2018 年，宁夏平罗县承担了全国农村农地制度改革三项试点任务。宁夏回族自治区作为我国五个民族自治区之一，其农村农地改革的成效及影响有目共睹，本书是对西北地区农地流转主体行为的研究，将宁夏回族自治区作为调研区域具有重要的研究意义和价值。

调研样本的选取步骤如下：首先，基于提高抽样质量，充分反映总体，便于组织实施，节约人力物力等原则，综合考虑本研究的调研对象与调研数据的可获得性、便利性等因素，本研究确定宁夏回族自治区为此次调研区域。其次，考虑到调研数据的全面性与反映的真实性，本研究在调研区域中分别选择了引黄灌溉区、中部干旱区、南部山区作为调查样本来源区。引黄灌溉区调查地包括：银川市兴庆区、银川市永宁县、银川市贺兰县，石嘴山市惠农区、石嘴山市平罗县；中部干旱区调查地包括：吴忠市同心县、吴忠市盐池县；南部山区调查地包括：固原市彭阳县、固原市隆德县。县（区）的选择均以上文中测算出的宁夏农地流转面积及占比等数据作为主要依据。再次，依据分层比例随机抽样法，分别从抽选的 9 个县（区）中依次抽取 3 个行政村，总计 27 个村。另外，研究负责人提前联系并咨询了当地农牧局和政府部门，并在他们的协助下随机选择了研究城镇和行政村，访谈乡镇干部及村干部，并确保研究能够满足每个县（区）随机抽取 3 个村的条件。最后，每个村发放问卷 35 份，分发问卷 945 份，收集问卷 889 份，根据本研究的需要，取消了 81 份无效问卷，最终获得了 808 份有效问卷，问卷的有效率为 90.88%。具体抽样结果见表 7-1。

表 7–1　调研样本分布

序号	区域规划	县 / 区	行政村	有效问卷数
1	引黄灌溉区	银川市兴庆区	通西村	31
			通南村	29
			大塘南村	35
2		银川市贺兰县	王田村	27
			丁北村	28
			张亮村	29
3		银川市永宁县	先锋村	33
			八渠村	28
			胜利村	34
4		石嘴山市惠农区	燕子墩村	26
			雁窝池村	33
			西永固村	28
5		石嘴山市平罗县	新桥村	29
			新丰村	30
			小店子村	30
6	中部干旱区	吴忠市盐池县	汪四滩村	26
			平台村	30
			刘四渠村	25
7		吴忠市同心县	韦一村	30
			韦二村	33
			马庄村	31
8	南部山区	固原市隆德县	新和村	27
			杜堡村	32
			双村	30
9		固原市彭阳县	周沟村	33
			宽坪村	29
			长城村	32
合计		9	27	808

样本数量的确定主要从确保研究方法的需要和满足统计要求的角度考虑。一方面，本研究应调查诸如“三权分置”的感知价值和农地流转行为意愿等变量，这是衡量主观评价的指标，不同调查对象的评估存在差异。理论

上，样本量越大，结论越可靠，因此需要足够的样本量。另一方面，本研究旨在使用结构方程模型（SEM）来分析、计算和处理调查数据，并且还需要足够大的样本量来确保分析测试的准确性。在现有的研究中，对结构方程模型大样本的样本量有不同的看法。Boomama（1983）认为400个样本是合适的样本量；Schumacker和Lomax（1996）认为在大多数结构方程研究中，样本数应在200到500之间；Hair等（2009）建议SEM样本数量不应少于200[①]；Rigdon（2005）认为结构方程模型的样本量应至少为150。因此，本研究确定808个样本的数量可满足样本容量要求。

三、样本的描述性统计

（一）性别、年龄、民族统计

本次调查的有效样本数量为808，其中男性568人，占样本总数的70.3%；女性240人，占总样本的29.7%，见表7-2。本研究是一项家庭入户调查，根据中国传统，男性通常是一家之主，且从事农业生产经营的法人代表也以男性居多，这也反映出在当前的中国农村社会传统的“男主外”思想意识比较重，这可能也会对农业生产、生活行为决策有一定影响。

表7-2　调研样本的性别、年龄、民族统计表

人口学变量	类别	样本数	百分比
年龄	25岁以下	45	5.6%
	26-45岁	408	50.5%
	46-60岁	283	35.0%
	60岁以上	72	8.9%
性别	男	568	70.3%
	女	240	29.7%
民族	回族	280	34.7%
	汉族	436	54.0%
	其他	92	11.4%

① Hair J. F., William C.B., Barry J.B., Rolph A. Multivariate data Analysis 7TH Edition [M]. Published by Pearson, 2009.

调查样本中，25 岁以下 45 人，占样本总量的 5.6%；年龄在 26–45 岁之间有 408 人，占总样本的 50.5%；年龄在 46–60 岁之间有 283 人，占总样本的 35.0%；60 岁以上的 72 人，占总样本的 8.9%。根据表 7–2 可以看出，目前从事农地流转主体多以中青年为主，26–60 岁的主体比例占样本总量的 85.5%。访谈中了解到，作为农地转入主体的新型农业经营者多以 40 岁左右的群体为主，通过多年的外出务工积累经验提高技术，对于农业的生产及规模经营有一定基础，相比外出的奔波，通过机械化的生产模式能够更快实现奔小康的目标，这也是目前出现大量农民工返乡潮的原因之一。

从调查样本的民族属性来看，回族有 280 人，占样本总量的 34.7%；汉族有 436 人，占样本总量的 54%；其他民族群体为 92 人，占样本总量的 11.4%。从表 7–2 上显示，除了回族及汉族以外，其他民族主要包括蒙古族、维族以及满族人等，这充分说明宁夏是个多民族聚居的地方，各民族融合发展共同繁荣。

（二）文化程度统计

被调查的样本中，小学以下文化程度的 162 人，占样本总量的 20%；初中文化程度的 237 人，占样本总量的 29.3%；高中文化程度的 244 人，占样本总量的 30.2%；大专文化程度的 86 人，占样本总量的 10.6%；本科以上学历 79 人，占总样本的 9.8%，见表 7–3。可以看出，西北地区农地流转主体的教育水平普遍较低，可能导致国家政策、新技术和新信息的接受能力不佳，也不愿意或难以理解我国农地的新政策和创新农地流转方式方法。

表 7–3　调研样本书化程度的统计表

人口学变量	类别	样本数	百分比
文化程度	小学及以下	162	20.0%
	初中	237	29.3%
	高中	244	30.2%
	大专	86	10.6%
	本科及以上	79	9.8%

（三）务农时间统计

从实地调查的样本来看，务农时间在5年及以下有40人，占总样本的5%；务农时间在5–10年的83人，占总样本的10.3%；359人务农时间为10–20年，占样本总数的44.4%；326人从事农业20多年，占总样本的40.3%。如表7–4所示，农业生产活动通常是保障和满足农民一年基本生活需求的核心，随着务农年数的增长，农业生产的经验和方式也会更加成熟。通过调研我们发现务农在10年以上的农地流转主体仍是推动农地流转行为产生的主力军。

表7–4　调研样本务农时间的统计表

人口学变量	类别	样本数	百分比
务农时间	5年及以下	40	5.0%
	5–10年	83	10.3%
	10–20年	359	44.4%
	20年以上	326	40.3%

（四）家庭特征变量的描述性统计

除上述基本的人口学变量的统计信息以外，本研究还调查了人均耕地面积、人均年收入以及地理位置等家庭特征变量。在人均耕地面积变量中，1亩以下的有81人，占样本总量的10.0%；1–3亩有361人，占总样本的44.7%；3–5亩的198人，占总样本的24.5%；168人是5亩以上，占总样本的20.8%。在人均年收入变量中，3000元以下的有241人，占样本总数的29.8%；3001–5000元的240人，占样本总数的29.7%；5001–8000元有170人，占样本总量的21%；8000多元有157人，占样本总数的19.4%。在地理位置变量中，家住市郊的有81人，占样本总量的10%；家住城镇郊区或开发区有122人，占样本总量的15.1%；家住农村但交通便利的有323人，占样本总量的40.0%；家住偏远农村的有282，占样本总量的34.9%，如表7–5。

表 7–5 调研样本家庭特征变量的统计表

家庭特征变量	类别	样本数	百分比
家庭人均耕地面积	1 亩以下	81	10.0%
	1–3 亩	361	44.7%
	3–5 亩	198	24.5%
	5 亩以上	168	20.8%
家庭人均年收入	3000 元以下	241	29.8%
	3001–5000 元	240	29.7%
	5001–8000 元	170	21.0%
	8000 元以上	157	19.4%
地理位置	市郊	81	10.0%
	城镇郊区或开发区	122	15.1%
	农村但交通便利	323	40.0%
	偏远农村	282	34.9%

（五）主体身份变量的描述性统计

主体身份变量是本研究设计及论证的关键，从表 7–6 可以看出，在实地调研中新型农业经营者有 161 人，占样本总量的 19.9%；村干部及乡镇干部分别有 120 人和 45 人，占样本总量为 14.9% 及 5.6%；普通农户有 482 人，占样本总量的 59.7%。从流转行为变量来看，具有转入行为的农地流转主体有 328 人，占样本总量的 40.6%；转出行为的农地流转主体有 335 人，占样本总量的 41.5%；既有转入又有转出行为的农地流转主体有 44 人，占样本总量的 5.4%；具有中介行为的流转主体有 101 人，占样本总量的 12.5%。

表 7–6 调研样本主体身份变量的统计表

主体身份变量	类别	样本数	百分比
主体身份	新型农业经营者	161	19.9%
	村干部	120	14.9%
	乡镇干部	45	5.6%
	普通农户	482	59.7%

续表

主体身份变量	类别	样本数	百分比
流转行为	转入行为	328	40.6%
	转出行为	335	41.5%
	既转入又转出行为	44	5.4%
	中介行为	101	12.5%

（六）其他变量的描述性统计

此外，本研究还对调研问卷设计了“农地流转满意程度”以及“农地‘三权分置’了解程度”两个题项，调研数据如图 7–2 和图 7–3 所示。对于农地流转满意程度，选择“有点满意”“满意”“非常满意”的有 643 人，占样本总量的 79.5%；而对于农地“三权分置”了解程度的调查，选择“有点了解”“了解”和“非常了解”的只有 163 人，仅占样本总量的 20.2%，必须要调查人员详细表述“三权”概念后被访者才能准确认知并完成后续问卷内容。对于国家农地政策的改革，切实关系到农地流转各个主体的利益，国家政策的执行应该与地方政府的推广、基层政府的宣传密不可分，而不论是农地转入方还是农地转出方，实时掌握农地政策与农地制度都能成为维护自身合法权益的武器。

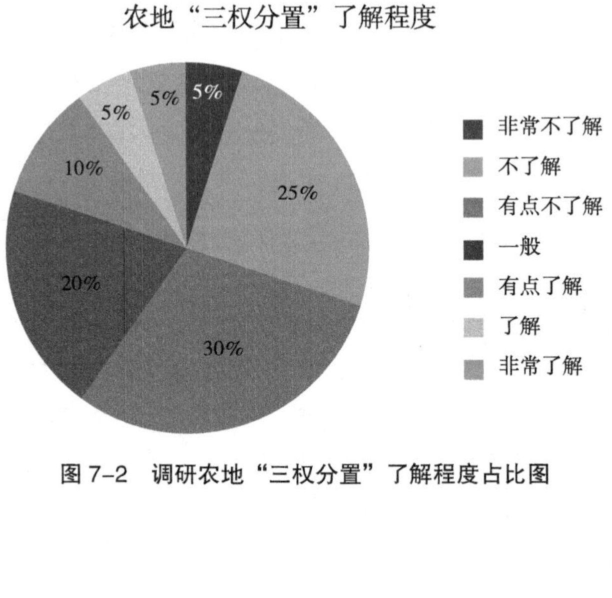

图 7–2 调研农地“三权分置”了解程度占比图

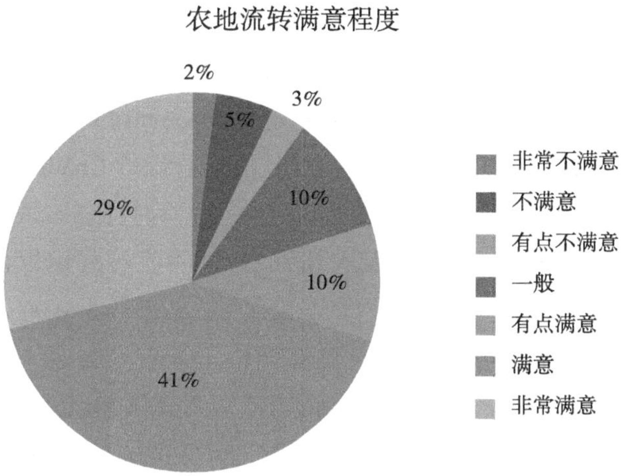

图 7-3 调研农地流转满意程度占比图

第二节 数据分析

一、信度检验

吴明隆（2015）认为："信度是指测验或量表工具所测得结果的稳定性与一致性"。量表的可靠性越高，测量结果的标准误差越小，并且它反映数据的真实性越多[①]。为了确保问卷的可靠性和稳定性，我们必须分析问卷的信度。由 L.J.Cronbach 创建的 α 系数（即 Cronbach 的 α 系数）通常用于衡量问卷的信度，α 系数越大，问卷的信度越高，即问卷的可信度和稳定性越高。在早期研究中，α 系数大于 0.5 的问卷是可靠性问卷，α 系数大于 0.7 的问卷是优秀的可靠性问卷。但随着研究的深入，学者们对于问卷信度的要求越来越高，在最近的研究中，α 系数为 0.7 被用作问卷信度的可接受边界。当 α 系数大于 0.8 或甚至大于 0.9 时，可以认为问卷具有极好的信度。

依据表 7-7 显示，感知利益的 Cronbach's α 系数为 0.904，其中包含的经济利益、社会利益、制度利益的 Cronbach's α 系数分别为 0.841、0.870、0.860，都大于 0.7，说明感知利益整体以及包含的维度都具有很好的信度；感

① 吴明隆 . 问卷统计分析实务——SPSS 操作与应用［M］. 重庆：重庆大学出版社，2015，237-267.

知风险的 Cronbach' s α 系数为 0.904，操作风险、流转风险、产权风险的 Cronbach' s α 系数分别为 0.844、0.846、0.895，均大于 0.7，说明感知风险及其包含的维度具有很好的信度；感知价值的 Cronbach' s α 系数为 0.796，大于 0.7，说明感知价值具有很好的信度；流转意识的 Cronbach' s α 系数为 0.861，包含的行为态度、主观行为规范、知觉行为控制的 Cronbach' s α 系数分别为 0.800、0.814、0.797，都大于 0.7，说明流转意识以及包含的维度具有很好的信度；流转要素认知的 Cronbach' s α 系数为 0.903，包含的要素理念、社会支持、资源要素、环境要素的 Cronbach' s α 系数分别为 0.801、0.786、0.825、0.886，都是大于 0.8，说明流转要素认知以及维度具有很好的信度；流转动机的 Cronbach' s α 系数为 0.894，包含的自我实现、社会奉献、经济追求的 Cronbach' s α 系数分别为 0.857、0.868、0.854，都大于 0.7，说明流转动机以及维度具有很好的信度；流转意愿的 Cronbach' s α 系数为 0.865，流转行为的 Cronbach' s α 系数为 0.856，说明流转意愿、流转行为都具有很好的信度。

表 7–7 调研问卷的可靠性分析

量表	维度	N	Cronbach' s α 系数	
感知利益	经济利益（EB）	4	0.841	0.904
	社会利益（SB）	4	0.870	
	制度利益（RB）	4	0.860	
感知风险	操作风险（OR）	4	0.844	0.912
	流转风险（TR）	4	0.846	
	产权风险（PR）	4	0.895	
感知价值（PV）		3	0.796	
流转意识	行为态度（BA）	3	0.800	0.861
	主观行为规范（SN）	3	0.814	
	知觉行为控制（BC）	3	0.797	
流转要素	理念要素（CE）	3	0.801	0.903
	社会支持（SS）	3	0.786	
	资源要素（RE）	3	0.825	
	环境要素（EE）	5	0.886	

续表

量表	维度	N	Cronbach' s α 系数	
流转动机	自我实现（SA）	3	0.857	0.894
	社会奉献（SD）	4	0.868	
	经济追求（EP）	4	0.854	
流转意愿（TW）		4	0.865	
流转行为（TA）		3	0.856	

二、效度检验

（一）探索性因子分析

在信度水平达到标准的情况下，为了确保问卷题项的设置能够真实有效地反映变量的含义，有必要继续分析问卷的效度，问卷效度是反映问卷有效性的重要指标。根据王济川（2011）的观点，在实际应用中，结构效度由于有理论支撑，是一种非常严谨的效度检验方法，而结构效度的测量一般采取探索性因素分析法（EFA，Exploratory Factor Analysis）①。用 EFA 检验问卷数据的结构效度的步骤为：判断问卷数据是否适合作因子分析；提取主因子并确定因子的个数；进行因子旋转，并计算因子值。判断问卷数据是否适合做因子分析最常用的有 KMO 测度（Kaiser-Meyer-Olkin）和巴特莱特球体检验（Bartlett's Test of Sphericity）。KMO 的取值在 0 和 1 之间，当 KMO 值越接近 1，表示变量间的相关性越高，越适合做因子分析；相反，当 KMO 值越接近 0 时，表明变量间的相关性越弱，越不适合做因子分析。KMO 通常的标准是：0.9 ≤ KMO < 1.0 意味着非常适合做因子分析；0.8 ≤ KMO<0.9 意味着比较适合做因子分析；0.6 ≤ KMO<0.8 意味着一般适合；0.5 ≤ KMO < 0.6 表示不太适合；KMO < 0.5 时则表明不能接受。本书利用 SPSS24.0 软件，对调研数据采用探索性因子分析来检验问卷的结构效度，用主成分分析方法做探索性因子分析。在此过程中，通过最大方差法旋转提取的公因子，并且选择所获得的因子矩阵用于筛选并仅保留因子负荷大于 0.5 的选项。

① 王济川 . 结构方程模型：方法与应用［M］. 北京：高等教育出版社，2011.

1. 感知利益探索性因子分析

感知利益分量表的 KMO 检验值为 0.919 ＞ 0.7，Bartlett 球形度检验 p 值为 0.000 ＜ 0.05，表示感知利益分量表适合做因子分析。如表 7-9 所示感知利益量表的因子分析，该方法采用主成分分析，凯撒正态化最大方差法进行因子旋转，并提取特征值大于 1 的因子，特征值分别为 2.905、2.801、2.776，方差解释率分别为 24.208、23.339、23.135，累积方差解释率为 70.681% ＞ 60%，每个题项的因子载荷大于 0.5，并且没有交叉因子负荷，表明每个题项都可以保留，可以很好地描述感知利益对应的维度，该感知利益量表具有很好的结构效度。

表 7-8 感知利益量表的 KMO 和 Bartlett 的检验

取样足够度的 KMO 度量		0.919
Bartlett 球形度检验	近似卡方	5064.473
	自由度 df	66
	显著性 Sig.	0.000

表 7-9 感知利益量表旋转后的成分矩阵

	成分		
	1	2	3
SB4	0.816	0.123	0.134
SB3	0.788	0.246	0.194
SB1	0.785	0.221	0.269
SB2	0.773	0.248	0.294
EB2	0.207	0.800	0.174
EB4	0.183	0.778	0.208
EB1	0.197	0.773	0.183
EB3	0.186	0.739	0.247
RB1	0.220	0.160	0.829
RB2	0.163	0.179	0.800
RB3	0.194	0.271	0.761
RB4	0.375	0.307	0.699
总计	2.905	2.801	2.776
方差百分比	24.208	23.339	23.135
累积 %	24.208	47.546	70.681

2. 感知风险探索性因子分析

感知风险分量表的 KMO 检验值为 0.920 > 0.7，Bartlett 球形度检验 p 值为 0.000 < 0.05，表示感知风险分量表适合做因子分析。如表 7-11 所示感知风险量表的因子分析，该方法采用主成分分析，凯撒正态化最大方差法进行因子旋转，并提取特征值大于 1 的因子，特征值分别为 3.011、2.771、2.765，方差解释率分别为 25.089、23.095、23.042，累积方差解释率为 71.225% > 60%，每个题项的因子载荷大于 0.5，并且没有交叉因子负荷，表明每个题项都可以保留，可以很好地描述感知风险对应的维度，该感知风险量表具有很好的结构效度。

表 7-10 感知风险的 KMO 和 Bartlett 检验

取样足够度的 KMO 度量		0.920
Bartlett 球形度检验	近似卡方	5377.671
	自由度 df	66
	显著性 Sig.	0.000

表 7-11 感知风险的旋转后的成分矩阵

	成分		
	1	2	3
PR2	0.826	0.223	0.222
PR1	0.812	0.207	0.244
PR3	0.803	0.315	0.219
PR4	0.777	0.220	0.272
TR4	0.226	0.822	0.219
TR3	0.302	0.749	0.165
TR2	0.206	0.745	0.281
TR1	0.179	0.738	0.223
OR1	0.223	0.236	0.805
OR4	0.265	0.188	0.757
OR2	0.187	0.257	0.745
OR3	0.221	0.194	0.744
总计	3.011	2.771	2.765
方差百分比	25.089	23.095	23.042
累积 %	25.089	48.183	71.225

3. 感知价值探索性因子分析

感知价值分量表的 KMO 检验值为 0.711 > 0.7，表明感知价值的量表间有共同因素存在；Bartlett 球形度检验 p 值为 0.000 < 0.05，表示感知风险分量表适合做因子分析。如表 7–13 所示感知价值量表的因子分析，该方法采用主成分分析，凯撒正态化最大方差法进行因子旋转，并提取特征值大于 1 的因子，特征值为 2.136，方差解释率为 71.214 > 60%，每个题项的因子载荷大于 0.5，表明每个题项都可以保留，可以很好地描述感知价值对应的维度，该感知价值量表具有很好的结构效度。

表 7–12　感知价值的 KMO 和 Bartlett 检验

取样足够度的 KMO 度量		0.711
Bartlett 球形度检验	近似卡方	741.599
	自由度 df	3
	显著性 Sig.	0.000

表 7–13　感知价值的成分矩阵

	成分
	1
PV2	0.848
PV1	0.844
PV3	0.839
总计	2.136
方差百分比	71.214
累积 %	71.214

4. 农地流转意识探索性因子分析

农地流转意识分量表的 KMO 检验值为 0.865 > 0.7，表明农地流转意识的量表间有共同因素存在；Bartlett 球形度检验 p 值为 0.000 < 0.05，表示农地流转意识问卷量表适合做因子分析。如表 7–15 所示农地流转意识量表的因子分析，该方法采用主成分分析，凯撒正态化最大方差法进行因子旋转，并提取特征值大于 1 的因子，特征值分别为 2.238、2.221、2.177，方差解释率分别为 24.870、24.680、24.191，累积方差解释率为 73.741% > 60%，每个题项的因子载荷大于0.5，并且没有交叉因子负荷，表明每个题项都可以保留，可以很好地描述农地流转意识对应的维度，该农地流转意识量表具有很好的结构效度。

表 7-14　农地流转意识的 KMO 和 Bartlett 检验

取样足够度的 KMO 度量		0.865
Bartlett 球形度检验	近似卡方	3181.791
	自由度	36
	显著性	0.000

表 7-15　农地流转意识的旋转后的成分矩阵

	成分		
	1	2	3
SN2	0.846	0.088	0.204
SN1	0.817	0.230	0.202
SN3	0.790	0.312	0.172
BA1	0.183	0.830	0.254
BA2	0.158	0.822	0.153
BA3	0.256	0.759	0.231
BC1	0.185	0.214	0.815
BC2	0.217	0.187	0.808
BC3	0.162	0.204	0.780
总计	2.238	2.221	2.177
方差百分比	24.870	24.680	24.191
累积 %	24.870	49.550	73.741

5. 农地流转要素认知探索性因子分析

农地流转要素认知分量表的 KMO 检验值为 0.914 > 0.7，表明农地流转要素认知的量表间有共同因素存在；Bartlett 球形度检验 p 值为 0.000 < 0.05，表示农地流转要素认知问卷量表适合做因子分析。如表 7-17 所示农地流转要素认知量表的因子分析，该方法采用主成分分析，凯撒正态化最大方差法进行因子旋转，并提取特征值大于 1 的因子，特征值分别为 3.408、2.295、2.196、2.155，方差解释率分别为 24.343、16.395、15.688、15.396，累积方差

解释率为 71.821% > 60%，每个题项的因子载荷大于 0.5，并且没有交叉因子负荷，表明每个题项都可以保留，可以很好地描述农地流转要素认知对应的维度，该农地流转要素认知量表具有很好的结构效度。

表 7-16　流转要素的 KMO 和 Bartlett 检验

取样足够度的 KMO 度量		0.914
Bartlett 球形度检验	近似卡方	5615.027
	自由度 df	91
	显著性 Sig.	0.000

表 7-17　流转要素的旋转后的成分矩阵

	成分			
	1	2	3	4
EE2	0.803	0.163	0.180	0.115
EE3	0.796	0.111	0.178	0.174
EE4	0.794	0.174	0.166	0.181
EE1	0.774	0.141	0.166	0.190
EE5	0.712	0.298	0.109	0.167
RE1	0.197	0.787	0.193	0.189
RE3	0.251	0.783	0.206	0.170
RE2	0.196	0.783	0.184	0.213
CE2	0.145	0.182	0.836	0.122
CE3	0.208	0.172	0.774	0.174
CE1	0.239	0.203	0.752	0.186
SS2	0.205	0.100	0.185	0.811
SS3	0.250	0.189	0.125	0.770
SS1	0.166	0.350	0.195	0.758
总计	3.408	2.295	2.196	2.155
方差百分比	24.343	16.395	15.688	15.396
累积 %	24.343	40.737	56.425	71.821

6. 农地流转动机探索性因子分析

农地流转动机分量表的 KMO 检验值为 0.893 > 0.7，表明农地流转动机的量表间有共同因素存在；Bartlett 球形度检验 p 值为 0.000 < 0.05，表示农地流转动机问卷量表适合做因子分析。如表 7-19 所示农地流转动机量表的因子分析，该方法采用主成分分析，凯撒正态化最大方差法进行因子旋转，并提取特征值大于 1 的因子，特征值分别为 2.923、2.764、2.352，方差解释率分别为 26.571、25.125、21.381，累积方差解释率为 73.077% > 60%，每个题项的因子载荷大于 0.5，并且没有交叉因子负荷，表明每个题项都可以保留，可以很好地描述农地流转动机对应的维度，该农地流转动机量表具有很好的结构效度。

表 7-18 农地流转动机的 KMO 和 Bartlett 检验

取样足够度的 KMO 度量		0.893
Bartlett 球形度检验	近似卡方	4764.094
	自由度 df	55
	显著性 Sig.	0.000

表 7-19 农地流转动机的旋转后的成分矩阵

	成分		
	1	2	3
SD3	0.850	0.136	0.149
SD4	0.789	0.227	0.165
SD1	0.786	0.236	0.192
SD2	0.782	0.224	0.202
EP3	0.205	0.812	0.154
EP4	0.202	0.805	0.189
EP2	0.357	0.783	0.218
EP1	0.119	0.726	0.217
SA2	0.223	0.195	0.854
SA1	0.144	0.222	0.832
SA3	0.233	0.230	0.806
总计	2.923	2.764	2.352
方差百分比	26.571	25.125	21.381
累积 %	26.571	51.696	73.077

7. 农地流转意愿探索性因子分析

农地流转意愿分量表的 KMO 检验值为 0.816 > 0.7，表明农地流转意愿的量表间有共同因素存在；Bartlett 球形度检验 p 值为 0.000 < 0.05，表示农地流转意愿问卷量表适合做因子分析。如表 7–21 所示农地流转意愿量表的因子分析，该方法采用主成分分析，凯撒正态化最大方差法进行因子旋转，并提取特征值大于 1 的因子，特征值为 2.856，方差解释率为 71.388% > 60%，每个题项的因子载荷大于 0.5，表明每个题项都可以保留，可以很好地描述农地流转意愿对应的维度，该农地流转意愿量表具有很好的结构效度。

表 7–20　农地流转意愿的 KMO 和 Bartlett 检验

取样足够度的 KMO 度量		0.816
Bartlett 球形度检验	近似卡方	1597.858
	自由度 df	6
	显著性 Sig.	0.000

表 7–21　农地流转意愿的成分矩阵

	成分
	1
TW4	0.897
TW3	0.874
TW1	0.844
TW2	0.758
总计	2.856
方差百分比	71.388
累积 %	71.388

8. 农地流转行为探索性因子分析

农地流转行为分量表的 KMO 检验值为 0.727 > 0.7，表明农地流转行为的量表间有共同因素存在；Bartlett 球形度检验 p 值为 0.000 < 0.05，表示农地流转行为问卷量表适合做因子分析。如表 7–23 所示农地流转行为量表的因子分析，该方法采用主成分分析，凯撒正态化最大方差法进行因子旋转，并提取特征值大于 1 的因子，特征值为 2.338，方差解释率为 77.947% 大于 60%，

每个题项的因子载荷大于 0.5，表明每个题项都可以保留，可以很好地描述农地流转行为对应的维度，该农地流转行为量表具有很好的结构效度。

表 7-22　农地流转行为的 KMO 和 Bartlett 检验

取样足够度的 KMO 度量		0.727
Bartlett 球形度检验	近似卡方	1119.825
	自由度 df	3
	显著性 Sig.	0.000

表 7-23　农地流转行为的成分矩阵

	成分
	1
TA3	0.898
TA2	0.892
TA1	0.858
总计	2.338
方差百分比	77.947
累积 %	77.947

（二）验证性因子分析

使用 SPSS 软件通过可靠性分析和探索性因子分析（EFA）检验问卷的信度和效度，尽管结果有一定的说服力，但也存在一些缺陷。首先，利用 Cronbach's a 系数检测量表信度本身具有一定的不稳定性，因为 Cronbach's a 值的大小容易受被调查者特征变异的大小，题项的数量等影响，且难以估计单一观察变量的信度[①]。其次，利用 EFA 作为量表效度检验的方法也具有一定的限制，黄芳铭（2005）认为 EFA 是在因素分析完后才依据变量的聚集情形来命名，所获得的结构是倾向于统计的而非逻辑的，此外，EFA 只能检测测量变量间的因子结构，而无法检验因子结构的契合度[②]。而验证性因子分析（CFA）可以避免上述一些问题，并且 CFA 计算因子负荷量的平方（SMC）作

① 吴明隆．结构方程模型：AMOS 的操作与应用［M］．重庆大学出版社，2010.

② 黄芳铭．结构方程模式理论与应用［M］．北京：中国税务出版社，2005.

为单一观察变量的信度系数值，可以避免受题目数多少等的影响，同时潜变量无法解释的观察变量的变异量测量误差值用“1-SMC”表示，该数值越大，表示测量误差越大；此外，可以通过计算各潜变量的组合信度（CR）值来验证量表信度，CR 是检潜变量内在一致性的程度。因此，本研究使用 AMOS 软件对问卷的每个量表进行验证性因子分析，并评估每个测量模型的拟合度以进一步提高问卷的效度。

1. 感知利益量表的验证性因子分析

本研究对感知利益量表进行了验证性因子分析，分析模型和拟合指数表如图 7-4 和表 7-24 所示。从图 7-4 可以看出，相应纬度上每个题项的标准化

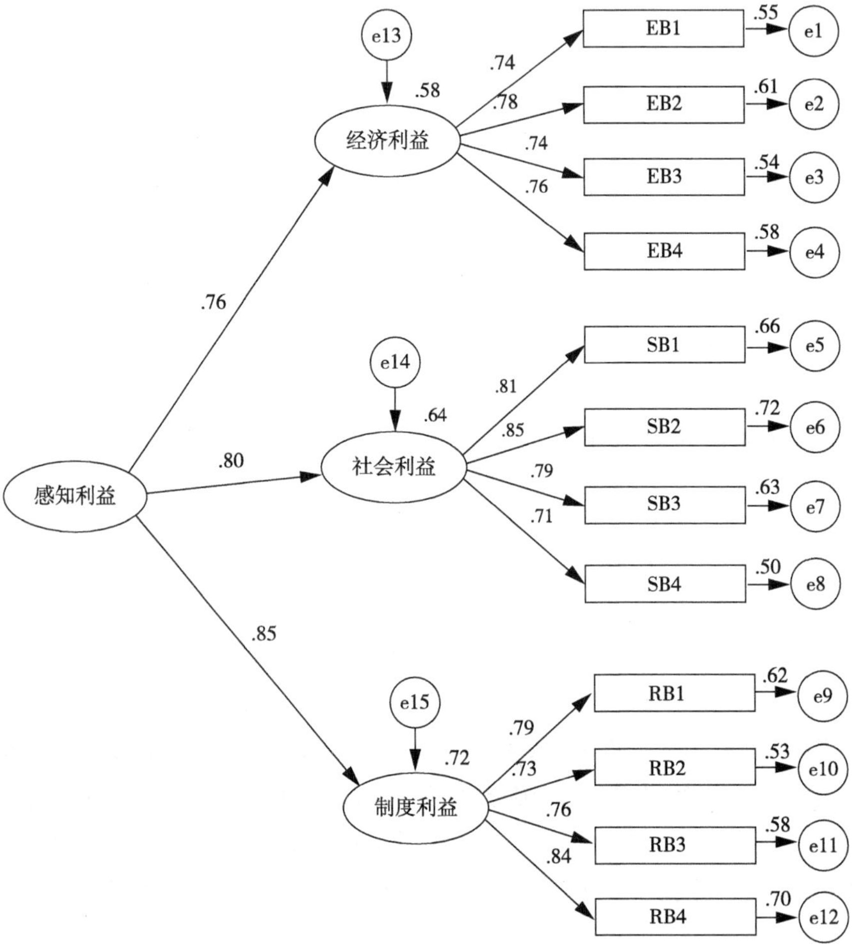

图 7-4　感知利益 CFA 分析图

估计值大于 0.5，表明每个题项都可以很好地解释所表示的纬度；从表 7-24 可以看出，评估模型的简约指标很好地拟合，表明测量结构有效，并且通过了验证性因子分析。对问卷感知利益量表的平均提炼方差 AVE 和组合信度 CE 的测量结果见表 7-25，可以得出每个子维度的总体规模和组合信度 CR 值超过 0.7；AVE 值超过 0.5，每个题项对其相应潜在变量的标准化负荷因子大于 0.6。这些标准化估计在 $P < 0.001$ 的条件下具有很强的统计学意义，表明本研究的感知利益量表问卷具有良好的聚合效度。

表 7-24　感知利益量表的验证性因子分析的拟合指标

统计检验量	适配的标准或临界值	检验结果数据	模型适配判断
χ^2		131.033	
df		51	
χ^2/df	< 3.00	2.569	是
SRMR	< 0.05	0.029	是
GFI	> 0.90	0.973	是
AGFI	> 0.90	0.959	是
NFI	> 0.90	0.974	是
IFI	> 0.90	0.984	是
CFI	> 0.90	0.984	是
RMSEA	< 0.08	0.044	是

表 7-25　感知利益量表的验证性因子分析的参数表

路径关系			Estimate	S.E.	C.R.	P	标准化估计	CR	AVE
EB	←	PB	1.000				0.762	0.846	0.648
SB	←	PB	1.097	0.079	13.864	***	0.799		
RB	←	PB	0.939	0.068	13.838	***	0.851		
EB1	←	EB	1.000				0.744	0.841	0.570
EB2	←	EB	1.046	0.051	20.651	***	0.779		
EB3	←	EB	0.945	0.049	19.388	***	0.736		
EB4	←	EB	1.053	0.052	20.377	***	0.760		
SB1	←	SB	1.000				0.813	0.870	0.628
SB2	←	SB	1.063	0.041	26.115	***	0.848		
SB3	←	SB	0.962	0.040	23.964	***	0.792		
SB4	←	SB	0.884	0.041	21.565	***	0.709		

续表

路径关系			Estimate	S.E.	C.R.	P	标准化估计	CR	AVE
RB1	←	RB	1.000				0.790	0.861	0.609
RB2	←	RB	0.990	0.046	21.434	***	0.726		
RB3	←	RB	1.095	0.049	22.504	***	0.763		
RB4	←	RB	1.255	0.052	24.217	***	0.838		

注：*** 表示 $p<0.001$，路径系数均为标准化系数。

2. 感知风险量表的验证性因子分析

本研究对感知风险量表进行了验证性因子分析，分析模型和拟合指数表如图 7–5 和表 7–26 所示。从图 7–5 可以看出，相应纬度上每个题项的标准化估计值大于 0.5，表明每个题项都可以很好地解释所表示的纬度；从表 7–26

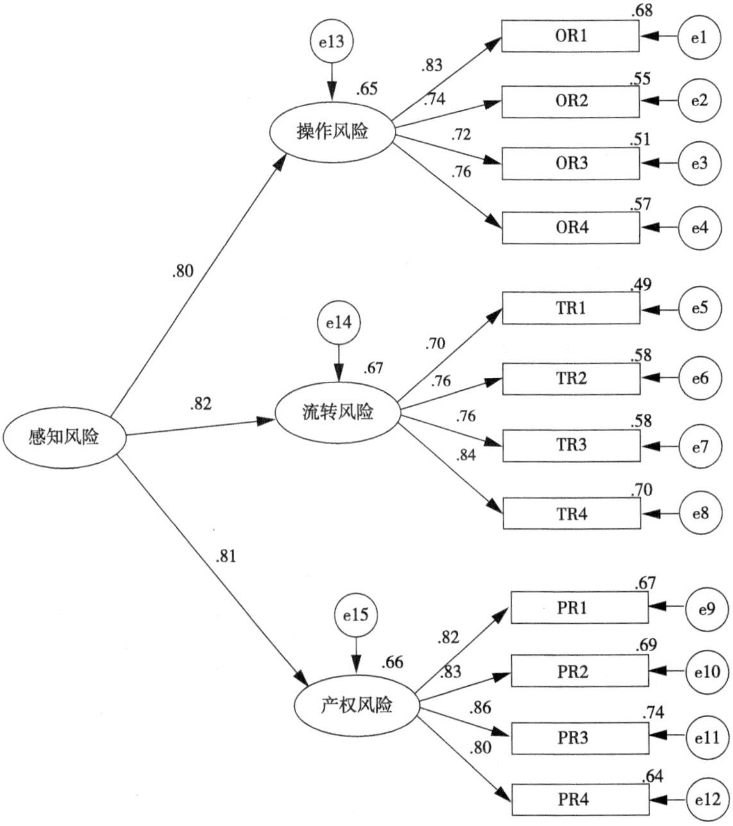

图 7–5　感知风险 CFA 分析图

可以看出，评估模型的简约指标很好地拟合，表明测量结构有效，并且通过了验证性因子分析。对问卷感知风险量表的平均提炼方差 AVE 和组合信度 CE 的测量结果见表 7–27，可以得出每个子维度的总体规模和组合信度 CR 值超过 0.7；AVE 值超过 0.5，每个题项对其相应潜在变量的标准化负荷因子大于 0.6。这些标准化估计在 $P < 0.001$ 的条件下具有很强的统计学意义，表明本研究的感知风险量表问卷具有良好的聚合效度。

表 7–26　感知风险量表的验证性因子分析的拟合指标

统计检验量	适配的标准或临界值	检验结果数据	模型适配判断
χ^2		125.163	
df		51	
χ^2/df	< 3.00	2.454	是
SRMR	< 0.05	0.023	是
GFI	> 0.90	0.975	是
AGFI	> 0.90	0.962	是
NFI	> 0.90	0.977	是
IFI	> 0.90	0.986	是
CFI	> 0.90	0.986	是
RMSEA	< 0.08	0.042	是

表 7–27　感知风险表的验证性因子分析的参数表

路径关系			Estimate	S.E.	C.R.	P	标准化估计	CR	AVE
OR	←	FR	1.000				0.805	0.852	0.657
TR	←	FR	0.881	0.063	14.041	***	0.816		
PR	←	FR	1.051	0.068	15.387	***	0.811		
OR1	←	OR	1.000				0.828	0.846	0.579
OR2	←	OR	0.878	0.040	22.084	***	0.739		
OR3	←	OR	0.882	0.042	21.237	***	0.715		
OR4	←	OR	0.885	0.039	22.594	***	0.757		
TR1	←	TR	1.000				0.697	0.850	0.587
TR2	←	TR	1.172	0.061	19.361	***	0.760		
TR3	←	TR	1.106	0.058	19.084	***	0.761		
TR4	←	TR	1.175	0.056	20.845	***	0.839		

续表

路径关系			Estimate	S.E.	C.R.	P	标准化估计	CR	AVE
PR1	←	PR	1.000				0.821	0.897	0.685
PR2	←	PR	0.906	0.033	27.379	***	0.833		
PR3	←	PR	0.946	0.033	28.343	***	0.859		
PR4	←	PR	0.954	0.038	25.422	***	0.797		

注：*** 表示 p<0.001，路径系数均为标准化系数。

3. 感知价值量表的验证性因子分析

本研究对感知价值量表进行了验证性因子分析，分析模型和拟合指数表如图 7–6 和表 7–28 所示。从图 7–6 可以看出，相应纬度上每个题项的标准化估计值大于 0.5，表明每个题项都可以很好地解释所表示的纬度；从表 7–28 可以看出，评估模型的简约指标很好地拟合，表明测量结构有效，并且通过了验证性因子分析。对问卷感知价值量表的平均提炼方差 AVE 和组合信度 CE 的测量结果见表 7–29，可以得出每个子维度的总体规模和组合信度 CR 值超过 0.7；AVE 值超过 0.5，每个题项对其相应潜在变量的标准化负荷因子大于 0.6。这些标准化估计在 P < 0.001 的条件下具有很强的统计学意义，表明本研究的感知价值量表问卷具有良好的聚合效度。

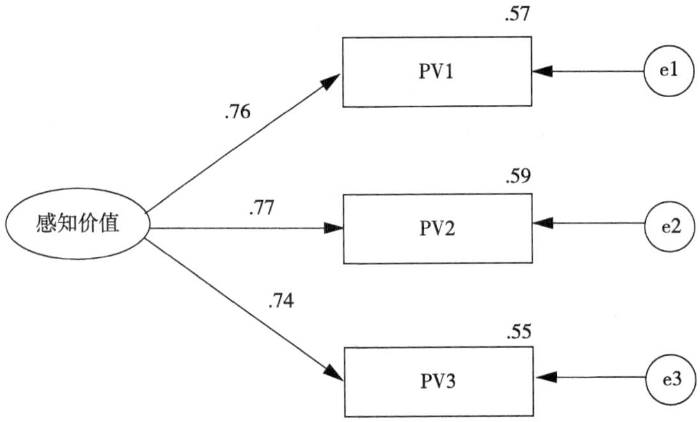

图 7–6　感知价值 CFA 分析图

表 7-28 感知价值量表的验证性因子分析的拟合指标

统计检验量	适配的标准或临界值	检验结果数据	模型适配判断
χ^2		0.000	
df		0	
χ^2/df	< 3.00		
SRMR	< 0.05	0.000	
GFI	> 0.90	1.000	
AGFI	> 0.90		
NFI	> 0.90	1.000	
IFI	> 0.90	1.000	
TLI	> 0.90		
CFI	> 0.90	1.000	
RMSEA	< 0.08	0.000	

表 7-29 感知价值量表的验证性因子分析的参数表

路径关系			Estimate	S.E.	C.R.	P	标准化估计	CR	AVE
PV1	←	PV	1.000				0.754	0.798	0.569
PV2	←	PV	0.902	0.052	17.410	***	0.766		
PV3	←	PV	0.933	0.054	17.325	***	0.742		

注：*** 表示 p<0.001，路径系数均为标准化系数。

4. 农地流转意识量表的验证性因子分析

本研究对农地流转意识量表进行了验证性因子分析，分析模型和拟合指数表如图 7-7 和表 7-30 所示。从图 7-7 可以看出，相应纬度上每个题项的标准化估计值大于 0.5，表明每个题项都可以很好地解释所表示的纬度；从表 7-30 可以看出，评估模型的简约指标很好地拟合，表明测量结构有效，并且通过了验证性因子分析。对问卷农地流转意识量表的平均提炼方差 AVE 和组合信度 CE 的测量结果见表 7-31，可以得出每个子维度的总体规模和组合信度 CR 值超过 0.7；AVE 值超过 0.5，每个题项对其相应潜在变量的标准化负荷因子大于 0.6。这些标准化估计在 P < 0.001 的条件下具有很强的统计学意义，表明本研究的农地流转意识量表问卷具有良好的聚合效度。

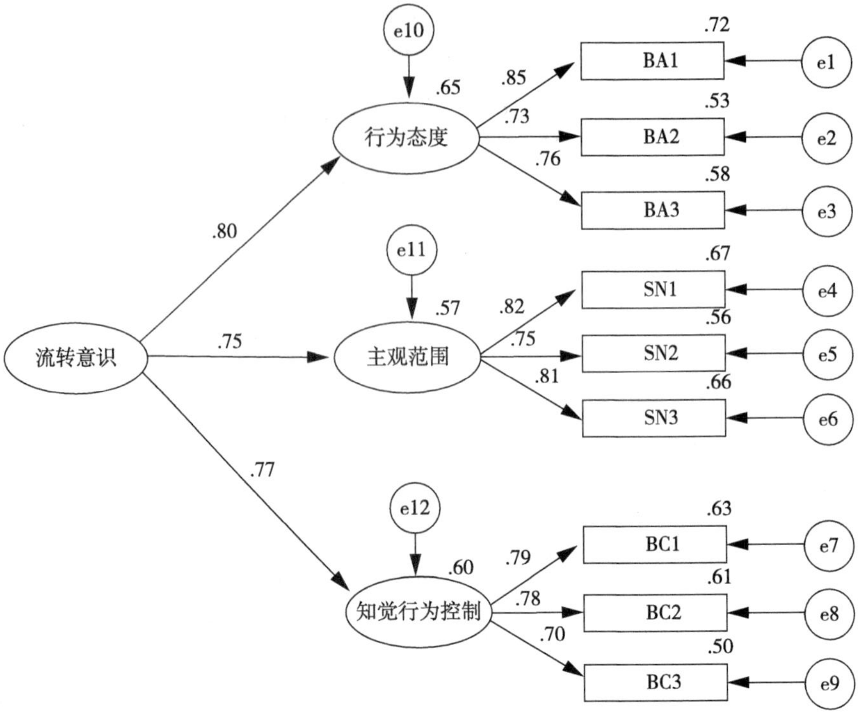

图 7-7　农地流转意识 CFA 分析图

表 7-30　农地流转意识的验证性因子分析的拟合指标

统计检验量	适配的标准或临界值	检验结果数据	模型适配判断
χ^2		57.119	
df		24	
χ^2/df	＜3.00	2.380	是
SRMR	＜0.05	0.025	是
GFI	＞0.90	0.985	是
AGFI	＞0.90	0.971	是
NFI	＞0.90	0.982	是
IFI	＞0.90	0.990	是
TLI	＞0.90	0.984	是
CFI	＞0.90	0.990	是
RMSEA	＜0.08	0.041	是

表 7-31　农地流转意识量表的验证性因子分析的参数表

路径关系			Estimate	S.E.	C.R.	P	标准化估计	CR	AVE
BA	←	流转意识	1.000				0.804	0.820	0.603
SN	←	流转意识	1.265	0.098	12.917	***	0.752		
BC	←	流转意识	1.055	0.082	12.927	***	0.773		
BA1	←	BA	1.000				0.846	0.821	0.606
BA2	←	BA	0.745	0.035	21.165	***	0.725		
BA3	←	BA	1.192	0.056	21.262	***	0.760		
SN1	←	SN	1.000				0.816	0.834	0.626
SN2	←	SN	0.895	0.042	21.412	***	0.746		
SN3	←	SN	0.634	0.029	22.101	***	0.810		
BC1	←	BC	1.000				0.794	0.805	0.580
BC2	←	BC	0.795	0.039	20.562	***	0.784		
BC3	←	BC	0.666	0.036	18.705	***	0.704		

注：*** 表示 $p<0.001$，路径系数均为标准化系数。

5. 农地流转要素认知量表的验证性因子分析

本研究对农地流转要素认知量表进行了验证性因子分析，分析模型和拟合指数表如图 7-8 和表 7-32 所示。从图 7-8 可以看出，相应纬度上每个题项的标准化估计值大于 0.5，表明每个题项都可以很好地解释所表示的纬度；从表 7-32 可以看出，评估模型的简约指标很好地拟合，表明测量结构有效，并且通过了验证性因子分析。对问卷农地流转要素认知量表的平均提炼方差 AVE 和组合信度 CE 的测量结果见表 7-33，可以得出每个子维度的总体规模和组合信度 CR 值超过 0.7；AVE 值超过 0.5，每个题项对其相应潜在变量的标准化负荷因子大于 0.6。这些标准化估计在 $P < 0.001$ 的条件下具有很强的统计学意义，表明本研究的农地流转要素认知量表问卷具有良好的聚合效度。

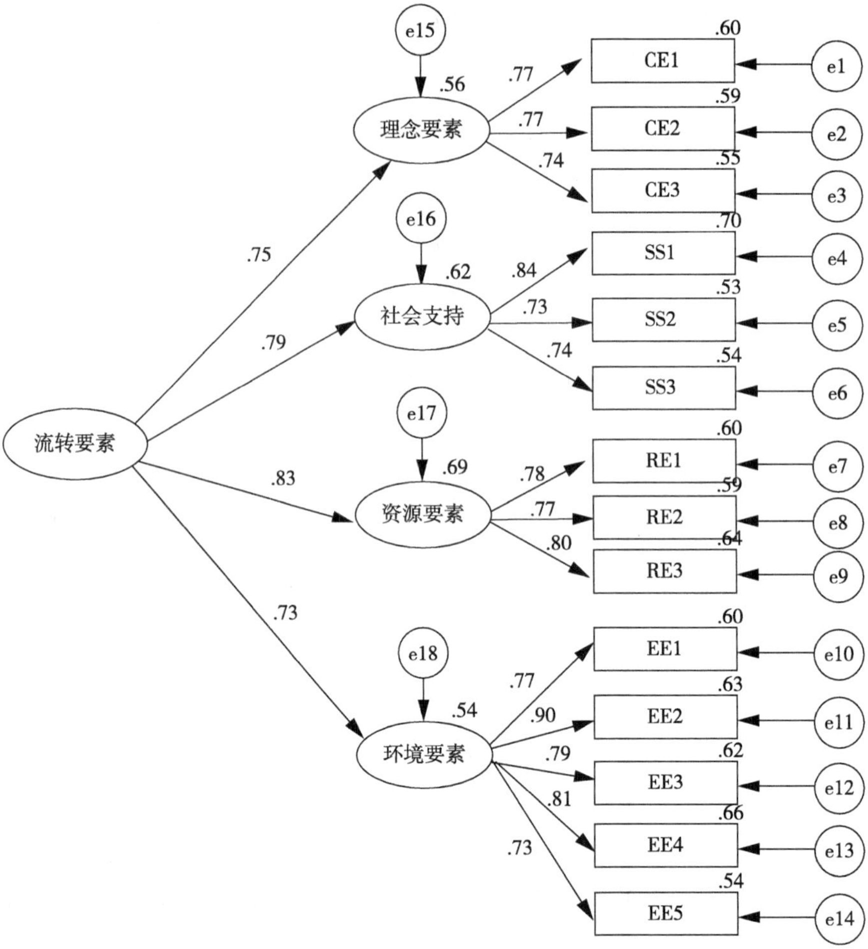

图 7-8　农地流转要素认知 CFA 分析图

表 7-32　农地流转要素认知的验证性因子分析的拟合指标

统计检验量	适配的标准或临界值	检验结果数据	模型适配判断
χ^2		170.633	
df		73	
χ^2/df	＜ 3.00	2.337	是
SRMR	＜ 0.05	0.028	是
GFI	＞ 0.90	0.971	是
AGFI	＞ 0.90	0.958	是

续表

统计检验量	适配的标准或临界值	检验结果数据	模型适配判断
NFI	> 0.90	0.970	是
IFI	> 0.90	0.983	是
TLI	> 0.90	0.978	是
CFI	> 0.90	0.982	是
RMSEA	< 0.08	0.041	是

表 7-33　农地流转要素认知量表的验证性因子分析的参数表

路径关系			Estimate	S.E.	C.R.	P	标准化估计	CR	AVE
CE	←	流转要素	1.000				0.751	0.858	0.603
SS	←	流转要素	1.122	0.082	13.707	***	0.790		
RE	←	流转要素	1.689	0.124	13.645	***	0.828		
EE	←	流转要素	1.533	0.116	13.251	***	0.733		
CE1	←	CE	1.000				0.773	0.806	0.581
CE2	←	CE	0.869	0.044	19.929	***	0.770		
CE3	←	CE	1.024	0.054	18.863	***	0.744		
SS1	←	SS	1.000				0.836	0.811	0.590
SS2	←	SS	0.885	0.043	20.411	***	0.728		
SS3	←	SS	1.336	0.066	20.317	***	0.736		
RE1	←	RE	1.000				0.777	0.826	0.612
RE2	←	RE	0.947	0.045	20.974	***	0.770		
RE3	←	RE	1.009	0.046	21.833	***	0.800		
EE1	←	EE	1.000				0.774	0.887	0.610
EE2	←	EE	1.030	0.044	23.386	***	0.796		
EE3	←	EE	0.978	0.042	23.150	***	0.787		
EE4	←	EE	1.017	0.043	23.801	***	0.813		
EE5	←	EE	0.942	0.044	21.217	***	0.733		

注：*** 表示 $p<0.001$，路径系数均为标准化系数。

6. 农地流转动机量表的验证性因子分析

本研究对农地流转动机量表进行了验证性因子分析，分析模型和拟合指数表如图 7-9 和表 7-34 所示。从图 7-9 可以看出，相应纬度上每个题项的标准化估计值大于 0.5，表明每个题项都可以很好地解释所表示的纬度；从表 7-34 可以看出，评估模型的简约指标很好地拟合，表明测量结构有效，并且通过了验证性因子分析。对问卷农地流转动机量表的平均提炼方差 AVE 和组合信度 CE 的测量结果见表 7-35，可以得出每个子维度的总体规模和组合信度 CR 值超过 0.7；AVE 值超过 0.5，每个题项对其相应潜在变量的标准化负荷因子大于 0.6。这些标准化估计在 $P < 0.001$ 的条件下具有很强的统计学意义，表明本研究的农地流转动机量表问卷具有良好的聚合效度。

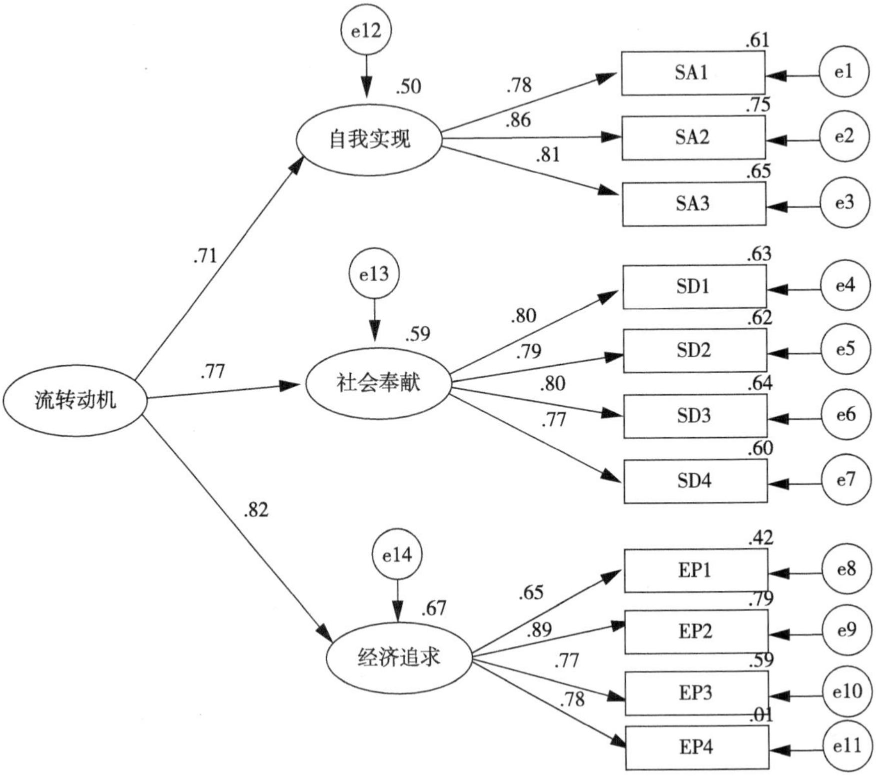

图 7-9　农地流转动机 CFA 分析图

表 7-34　农地流转动机的验证性因子分析的拟合指标

统计检验量	适配的标准或临界值	检验结果数据	模型适配判断
χ^2		116.968	
df		41	
χ^2/df	< 3.00	2.853	是

续表

统计检验量	适配的标准或临界值	检验结果数据	模型适配判断
SRMR	< 0.05	0.028	是
GFI	> 0.90	0.975	是
AGFI	> 0.90	0.959	是
NFI	> 0.90	0.976	是
IFI	> 0.90	0.984	是
TLI	> 0.90	0.978	是
CFI	> 0.90	0.984	是
RMSEA	< 0.08	0.048	是

表 7-35 农地流转动机量表的验证性因子分析的参数表

路径关系			Estimate	S.E.	C.R.	P	标准化估计	CR	AVE
SA	←	流转动机	1.000				0.710	0.809	0.587
SD	←	流转动机	1.125	0.089	12.585	***	0.766		
EP	←	流转动机	0.797	0.068	11.682	***	0.818		
SA1	←	SA	1.000				0.779	0.858	0.669
SA2	←	SA	1.183	0.048	24.491	***	0.864		
SA3	←	SA	1.116	0.049	22.856	***	0.809		
SD1	←	SD	1.000				0.797	0.869	0.625
SD2	←	SD	1.019	0.044	23.361	***	0.788		
SD3	←	SD	0.911	0.038	23.801	***	0.801		
SD4	←	SD	0.909	0.040	22.586	***	0.775		
EP1	←	EP	1.000				0.650	0.858	0.604
EP2	←	EP	1.740	0.086	20.194	***	0.888		
EP3	←	EP	1.603	0.087	18.373	***	0.769		
EP4	←	EP	1.663	0.090	18.584	***	0.784		

注：*** 表示 $p<0.001$，路径系数均为标准化系数。

7. 农地流转意愿量表的验证性因子分析

本研究对农地流转意愿量表进行了验证性因子分析，分析模型和拟合指数表如图 7-10 和表 7-36 所示。从图 7-10 可以看出，相应纬度上每个题项的标准化估计值大于 0.5，表明每个题项都可以很好地解释所表示的纬度；从表 7-36 可以看出，评估模型的简约指标很好地拟合，表明测量结构有效，并且通过了验证性因子分析。对问卷农地流转意愿量表的平均提炼方差 AVE 和组合信度 CE 的测量结果见表 7-37，可以得出每个子维度的总体规模和组合信度 CR 值超过 0.7；AVE 值超过 0.5，每个题项对其相应潜在变量的标准化负荷因子大于 0.6。这些标准化估计在 $P < 0.001$ 的条件下具有很强的统计学意义，表明本研究的农地流转意愿量表问卷具有良好的聚合效度。

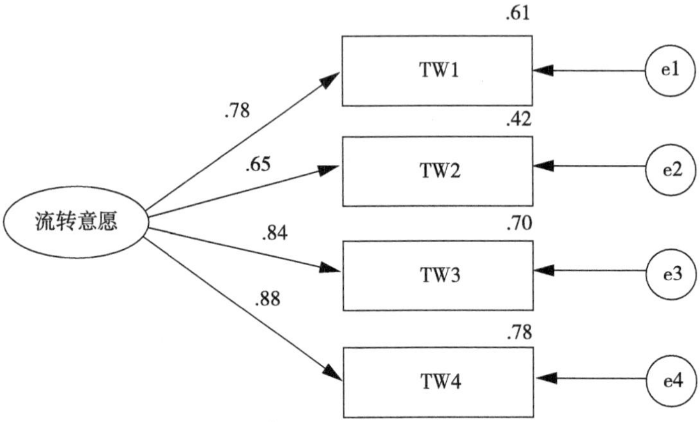

图 7-10　农地流转意愿 CFA 分析图

表 7-36　农地流转意愿的验证性因子分析的拟合指标

统计检验量	适配的标准或临界值	检验结果数据	模型适配判断
χ^2		3.342	
df		2	
χ^2/df	< 3.00	1.670	是
SRMR	< 0.05	0.008	是
GFI	> 0.90	0.998	是
AGFI	> 0.90	0.989	是
NFI	> 0.90	0.998	是
IFI	> 0.90	0.999	是
TLI	> 0.90	0.997	是
CFI	> 0.90	0.999	是
RMSEA	< 0.08	0.029	是

表 7-37　农地流转意愿量表的验证性因子分析的参数表

路径关系			Estimate	S.E.	C.R.	P	标准化估计	CR	AVE
TW1	←	TW	1.000				0.780	0.869	0.627
TW2	←	TW	0.806	0.044	18.413	***	0.648		
TW3	←	TW	1.009	0.041	24.827	***	0.836		
TW4	←	TW	1.155	0.045	25.498	***	0.883		

注：*** 表示 p<0.001，路径系数均为标准化系数。

8. 农地流转行为量表的验证性因子分析

本研究对农地流转行为量表进行了验证性因子分析，分析模型和拟合指数表如图 7-11 和表 7-38 所示。从图 7-11 可以看出，相应纬度上每个题项的标准化估计值大于 0.5，表明每个题项都可以很好地解释所表示的纬度；从表 7-38 可以看出，评估模型的简约指标很好地拟合，表明测量结构有效，并且通过了验证性因子分析。对问卷农地流转行为量表的平均提炼方差 AVE 和组合信度 CE 的测量结果见表 7-39，可以得出每个子维度的总体规模和组合信度 CR 值超过 0.7；AVE 值超过 0.5，每个题项对其相应潜在变量的标准化负荷因子大于 0.6。这些标准化估计在 $P < 0.001$ 的条件下具有很强的统计学意义，表明本研究的农地流转行为量表问卷具有良好的聚合效度。

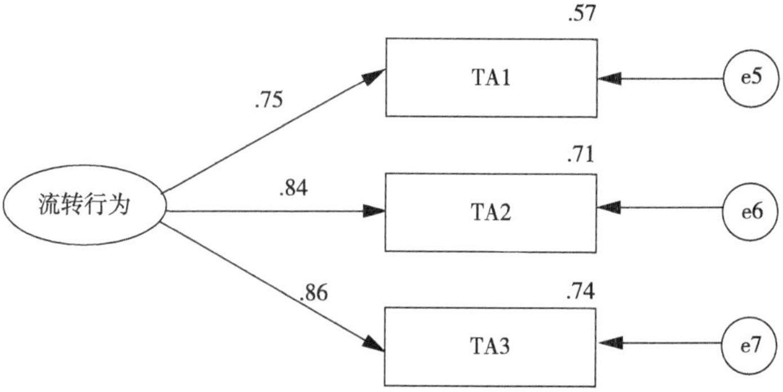

图 7-11　农地流转行为 CFA 分析图

表 7-38　农地流转行为的验证性因子分析的拟合指标

统计检验量	适配的标准或临界值	检验结果数据	模型适配判断
χ^2		0.000	

续表

统计检验量	适配的标准或临界值	检验结果数据	模型适配判断
df		0	
χ^2/df	< 3.00		
SRMR	< 0.05	0.000	
GFI	> 0.90	1.000	
AGFI	> 0.90		
NFI	> 0.90	1.000	
IFI	> 0.90	1.000	
TLI	> 0.90		
CFI	> 0.90	1.000	
RMSEA	< 0.08	0.000	

表 7-39 农地流转行为量表的验证性因子分析的参数表

路径关系			Estimate	S.E.	C.R.	P	标准化估计	CR	AVE
TA1	←	流转行为	1.000				0.754	0.860	0.672
TA2	←	流转行为	1.021	0.045	22.580	***	0.842		
TA3	←	流转行为	1.010	0.045	22.678	***	0.859		

注：*** 表示 p<0.001，路径系数均为标准化系数。

（三）同源方差检验

此外，本书采用 Harman 单因素检验方法对回收的数据进行同源方差检验，将本书中所有的测量数据放入 SPSS24.0 中进行未旋转的因子分析，检验 1 个因子造成的变异程度，结果显示，第一成分解释的变异为 12.220%，小于总解释变量 72.823% 的一半，因此本书的同源方差问题不严重。

三、结构方程模型分析与假设检验

为了分析多个变量之间的关系，现将影响农地流转行为的五个因素放在一个模型中考虑，即检验本研究构建的理论模型中变量间的关系及研究假设。

（一）拟合度检验

运用 Amos23.0 软件运行后得到本研究理论模型的拟合优度检验结果。从表 7–40 的检验结果可以看出，西北地区农地流转主体行为研究理论模型的各项指标均处于可接受范围内，表明本研究理论模型适配度较好，估计结果可靠。

表 7–40　农地流转主体行为研究理论模型的拟合度检验

统计检验量	适配的标准或临界值	检验结果数据	模型适配判断
χ^2		415.008	
df		280	
χ^2/df	< 3.00	1.482	是
SRMR	< 0.05	0.046	是
GFI	> 0.90	0.963	是
AGFI	> 0.90	0.954	是
NFI	> 0.90	0.948	是
IFI	> 0.90	0.982	是
TLI	> 0.90	0.979	是
CFI	> 0.90	0.982	是
RMSEA	< 0.08	0.024	是

（二）模型估计与假设检验

西北地区农地流转主体行为研究理论模型结构方程估计结果如图 7–12 和表 7–41 所示。鉴于各测量模型在上文中已通过了信效度分析，因子载荷系数不再赘述。图 7–12 显示了个测量模型的路径系数，表 7–41 列出了西北地区农地流转主体行为研究理论模型的路径系数检验结果。在结构方程模型中，考察结果估计参数是否具有统计意义，需要根据临界比率（CR）值和 P 值对路径系数或载荷系数进行统计显著性检验，一般要求由临界比率（CR）绝对值大于 1.96，P 值小于 0.1，则表示路径系数或载荷系数具有统计显著性。

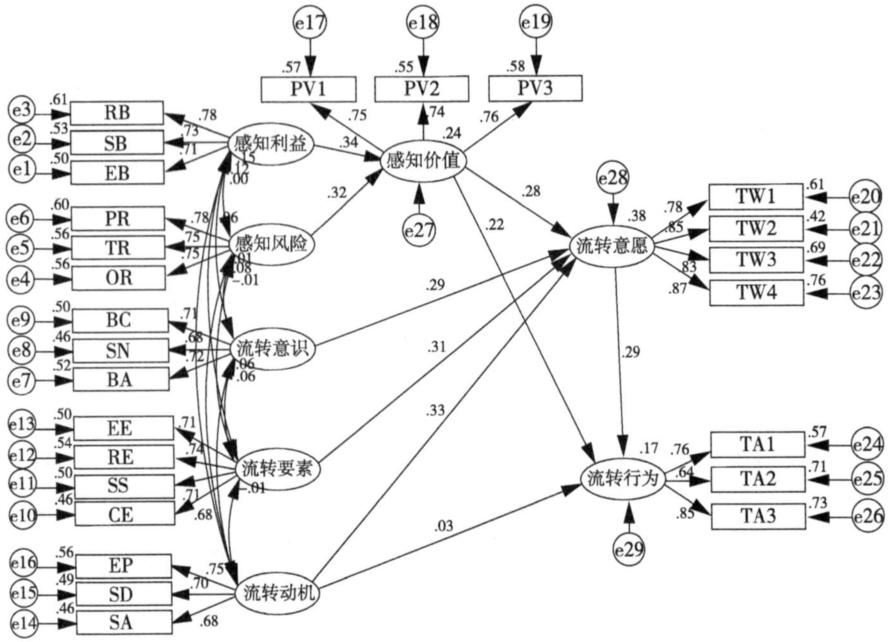

图 7-12　西北地区农地流转主体行为研究结构方程模型分析图

表 7-41　结构方程模型参数估计表

研究假设与路径				Estimate	S.E.	C.R.	P	标准化估计	R 方	检验结果
H4	感知价值	←	感知利益	0.373	0.05	7.5	***	0.338	0.245	支持
H5	感知价值	←	感知风险	−0.332	0.046	−7.186	***	−0.315		支持
H2	流转意愿	←	感知价值	0.355	0.05	7.109	***	0.277	0.382	支持
H6	流转意愿	←	流转意识	0.454	0.063	7.177	***	0.293		支持
H7	流转意愿	←	流转要素	0.666	0.087	7.666	***	0.307		支持
H8	流转意愿	←	流转动机	0.448	0.056	7.986	***	0.328		支持
H1	流转行为	←	感知价值	0.258	0.053	4.911	***	0.221	0.172	支持
H9	流转行为	←	流转动机	0.038	0.056	0.673	0.501	0.030		不支持
H3	流转行为	←	流转意愿	0.260	0.042	6.269	***	0.286		支持

注：*** 表示 p<0.001，路径系数均为标准化系数。

从表 7-41 可以看出，通过结构方程模型的路径系数估计结果，9 条路径中有 1 条路径不显著，拒绝支持；其余 8 条路径系数通过显著性验证，具体假设验证如下：

假设 H1：农地“三权分置”感知价值与农地流转行为存在正相关性，即农地“三权分置”感知价值越大越有利于发生农地流转行为。通过模型路径系数分析结果可知，农地“三权分置”感知价值对农地流转行为的影响路径系数为 0.221，P 值为 0.000，通过显著性检验，H1 假设成立，说明农地“三权分置”感知价值正向显著影响农地流转行为。

假设 H2：农地“三权分置”感知价值与农地流转意愿存在正相关性，即农地“三权分置”感知价值越大，则农地流转的意愿越强烈。通过模型路径系数分析结果可知，农地“三权分置”感知价值对其流转意愿的影响路径系数为 0.277，P 值为 0.000，通过显著性检验，H2 假设成立，说明农地“三权分置”感知价值正向显著影响农地流转意愿。

假设 H3：农地流转意愿与农地流转行为存在正相关性，即农地流转的意愿越强烈越有可能发生农地流转的行为。通过模型路径系数分析结果可知，农地流转意愿对农地流转行为的影响路径系数为 0.286，P 值为 0.000，通过显著性检验，H3 假设成立，说明农地流转意愿正向显著影响农地流转行为。

假设 H4：农地“三权分置”感知利益与农地“三权分置”感知价值存在正相关性，即农地“三权分置”感知利益越大，农地“三权分置”感知价值也就越大。通过模型路径系数分析结果可知，农地“三权分置”感知利益对农地“三权分置”感知价值的影响路径系数为 0.338，P 值为 0.000，通过显著性检验，H4 假设成立，说明农地“三权分置”感知利益正向显著影响其感知价值。

假设 H5：农地“三权分置”感知风险与农地“三权分置”感知价值存在负相关性，即农地“三权分置”感知风险越大，农地“三权分置”感知价值也就越小。通过模型路径系数分析结果可知，农地“三权分置”感知风险对农地“三权分置”感知价值的影响路径系数为 –0.315，P 值为 0.000，通过显著性检验，H5 假设成立，说明农地“三权分置”感知风险负向显著影响其感知价值。

假设 H6：农地流转意识与农地流转意愿存在正相关性，即农地流转的意识越强烈越倾向于选择农地流转。通过模型路径系数分析结果可知，农地流转意识对农地流转意愿的影响路径系数为 0.293，P 值为 0.000，通过显著性检验，H6 假设成立，说明农地流转意识正向显著影响农地流转意愿。

假设 H7：农地流转要素认知与农地流转意愿存在正相关性，即农地流转要素认知越清晰，农地流转的意愿也就越强烈。通过模型路径系数分析结果可知，农地流转要素认知对农地流转意愿的影响路径系数为 0.307，P 值为 0.000，通过显著性检验，H7 假设成立，说明农地流转要素认知正向显著影响农地流转意愿。

假设 H8：农地流转动机与农地流转意愿存在正相关性，即农地流转动机越强，农地流转的意愿也就越强烈。通过模型路径系数分析结果可知，农地流转动机对农地流转意愿的影响路径系数为 0.328，P 值为 0.000，通过显著性检验，H8 假设成立，说明农地流转动机正向显著影响农地流转意愿。

假设 H9：农地流转动机与农地流转行为存在正相关性，即农地流转动机越强，发生农地流转行为的可能性也就越大。通过模型路径系数分析结果可知，农地流转动机对农地流转行为的影响路径系数为 0.030，P 值为 0.055，没有通过显著性检验，H9 假设不成立，说明农地流转动机没有正向显著影响农地流转行为。

（三）理论模型修正

根据上文结构方程模型分析与研究假设验证结果，删除没有通过验证的路径，对初始理论模型进行修正后的理论模型如图 7–12 所示。

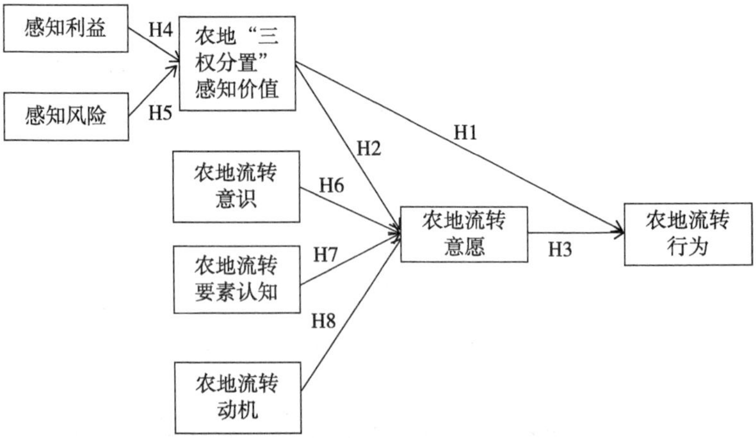

图 7–12　修正后的西北地区农地流转主体行为研究的理论模型

从图 7–12 可以看出，通过对初始模型进行路径删减后，共有 8 条路径关系显著，这说明本研究的最初建立的理论模型对于解释西北地区农地流转行为研究具有较好的适用性。修正后的理论模型中所有非标准化路径系数均具有统计显著性，各标准化的路径系数均通过检验，具体见表 7–42。

表 7-42　修正后的理论模型路径系数结果表

研究假设与路径				Estimate	S.E.	C.R.	P	标准化估计	R 方	检验结果
H4	感知价值	←	感知利益	0.373	0.05	7.5	***	0.338	0.245	支持
H5	感知价值	←	感知风险	-0.332	0.046	-7.186	***	-0.315		支持
H2	流转意愿	←	感知价值	0.355	0.05	7.109	***	0.277	0.382	支持
H6	流转意愿	←	流转意识	0.454	0.063	7.177	***	0.293		支持
H7	流转意愿	←	要素认知	0.666	0.087	7.666	***	0.307		支持
H8	流转意愿	←	流转动机	0.448	0.056	7.986	***	0.328		支持
H1	流转行为	←	感知价值	0.258	0.053	4.911	***	0.221	0.172	支持
H3	流转行为	←	流转意愿	0.26	0.042	6.269	***	0.286		支持

四、多群组结构方程模型分析

多群组结构方程模型分析测试的目的是评估预设模型在不同组之间的适用性，即评估研究人员提出的预设模型在不同群体事件中是否相等或参数不变（吴明隆，2016）。多群组结构方程模型的原理是将单个样本中最初的单协变结构关系划分为几个平行的协变结构，然后评估这些协变结构的等效关系。本研究使用多群组结构方程模型，尝试验证不同身份的农地流转主体在农地“三权分置”感知价值存在差异的前提条件下（第五章已论述），其农地“三权分置”感知价值对农地流转意愿及农地流转行为的影响路径是否存在显著差异。进行多群组结构方程模型分析时，通常通过设定参数限制条件以找到最适配的路径模型，首先要检验多群组间未受限制模型（基准模型）的拟合优度，其次检验所有结构路径系数限制相等后模型的拟合优度，即要在模型拟合优度允许的条件下，再对不同群组各结构路径系数是否相等进行差异性分析。本研究将未限制模型与限制模型进行比较，其中限制模型中的约束条件等于路径系数，然后比较二者之间的差异，路径系数相等模型中与未限制模型相比，卡方变换量达到显著，说明不同群体之间是有显著差异，进一步对参数采用临界比进行两两比较，如果临界比的绝对值大于 1.96，说明二者路径之间有差异，反之则没有差异①。

① 张伟豪，郑时宜 . 与结构方程模型共舞：曙光初现［M］. 台湾：前程文化出版社，2012.

（一）测量模型恒等性分析

首先为了研究不同主体身份的样本测量效果是否一致，采用测量模型恒等性分析，其中限制性模型和非限制性模型的结果见表 7-43 所示，从表上数据显示，三个群组之间的$\Delta \chi^2/\Delta df$为50.880/36，对应的P值为0.051＞0.05，没有达到显著水平，说明不用的群组其测量模型是相等的，多群组分析模型和样本数据适配度较好，也就是说调研样本数据可以很好地适用于新型农业经营者、村镇干部、普通农户的主体身份群组。

表 7-43　测量模型恒等性分析表

模型	χ^2	df	χ^2/df	GFI	TLI	CFI	$\Delta \chi^2/\Delta df$	P
非限制模型	1146.214	840	1.365	0.907	0.956	0.962	50.914/36	0.051
限制性模型	1197.128	876	1.367	0.903	0.956	0.960		

（二）多群组结构方程模型估计结果

运行结果如图 7-13、14、15 所示：

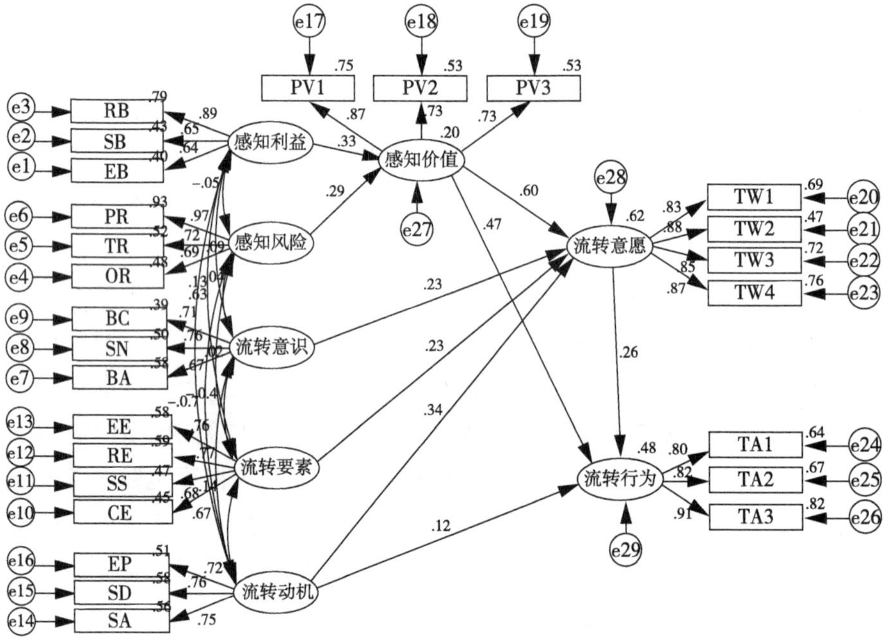

图 7-13　身份 = 新型农业经营者

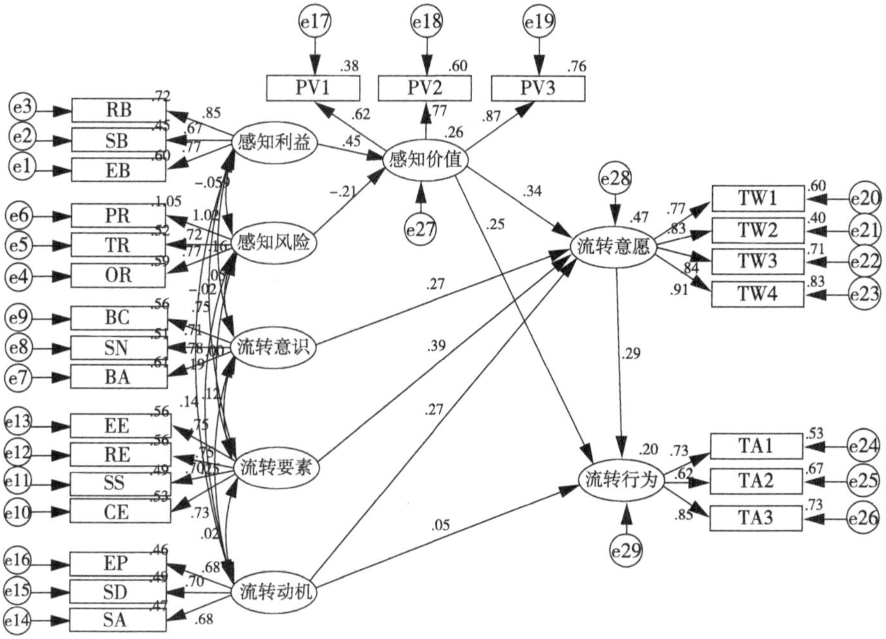

图 7–14　身份 = 村镇干部

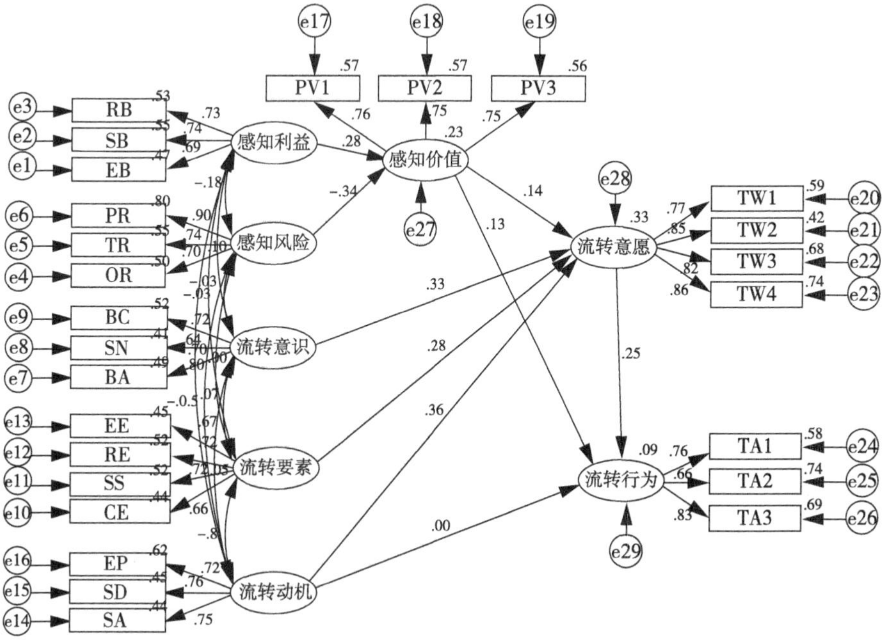

图 7–15　身份 = 普通农户

根据表 7–44 数据显示三个群组之间的路径分析的 $\Delta\chi^2/\Delta df$ 为 43.005/18，对应的 P 值为 0.001 < 0.05，达到了显著水平，说明不用群组其路径模型是不相等的，也就是说在西北地区农地流转主体行为研究中不同的主体身份其影响路径有显著差异。进一步采用 T 检验其各自的路径，结果见表 7–45 所示。具体结果如下：1）对于路径农地“三权分置”感知价值对农地流转意愿来说，新型农业经营者（β=0.598，P < 0.001）、村镇干部（β=0.340，P < 0.001）两个群组的农地“三权分置”感知价值对其农地流转意愿的影响程度都要大于普通农户（β=0.138，P < 0.01），也就是说农地“三权分置”感知价值对农地转入意愿及农地中介意愿的影响大于农地转出意愿。2）对于路径农地“三权分置”感知风险对农地“三权分置”感知价值的影响来说，普通农户群组农地“三权分置”感知风险对农地“三权分置”感知价值的负向影响（β=–0.337，P < 0.001）要高于村镇干部群组（β=–0.207，P < 0.05）。3）对于路径农地“三权分置”感知价值对农地流转行为的影响来说，新型农业经营者群组农地“三权分置”感知价值对其农地流转行为的正向影响（β=0.475，P < 0.001）要高于普通农户群组的影响（β=0.135，P < 0.05），也就是说农地“三权分置”感知价值对农地转入行为的影响要大于对农地转出行为的影响。此外，根据多群组路径差异性检验数据显示，其他路径之间在各群组之间是没有显著差异。

表 7–44　路径模型恒等性

模型	χ^2	df	χ^2/df	GFI	TLI	CFI	$\Delta\chi^2/\Delta df$	P
非限制模型	1146.214	840	1.365	0.907	0.956	0.962	43.366/18	0.001
限制性模型	1189.580	858	1.386	0.904	0.953	0.959		

表 7–45　多群组路径差异性检验

路径关系			1 新型农业经营者		2 村、镇干部		3 普通农户		临界比 T（T > 1.96）		
			估计	P	估计	P	估计	P	1 和 2	1 和 3	2 和 3
感知价值	←	感知利益	0.326	***	0.452	***	0.282	***	–0.898	–1.117	–0.287
感知价值	←	感知风险	–0.287	***	–0.207	0.010	–0.337	***	1.634	–0.072	–2.419

续表

路径关系			1 新型农业经营者		2 村、镇干部		3 普通农户		临界比 T（T＞1.96）		
			估计	P	估计	P	估计	P	1 和 2	1 和 3	2 和 3
流转意愿	←	感知价值	0.598	***	0.340	***	0.138	0.006	−1.060	−4.528	−2.439
流转意愿	←	流转意识	0.228	0.003	0.273	0.002	0.334	***	0.133	1.146	0.985
流转意愿	←	流转要素	0.230	0.003	0.386	***	0.285	***	0.821	0.442	−0.516
流转意愿	←	流转动机	0.338	***	0.275	0.002	0.361	***	−0.358	0.489	0.820
流转行为	←	感知价值	0.475	***	0.246	0.018	0.135	0.016	−0.841	−2.338	−1.156
流转行为	←	流转动机	0.120	0.198	0.048	0.651	−0.001	0.992	−0.478	−1.059	−0.395
流转行为	←	流转意愿	0.259	0.035	0.288	0.006	0.245	***	0.152	−0.036	−0.245

第三节　本章小结

本章在详细介绍调研区域基本情况的基础上，利用实地调研的 808 份微观调研数据对西北地区农地流转主体“三权分置”感知价值、农地流转要素认知、农地流转意识、农地流转动机、农地流转意愿和农地流转行为变量之间的关系进行了梳理，采用实证研究方法检验西北地区农地流转主体行为研究的理论模型与研究假设，运用 AMOS23.0 统计分析软件对结构方程模型进行路径分析，得出基本结论如下：

（1）农地“三权分置”感知利益构面对其感知价值具有显著的正向影响，影响路径系数为 0.338；农地“三权分置”感知风险构面对其感知价值具有显著的负向影响，影响路径系数为 −0.315；农地“三权分置”感知利益对感知价值的影响程度大于感知风险对感知价值的影响程度。其中，农地“三权分置”感知利益三个维度对总体感知利益的影响程度依次为制度利益（RB，路径系数 0.78）＞社会利益（SB，路径系数 0.73）＞经济利益（EB，路径系数

0.71）；农地“三权分置”感知风险三个维度对总体感知风险的影响程度依次为产权风险（PR，路径系数0.78）>流转风险（TR，路径系数0.75）=操作风险（OR，路径系数0.75）。

（2）农地流转意识对农地流转意愿具有显著的正向影响，影响路径系数为0.293。其中农地流转意识三个维度对农地流转意识的影响程度依次为行为态度（BA，路径系数0.72）>知觉行为控制（BC，路径系数0.71）>主观规范（SN，路径系数0.68）。

（3）农地流转要素认知对农地流转意愿具有显著的正向影响，影响路径系数为0.307。其中农地流转要素认知四个维度对农地流转要素认知的影响程度依次为资源要素（RE，路径系数0.74）>社会支持要素（SS，路径系数0.71）=环境要素（EE，路径系数0.71）>理念要素（CE，路径系数0.68）。

（4）农地流转动机对农地流转意愿具有显著的正向影响，影响路径系数为0.328。其中农地流转动机三个维度对农地流转意愿的影响程度依次为经济追求（EP，路径系数0.75）>社会奉献（SD，路径系数0.70）>自我实现（SA，路径系数0.68）。

（5）农地流转意愿对农地流转行为具有显著的正向影响，影响路径系数为0.286。此外，农地“三权分置”感知价值对农地流转流转行为也具有显著的正向影响，影响路径系数为0.221。农地流转行为影响程度依次为农地流转意愿大于农地“三权分置”感知价值。但与其他变量对农地流转意愿影响程度的比较，依次顺序为农地流转动机（路径系数0.328）>农地流转要素认知（路径系数0.307）>农地流转意识（路径系数0.293）>农地“三权分置”感知价值（路径系数0.277）。

（6）农地流转主体行为影响模型的多群组分析结果显示：对于路径农地“三权分置”感知价值对农地流转意愿来说，新型农业经营者和村镇干部的影响程度都要大于普通农户；对于路径农地“三权分置”感知风险对农地“三权分置”感知价值的影响来说，普通农户要高于村镇干部；对于路径农地“三权分置”感知价值对农地流转行为的影响来说，新型农业经营者要高于普通农户。而其他路径之间在各群组之间是没有显著差异。

第八章　西北地区农地流转主体行为研究的结论与建议

第一节　主要的研究结论

本书以宁夏回族自治区 9 个县（区）的 808 个农地流转主体的有效样本作为研究对象，基于感知价值理论、社会学习理论、计划行为理论、博弈论等相关理论，主要采用结构方程模型的研究方法，对西北地区农地流转主体行为展开研究。通过研究得到以下基本结论：

第一，运用 CiteSpace 信息可视化软件，从文献计量学的角度，厘清国内外关于农地流转、农地“三权分置”两大领域的研究热点并系统地进行了述评，研究发现：关于农地流转的研究无论是采用定性方法还是定量方法的研究成果都已非常丰富，这为本书进一步深入剖析西北地区农地流转主体的特定（流转）行为提供了良好的研究理论和方法支持，其中关于农地流转行为的研究主要是基于计量经济学模型探究农户农地流转意愿及行为，这部分的研究热点有明显的时间节点特征，在 2010 年以前关于农地流转行为及意愿的研究多以定性研究为主，而在 2010 年以后使用逻辑斯蒂回归模型及结构方程模型等定量研究的文献数量急剧增加；并且研究对象主要是以身兼农地转入行为与农地转出行为双重身份的农户为主。

第二，我国农地产权制度经历了四个演变时期，并形成了“一权所有 - 两权分离 - 三权分置”三大产权分置的变革特征。总结而言，“一权所有”阶段（1947–1978），在这一阶段经历了封建农地所有制转变为农民农地所有制进而转变为集体农地所有制；“两权分离”阶段（包括 1978–1992 和 1983–2013 两个时期），这一阶段出现的家庭联产承包制度将集体农地所有制转变为集体所有、家庭承包经营制，实现所有权与承包权的分离；“三权分置”阶段（2013- 至今），这一阶段是将集体所有、家庭承包经营制转变为集体所有、农户承包、多元经营制，实现所有权、承包权、经营权的分离。

第三，西北地区由于受到自然资源、经济环境、政策制度、知识、信息资源等因素的制约，与全国其他地区相比，西北地区农地流转存在短板，包括部分群众对农地流转不热衷、新型经营主体的培育成效不显著、市场化风险及社会风险的相对复杂。此外，以宁夏回族自治区为例，按照宁夏空间区域划分为引黄灌区、中部干旱区及南部山区，并详细论述各区域农地流转特点，并对宁夏农地流转的典型模式及模式中相应的主体行为进行了梳理。引黄灌区选择的是平罗县统种分管模式，该模式的参与主体主要是新型农业经营主体及农户，其中经营主体的流转行为包括解决剩余劳力行为和降低经营风险的行为，农户的参与行为主要是提高收益行为；中部干旱区选择的是同心县农地经营权抵押＋反担保模式，该模式的参与主体主要是地方政府，包括乡镇及以上的政府，合作社与农户，参与流转的主体行为有土地确权行为、担保抵押行为、产权评估行为、健全规章行为和利率补贴行为；南部山区选择泾源县“三权分置”＋监督权模式，该模式的参与主体主要是地方政府，包括乡镇、县市级政府，参与流转的主体行为有明确主体行为、完善审查行为、信息跟踪行为和监管奖惩行为。

第四，本研究通过识别认为西北地区农地流转主体行为主要包括三个大类：一是实施农地转入行为的转入方，主要体现为新型农业经营主体，包括专业大户、农村合作社、家庭农场及农业企业等经济组织，其农地转入行为包括理性经济人行为和经济推动行为；二是实施农地转出行为的转出方，本研究主要界定为拥有承包经营权转出意愿的农户，其农地转出行为包括规避风险行为，追求自身利益行为和“羊群”行为；三是行使农地中介行为的村委会，为农地流转提供人力、信息等资源条件，村委会的中介行为实际包括农地管理行为、中介服务行为和流转监督行为；四是与本地区农村经济社会发展密切相关的基层地方政府，主要指乡镇政府，其在参与农地流转中行使监督行为，主要包括传达落实上级政府的政策，积极维护农民的农地权益，监察农地流转效果，跟踪观测农地使用情况等。此外，对不同主体间的利益关系进行了梳理，并通过完全信息博弈进行了农地流转主体的行为利益分析，论证得到农地转出方与转入方、流转双方与中介方、乡镇政府与转出方行为博弈的纳什均衡点。

第五，基于感知价值理论创建西北地区农地流转主体“三权分置”感知价值量表，并根据数据测算结果发现不同主体对于农地“三权分置”感知价值存在差异。进一步借鉴计划行为理论、社会学习理论以及前文内容的梳理总结，本研究创新设计西北地区农地流转主体行为研究的理论模型，模型包含农地“三权分置”感知价值、农地流转要素认知、农地流转意识、农地流转动机、农地流转意愿及农地流转行为六个主要构面，并对模型的合理性进行了实证检验。通过对调研区域的统计数据分析表明，农地“三权分置”感知价值、农地流转要素认知、农地流转意识、农地流转动机均对农地流转意愿有显著的正向影响，其中农地“三权分置”感知价值对农地流转行为也具有显著的正向影响。另外，通过多群组结构方程模型的分析，对于路径农地“三权分置”感知价值对农地流转意愿来说，新型农业经营者和村镇干部的影响程度都要大于普通农户；对于路径农地“三权分置”感知风险对农地“三权分置”感知价值的影响来说，普通农户要高于村镇干部；对于路径农地“三权分置”感知价值对农地流转行为的影响来说，新型农业经营者要高于普通农户。这些结论充分证明了本研究的理论模型及假设条件。对西北地区农地流转主体行为的研究除了以往学者论证的受个体特征、家庭特征、外部环境等因素影响以外，个体主观的认知及感受对其行为的影响也是不可忽视的因素，应该受到重视。

第二节　西北地区农地流转主体行为的改善建议

农地流转主体的个体主观认知及对外界环境的判断均对农地流转行为产生直接或间接的影响，其中农地流转动机变量对农地流转意愿的影响路径系数高于其他变量，说明个体的行为并不完全是个人的实际技能，也受自我调节引发动机功能来调节行为，流转主体只有拥有相当强大的流转动机才能有流转行为，这也印证了本研究创新借鉴社会学习理论分析农地流转主体行为是有价值的。此外，不同群组的分析显示，新型农业经营主体的主观感知对流转行为的影响要高于村镇干部及农户，说明现阶段实施的“三权分置”改革有利于调动新型农业经营主体转入农地的积极性。本研究认为农地流转行为是多种因素共同作用的结果，其中，村镇政府应加强农地流转政策的宣传与理解，既能够提升农地转入主体的经济效益，也能够平衡流转双方的利益诉求，创造良好的农地流转环境，以降低农地流转各主体对风险的感知程度；新型农业经营主体对农业现代化发展提供资金与技术支持，提高西北地区农地利用价值，实现规模效益；农户在农地流转中一方面应努力提升主观感知水平，降低感知风险，另一方面应充分发挥主体的主导作用，提高对农地转出的积极性。本研究认为农地“三权分置”可以有效改善农村农地资源的配置及使用效率，促进农村农地有序流转需要各级政府、村组织、新型农业经营主体和农户等主体的参与。每个主体在农地流转过程中发挥着不同的作用，因此基层地方政府、村组织、新型农业经营主体、农户等均应该基于各自的职位和各自的责任发挥每个主体的主动性，共同努力，形成各个主体之间的协同作用，并维护农户转出，经营主体转入，政府监督、村委中介的农地流转长效机制。以下从农地转出行为、转入行为、中介行为、监督行为四个方面提出促进农地流转的具体对策建议。

一、农地转出行为的对策建议

首先，农地转出行为的选择应始终坚持自愿原则。农村农地问题在我国历来是一个十分敏感的问题，涉及的人口众多，特别是在经济欠发达的农村地区，来自农地的收入仍然是构成西北地区农民收入的主要来源，农地经营（使用）权的流转会牵动各方的利益，稍有不慎就会引起社会问题。因此，西北地区农地流转关系到少数民族农民的切身利益和西北地区的社会稳定。在农地流转的工作中，应该充分尊重农民流转耕地的意愿，避免强迫执行，无论采用何种流转形式，都必须足够尊重农民的选择和愿望，必须遵循市场价值规律，根据农民的实际需要和愿望积极示范和引导。农地流转的不平衡现象，反映出各地的农地流转仍有较大潜力，也表明当地的农业产业化、规模化发展仍有后发优势。依法承包农地、流转农地是农民的核心权益，农地采取什么方式流转、价格如何确定、外在形式如何选择，都应当由原承包农户自主决定，由农民说了算。在农地流转中要始终坚持依法自愿有偿的原则，充分尊重农民意愿，确保不损害农民利益、不改变农地用途、不破坏农业综合生产能力。坚持在“依法、自愿、有偿”原则的基础上，继续大力推进农村农地流转的实践探索，不断总结推广各地典型成功经验，推动多种形式的农地流转向纵深发展。

其次，坚持因地制宜的原则。农户依赖农地生存生产并创造社会财富，农地流转制度的改革要注重制度安排与环境的兼容性。农地流转具有地域差异性，由于不同地区自然条件（部分西北地区农地遍布于山区、丘陵、草原）、资源禀赋发展状况等社会经济条件不同，农地流转必然表现出差异性。

此外，农地流转必须满足相应的客观条件，例如，稳定承包权的农地流转制度条件，非农化产业发展的经济条件以及社会服务体系完善的社会条件等；主观条件在于农地流转双方具有内在动力，这些条件决定了农地流转必须要坚持因地制宜的原则。从实际出发，以工业化、城镇化发展水平和劳动力转移状况、农业产业发展规划为基础，与本地区二、三产业发展水平相适应，兼顾基本农田保护、新农村建设总体规划，因地制宜、分类指导，积极稳妥地开展农村土地流转。既要不失时机积极引导，做好农村土地流转的指导和服务工作，又要坚持反对违背意愿强迫流转，只要宣传、服务、管理等各方面的工作持续跟进，全区的农地流转无论规模还是集约化发展水平，将会跨上一个新台阶。

再次，坚持保护农耕地的原则。我国是世界上人均耕地资源最少的国家之一，伴随着工业化和城市化的进程，耕地数量不可逆转地要发生减少趋势，如何控制我国耕地减少的趋势，是保证未来我国粮食安全的一个重要政策命题。提高农产品供给总量，一是要保证农产品生产所需要的生产要素的有效供给，二是要依靠农业科技进步。由于农地在农业生产中不可替代的特征，使农业耕地成为农业生产中最为稀缺的要素，保护农业耕地资源是保证农产品攻击能力最基本的条件。作为农地转出方，理应重视农地转出后的耕种方式及用途。农地是农业生产力的载体，也是农户赖以提供社会财富的生产资料和生存资料，农地问题始终是“三农”问题的中心和重点，因此，作为拥有农地承包经营权的农户而言有权利也有义务对基本农耕地进行保护。结合国家农耕地保护的要求，充分运用新的方法和手段为确保基本农用地的动态平衡，并按照村委会有效坚持农地流转的过程，有必要重点保护农业基础用地，实现社会、经济、资源和环境的协调发展，推进农地流转的目的是要实现农业规模经营，提高农业效率，建设现代农业。因此，必须保证在不改变农耕地用途的前提下实现农地的流转。

二、农地转入行为的对策建议

首先是建议加强风险防范意识。作为农地转入主体的新型农业经营者需加强风险意识，消除盲目投机。转入农地并投资农业，在不了解政策和法律风险，且无法控制风险的情况下，任何不利的政策变化，行政行为或司法行为都将严重影响和破坏农业经营者的利益，因此，在农地流入过程中，新型农业经营者作为农地转入方在开展农地流转项目时应特别谨慎，全面考虑农地流转项目，农地流转合同和农地流转程序，并对投入产出效用进行评估。为确保投资目标的实现，应尽早在团队中介入律师和其他专业人员，了解现行政策法规，防范可能存在的法律风险，实现农地流转的投资保障和资产安全。一方面开展事前风险评估，即流转前进行风险评估，尤其是按要求对工商企业的规模、资金保障、规划等各方面进行风险评估；另一方面落实风险保障金制度，保障金以流入方缴纳为主，政府适当补助，如县、镇两级财政专项拨出的农地流转风险补助资金和村农地流转风险准备金等，要明确风险保障金缴纳的标准、缴纳方式及使用管理办法。农地流转风险保障金全部纳入专户保管，当经营业主因自然灾害或经营不善等无力支付租金时，启用风险保障金，防范农民利益受损，此外，风险保障金也可用于对流转后改变合同约定违规使用农地的行为进行处罚或作为复耕费等。

其次是拓宽融资渠道。农地转入和业务规模扩大需要大量资金，自然风险和市场风险将更大。农村信用社开展的小额信贷和联合担保贷款仅占流转农地所需资金的一小部分。目前，在我国农村尤其是西北地区的村落，各种服务于农地流转融资的组织机构欠缺的现象十分明显，在城乡统筹发展的背景下，应鼓励个人、企业、公司等各市场主体依法设立能够满足农地流转融资需要、进行市场化经营的组织机构，例如，资产评估、委托代理等机构，各种类型的机构应该根据自己的功能，积极开展有关的服务活动。此外，地方政府应致力于创造良好的农村农地流转融资市场环境，这就需要政府在司法、信用、政策稳定及行政效率等方面做好工作，并加强对各类金融信息的宣传。此外，也可以通过多种渠道筹集私募资金，逐步建立农地信用体系，实现民营投资主体多元化，为农地经营权流转提供合理的资金支持。

再次，发展农村职业教育，特别是发展多元化的农村职业技术教育。我国西北地区的农业和农村经济正处在关键的发展阶段，农村职业教育的发展也处于一个非常时期，既面临巨大发展机遇，也面临全方位的挑战，一是优质、高效、生态、安全农业的发展，农业产业化经营的扩大，迫切需要全面提高农业劳动力素质；二是世界新科技革命的兴起和全面建设小康社会的推进，对广大农村人口科学文化素质提出更高的要求。农地流转给农村职业教育带来了中国特色、历史性的双重任务，一方面，要培养掌握现代农业经营管理、科学技术知识、能力的现代农业者，以及农业服务体系的技术和管理人才；另一方面，为城镇培养输送产业工人和技术与管理人才，既要培养千百万励志留下来建设新农村的农业继承者，又要培养数以亿计向非农产业、向城镇发展的年轻一代，使他们具备走出去的能力。此外，发展农村职业教育有利于农户掌握更多职业技能，拓宽就业渠道，从而实现农业劳动力转移，进一步促进转出农地行为的发生。与此同时，农户通过“学习—实践—思考”，自主选择改善农村居住和生活环境，提高农业生产积极性，发展成为新型农业经营主体，为推动农户扩大农地经营规模积极创造外部条件。

三、农地流转中介行为的对策建议

在西北地区，由于信息闭塞、亲缘关系牢固，为农地流转的交易行为带来了一定的潜在风险。作为村集体的一员，村委会有权稳定农村社会组织，管理集体农地，在农地流转的过程中实现监督及中介行为，监督行为是防止集体或农户权益受到侵犯；中介行为是为信息相对闭塞的村集体及农户提供开放公平的农地流转交易环境。建议通过建立审查机制和监督机制来行使农地流转中介行为及农地流转监督行为：

一方面建立农地流转资格审查机制。着重审查农地转入方资格，信用调查现状，农业可持续经营能力，拟经营项目是否符合乡镇产业布局和现代农业发展规划等，此外，从本地区的实际出发，统筹考虑自然经济状况、城镇化进程、农村劳动力转移、农村基础设施，以及农业科技化、机械化、社会化服务水平等多重因素，以成本收益最大化为原则，详细确定本村农地适度规模量化标准，把握农地适度规模经营的“度”。农地流转是发展适度规模经营的基础和前提，农地适度规模经营的“度”如何把握？这既是一个动态概念，也取决于多因素综合条件，不同区域、不同经营主体、不同农业产业项目均不同。例如，基于综合考虑多因素条件，现阶段宁夏地区农业龙头企业的农地流转规模，南部山区一般应在5千－6千亩为宜；引黄灌区一般应在1万亩左右为宜；中部干旱带还可以更大。家庭农场的农地流转规模，南部山区和中部干旱带一般应在500亩左右、1000亩以内为宜；引黄灌区一般应在1500亩至2000亩之间为宜。建议各级人民政府有关主管部门，应当组织专业人员或专业机构，在进一步深入调研的基础上，从各地的实际出发，统筹考虑自然经济状况、城镇化进程、农村劳动力转移、农村基础设施，以及农业科技化、机械化、社会化服务水平等多重因素，以成本收益最大化为原则，详细确定全区各地、各种经营主体、各类农业产业项目的农地适度规模量化标准。

另一方面建立农地流转行为监督机制，包括合同管理和使用控制。对于农地流转期限为一年以上的合同进行管理，流转当事人必须依法签订书面流转合同并统一使用省（区）级合同示范文本，在乡镇建立农地流转台账，各村实行农地流转合同鉴证制度，不收取任何费用；对于用途管制建议各村制定管理条款包括关于严禁占用基本农田挖塘或其他破坏性种植行为，禁止非法将农业用地非农化，禁止借用农地流转名义违法从事非农业建设，具体惩处措施应明确化，推进西北地区农地流转持续健康发展；建立村民投诉奖励制度，要充分发挥人民群众的监督作用，加强村民间相互监督的力度，对于投诉违规情况属实的投诉人给予一定的奖励，保证流转后农地使用性质不变，从而规避和防范流转风险；加大对违法违规行为的查处力度，对弄虚作假、强买强卖等违法违规行为及时制止和纠错，对构成犯罪的及时向相关职能部门交办查处。

此外，通过健全农村产权流转管理服务机构，组织开展政策法律宣传、信息收集核实、受理申请、项目核查、合同鉴证、产权纠纷调处、当事者权益维护等服务。建议在本村内部聘用相关工作人员以保证有效十四项农村产权流转服务工作。将必要的费用统一纳入到正常运转经费核算，实行免费服务，使农地流转进入有序的市场化运行轨道。推进农地流转、发展规模经营，必须解决好产业特色化、生产集约化、耕作机械化、管理科学化等一系列问题。建议并提倡相关部门以加快构建本地区现代农业产业体系、生产体系、经营体系为目标，进一步健全农业社会化服务体系，在提升农业科技含量、新技术推广运用、高标准农田建设、水利基础设施、农产品市场开发、农业信息化建设、农业金融保险等方面，更好地发挥服务保障和推动引领作用，特别是在农田水利基础设施建设、建立健全农地流转保证金制度、提高流转合同签订率等方面，进一步加大工作力度，提升管理服务水平。

四、农地流转监督行为的对策建议

首先，建立事中事后监管制度。一是加强对工商资本下乡准入的监管。对流转方是否具有农业经营能力等进行事前审查，建立健全资格审查、项目审核、风险保障金三项制度，严格准入的门槛，对工商资本租赁农地要建立上限控制、分级备案、事中事后监管等制度，加强风险防范。对工商资本租赁农地的期限和面积要有明确的上限控制，承包耕地租赁期限一律不得超过农地二轮承包剩余的时间。二是建立农村农地流转信息平台。建立统一的市、县、乡镇农业综合信息平台，畅通信息渠道，一方面及时为农业经营主体和农户提供农地流转供求信息、农地流转价格信息等服务，另一方面动态统计流转农地的使用情况。三是国土部门要重点加强对非农化问题的监督检查。要将工商资本企业“下乡圈地”、流转农地“毁约弃耕”、以农地流转为名“融资诈骗”等问题作为监督重点。对于农地撂荒的，可停发农业补贴，对于擅自改变农业用途，以农地流转等名义违规占地建设旅游度假村、高尔夫球场、房地产、餐饮会所、农家乐和工矿仓储等“非农化”问题，甚至严重破坏或污染耕地的，要依法追究责任，予以严肃查处。加强对耕地占补平衡的监督检查。四是乡镇政府及村集体要履行好日常监管职责。乡（镇）政府要切实履行职责，建立动态监管机制。同时要定期对租赁农地企业的农业经营能力、流转承包地用途和风险防范能力等开展监督检查，查验农地利用、合同履行等情况，并将检查情况报上级农业主管部门。村集体作为所有权的权能主体，要对流转农地做好日常监管，保护农民日常监管权益。此外，西北地区农地流转服务机构对农地流转风险进行评估，并报上级农业行政主管部门备案，对租赁农地经营、项目实施、风险防范等情况定期开展监督，及时查处纠正违法违规行为等。

其次，完善各级政府关于农地流转的管理职能。充分发挥各级政府的监督管理和服务职能，改善农业生产条件和生态环境，提供流转信息和场所，协调供需双方关系，促进农地流转顺利进行的同时要做好农地流转后经营状况的监测。一方面应转变思想观念，在农地流转的过程中，各级政府要充分利用广播、电视、报刊和网络等各种媒体，深入宣传农地流转政策，既要加强对农村土地承包法律法规的宣传，教育广大农民和基层干部知法、懂法、用法，又要加大对增收致富典型引导力度，充分发挥外出创业有成人员和种田大户的典型示范作用，使更多农户和经营主体转变思想观念，主动投身农业产业以加快农地规模流转。另一方面需建立健全农地流转法律法规，制定农地利用总体规划，控制好农地流转总量、结构和动态平衡。制定优惠政策，积极扶持吸引农业产业化龙头企业和种养大户对流转农地进行农业产业规模化经营开发。此外，各级政府要对耕地实行严格的领导责任追究，并把治理耕地抛荒等工作与干部的绩效挂钩，要层层落实交纳责任金制度，追究其领导责任，必要时可实行一票否决方式。

另外，建议各地区应制定合适本地区农情统一的农地流转价格机制。我国农地流转市场具有显著的区域差异性，各个地区农地定价方式与价格水平存在较大差异。为了更好地培育西北地区发展新型农业经营组织，应使农地流转方式多元化，通过统一的农地流转交易平台以拍卖、竞标等方式进行农地流转，既支持新型农业经营主体的发展，也保护普通农户的利益，在此过程中还能够发挥新型农业经营主体对普通农户的辐射带动作用，让农民成为现代农业的参与者、受益者。根据现阶段部分地区的实践经验来看，政府为农地流转市场制定指导参考价，农户以及其他市场主体通过流转信息平台竞标、拍卖等方式进行农地流转交易是最适合当前中国农村农地流转的方式。构建农地转出和转入之间价格的平衡点，确保农户能够合理支配农地资源，从事均衡生产，在遵循市场价值规律的同时，注重各级政府和村集体的组织和指导作用，帮助农民确定农地流转价格，转入方资格审核和签订合同。建议各级政府加快建立农村农地资产评估体系，合理评估农村农地价值，提出农地流转价格指导，切实保护双方利益，推进农地流转可持续发展。

此外，建立农地流转市场交易机制及价格增长机制。建立公开、透明的市场准入制度，避免公权力部门对农地经营权价格的不正当干预，积极引导和鼓励法律咨询机构、农地经营权价值评估机构、委托代理机构、农地保险机构等服务组织参与农地流转市场，妥善解决农地流转中信息不对称等矛盾冲突。目前，西北地区农地流转价格普遍呈现快速上涨趋势，尽管农地流转价格由市场因素决定，但农户的涨幅预期普遍较高。有的地方三年一大涨，有的地方每年一小涨，不仅直接影响生产成本，也导致经营主体不愿在农田基础设施建设、购置农业机械、改善土肥条件等方面长期投入。无论采取哪种流转方式，既要充分尊重农民的选择和意愿，遵循市场价值规律，又要注重发挥政府和村集体的组织、引导作用，帮助农民做好农地流转价格确定、受让方资格审核、合同签订等工作。建议各级政府加快建立农村农地资产评估体系，合理评价农村农地价值，提出农地流转价格指导意见，切实保障流转双方利益，推进农村农地流转持续健康发展。

参考文献

[1] 于建嵘. 地权是农民最基本的权利[J]. 民主与科学，2008（05）：27-30.

[2] 王权典，杜金沛. 农地承包制和农地流转的冲突与协调——兼论《土地承包法》流转规范设计的不足及完善[J]. 华南农业大学学报（社会科学版），2009，8（01）：136-143.

[3] 管清友，王亚峰. 制度、利益与谈判能力：农村土地"流转"的政治经济学[J]. 上海经济研究，2003（01）：28-33.

[4] 钱忠好. 中国农地保护：理论与政策分析[J]. 管理世界，2003（10）：60-70.

[5] 钱忠好. 农地承包经营权市场流转：理论与实证分析——基于农户层面的经济分析[J]. 经济研究，2003（02）：83-91+94.

[6] Fishbein M. An investigation of the relationships between beliefs about an object and the attitude toward that object[J]. Human relations，1963，16（3），233-239.

[7] Fishbein M，Ajzen I. Belief，Attitude，Intention and Behaviour：an introduction to theory and research[J]. Philosophy & Rhetoric，1975，41（4），842-844.

[8] Frese M，Zapf D. Action as the core of work psychology：A German approach[J]. Handbook of industrial and organizational psychology，1994（4），271-340.

[9] 刘克春. 农户农地流转决策行为研究[D]. 浙江大学，2006.

[10] 肖卫东，梁春梅. 农村土地"三权分置"的内涵、基本要义及权利关系[J]. 中国农村经济，2016（11）：17-29.

[11] Bandura A. Self-efficacy：Toward a unifying theory of behavioral change[J].Psychological Review，1977，84（2），191-215.

[12] 蒋亦璐. 学习型城市建设：理之源与行之路的探索[D]. 华东师范大学，2016.

[13] 范恒，周祖城. 伦理型领导与员工自主行为：基于社会学习理论的视角[J]. 管理评论，2018，30（09）：164-173.

[14] Bandura A. Social foundations of thought and action：A social cognitive theory[M]. Prentice-Hall，1986，169-171.

[15] 夏显力，甘奇慧，张华，周政宁，吴立波. 农户农地流转行为及其发生动因的实证研究[J]. 华中农业大学学报（社会科学版），2010（03）：79-85.

[16] 王岩，杨俊孝. 新疆玛纳斯县农户农地流转行为影响因素实证分析[J]. 干旱区资源

与环境，2013，27（06）：7-13.

［17］褚菲霞．农户土地承包经营权流转行为研究［D］．河南大学，2016.

［18］陈朝兵．农村土地“三权分置”：功能作用、权能划分与制度构建［J］．中国人口·资源与环境，2016，26（04）：135-141.

［19］Chen Zhigang，Wang Qing，Huang Xianjin. Can land market development suppress illegal land use in China？［J］. Habitat International，2015（49），403-412.

［20］钱忠好，冀县卿．中国农地流转现状及其政策改进——基于江苏、广西、湖北、黑龙江四省（区）调查数据的分析［J］．管理世界，2016（02）：71-81.

［21］杨卫忠．农村土地经营权流转中的农户羊群行为——来自浙江省嘉兴市农户的调查数据［J］．中国农村经济，2015（02）：38-51+82.

［22］何欣，蒋涛，郭良燕，甘犁．中国农地流转市场的发展与农户流转农地行为研究——基于2013～2015年29省的农户调查数据［J］．管理世界，2016（06）：79-89.

［23］Chandon P.，Wansink B.，Laurent G. A benefit congruency framework of sales promotion effectiveness［J］. Journal of Marketing，2000，64（4），65-81.

［24］朱文珏，罗必良．农地价格幻觉：由价值评价差异引发的农地流转市场配置“失灵”——基于全国9省（区）农户的微观数据［J］．中国农村观察，2018（05）：67-81.

［25］匡远配，陆钰凤．我国农地流转“内卷化”陷阱及其出路［J］．农业经济问题，2018（09）：33-43.

［26］韩成英．农户感知价值对其农业废弃物资源化行为的影响研究［D］．华中农业大学，2016.

［27］程兴火．基于游客感知价值的森林生态旅游景区竞争优势研究［D］．浙江大学，2006.

［28］吴凌菲．基于感知创业价值的大学生创业意愿形成研究［D］．同济大学，2008.

［29］许统邦，梁嘉成，夏剑龙．B2C模式下的顾客感知价值研究［J］．商场现代化，2006（21）：106-107.

［30］郑云峰．基于感知价值的安防服务市场细分研究［D］．辽宁大学，2011.

［31］黄莉．土地确权的农户感知价值理论与实证分析［D］．四川农业大学，2012.

［32］许艳芳．农村土地承包经营权确权的承包户感知价值和实证分析［D］．山西师范大学，2016.

［33］李隆伟．土地承包经营权确权对农民土地流转行为的影响研究［D］．中国农业大学，2016.

［34］Selten R. Valuation of n-person games［J］. Annals of Mathematics Studies，1964（52），577-626.

［35］Harsanyi J. Games with incomplete information played by “Bayesian” players，parts i-iii［J］. Management Science，1968，14（3），159-182.

［36］吴杰华．利益博弈与制度变迁：基于制度经济学角度的理论反思——以现阶段农村土

地流转为实例的分析［J］. 理论月刊，2009（07）：142–145.
［37］曹海英. 我国农地承包经营权流转利益主体行为选择研究［D］. 东北农业大学，2016.
［38］汤琦瑾. 农地流转中多维主体权益实现的博弈及效果分析［J］. 生产力研究，2006（03）：44–47.
［39］Coase，R.H. The nature of the firm［J］. Economica，1937（4），386–405.
［40］张五常. 经济解释—张五常经济论文选［M］. 北京：商务印书馆，2000，4274–4299.
［41］蒋影明. 交易成本理论的缺陷及其负面影响［J］. 理论与改革，2008（01）：90–93.
［42］侯建昀，刘军弟，霍学喜. 区域异质性视角下农户农药施用行为研究——基于非线性面板数据的实证分析［J］. 华中农业大学学报（社会科学版），2014（04）：1–9.
［43］Alchian A. Information Costs，Pricing and Resource Unemployment［J］. Economic Enquiry，1969（7），109–128.
［44］Demsetz H.，Lehn K. The Structure of Corporate Ownership：Causes and Consequences［J］. Journal of Political Economy，1985（93），137–165.
［45］曹建海. 现代产权理论与我国城市土地产权制度研究［J］. 首都经济贸易大学学报，2001（06）：21–26.
［46］周其仁. 产权界定与产权改革［J］. 科学发展，2017（06）：5–12.
［47］Cai Meina. Land for welfare in China［J］. Land Use Policy，2016（55），1–12.
［48］Luo Biliang，Fu Bo. The farmland property rights deformity：the history，reality and reform［J］. China Agricultural Economic Review，2009（4），435–458.
［49］Zou Baoling，Mishra Ashok K.，Luo Biliang. Aging population，farm succession，and farmland usage：Evidence from rural China［J］. Land Use Policy，2018（77），437–445.
［50］Tan Rong，Qu Futian，Heerink Nico. Rural to urban land conversion in China – How large is the over–conversion and what are its welfare implications？［J］. China Economic Review，2011（4），474–484.
［51］Segers Kaatje，Dessein Joost，Hagberg Sten. Unravelling the dynamics of access to farmland in Tigray，Ethiopia：The 'emerging land market' revisited［J］. Land Use Policy，2010（4），1018–1026.
［52］Van Leeuwen Mathijs. Localizing Land Governance，Strengthening the State：Decentralization and Land Tenure Security in Uganda［J］. Journal of Agrarian Change，2017（1），208–227.
［53］Gersbach Hans，Siemers Lars–H. R. Land Reforms And Economic Development［J］. Macroeconomic Dynamics，2010（4），527–547.
［54］Grubbstrom Ann，Eriksson Camilla. Retired Farmers and New Land Users：How Relations to Land and People Influence Farmers' Land Transfer Decisions［J］. Sociologia Ruralis，2018（4），707–725.
［55］Wu Shaohua，Ben Peiqi，Chen Dongxiang. Virtual land，water，and carbon flow in the inter–

province trade of staple crops in China [J]. Resources Conservation and Recycling, 2018 (136), 179-186.

[56] Zou Baoling, Luo Biliang. Why the Uncertain Term Occurs in the Farmland Lease Market: Evidence from Rural China [J]. Sustainability, 2018, 10 (8).

[57] Zhang Weiwen, Wang Wen, Li Xuewen. Economic development and farmland protection: An assessment of rewarded land conversion quotas trading in Zhejiang, China [J]. Land Use Policy, 2014 (38), 467-476.

[58] Zeng Siyan, Zhu Fengwu, Chen Fu. Assessing the Impacts of Land Consolidation on Agricultural Technical Efficiency of Producers: A Survey from Jiangsu Province, China [J]. Sustainability, 2018, 10 (7).

[59] Malek Ziga, Verburg H. Peter. Adaptation of land management in the Mediterranean under scenarios of irrigation water use and availability [J]. Mitigation and Adaptation Strategies for Global Change, 2018 (6), 821-837.

[60] Lu Nachuan, Wei Hejie, Fan Weiguo. Multiple influences of land transfer in the integration of Beijing-Tianjin-Hebei region in China [J]. Ecological Indicators, 2018 (90), 101-111.

[61] Shucksmith Mark, Ronningen Katrina. The Uplands after neoliberalism? - The role of the small farm in rural sustainability [J]. Journal of Rural Studies, 2011 (3), 275-287.

[62] Lichtenberg, E., Ding, CG. Assessing farmland protection policy in China [J]. Land Use Policy, 2008 (3), 58-64.

[63] Yin Guanyi, Liu Liming, Jiang Xilong. The sustainable arable land use pattern under the tradeoff of agricultural production, economic development, and ecological protection-an analysis of Dongting Lake basin, China [J]. Environmental Science and Pollution Research, 2017 (1), 329-345.

[64] Tan Rong, Beckmann Volker. Diversity of practical quota systems for farmland preservation: a multicountry comparison and analysis [J]. Environment and Planning C-Government and Policy, 2010 (2), 211-224.

[65] Wang Hui, Tao Ran, Wang Lanlan, Su Fubing. Farmland preservation and land development rights trading in Zhejiang, China [J]. Habitat International, 2010 (4), 454-463.

[66] Long Hualou, Ge Dazhuan, Zhang Yingnan. Changing man-land interrelations in China's farming area under urbanization and its implications for food security [J]. Journal of Environmental Management, 2018 (209), 440-451.

[67] 刘俊. 土地承包经营权性质探讨 [J]. 现代法学，2007 (02)：170-178.

[68] 何虹，陆成林. 新型城镇化背景下农地流转的三个重要问题 [J]. 学习与实践，2015 (04)：32-39.

[69] 庞宏. 中国农地流转的市场机制研究 [D]. 长安大学，2006.

[70] 姚永龙. 日本农地流转制度的变迁及其对中国的启示 [J]. 世界农业，2010 (05)：

12–15.
［71］罗必良.农地流转的市场逻辑——“产权强度–禀赋效应–交易装置”的分析线索及案例研究［J］.南方经济，2014（05）：1–24.
［72］李光跃，彭华，高超华，杨祥禄.农地流转促进适度规模经营的基本思考——基于四川省的调查分析［J］.农村经济，2014（07）：52–55.
［73］单杨.农地流转对农村劳动力永久性迁移的影响研究［D］.湖南科技大学，2015.
［74］丁新正.统筹城乡背景下农地流转的模式及风险规避——以成渝全国统筹城乡综合配套改革试验区为实证［J］.南阳师范学院学报，2008（07）：18–22.
［75］钱昱如，邱道持，王玲燕.农地流转中的耕地用途变化及原因分析——基于重庆市忠县的调研［J］.农村经济，2009（03）：32–34.
［76］李长健，梁菊，杨婵.博弈视角下农地流转与农民利益保障机制探析［J］.桂海论丛，2009，25（04）：72–76.
［77］冯玲玲，邱道持，赵亚萍，石永明.农地流转中二维主体的博弈研究——以重庆市璧山县为例［J］.农村经济，2008（11）：18–21.
［78］夏显力，常亮.农户农地流转意愿影响因素及区域性差异分析——基于关中3个县（区）的农户调研［J］.西安交通大学学报（社会科学版），2015，35（04）：68–72.
［79］宋文.村民关联与农地规模经营的关系研究［D］.甘肃农业大学，2015.
［80］初玉岗.企业家短缺与农地流转之不足［J］.中国农村经济，2001（12）：61–63+69.
［81］卞琦娟，周曙东，易小燕，王玉霞.农户农地流转现状、特征及其区域差异分析——以浙江省为例［J］.资源科学，2011，33（02）：308–314.
［82］丁敬磊，刘光远，赵美平.农地流转、劳动力转移及城镇化耦合协调度研究——基于城乡统筹发展的视角［J］.中国农业资源与区划，2016，37（02）：37–44.
［83］车裕斌.中国农地流转机制研究［D］.华中农业大学，2004.
［84］侯明利.河南农地流转现状、制约因素及对策分析［J］.商业研究，2012（08）：171–174.
［85］何一鸣，罗必良.农地流转、交易费用与产权管制：理论范式与博弈分析［J］.农村经济，2012（01）：7–12.
［86］翟黎明，夏显力，吴爱娣.政府不同介入场景下农地流转对农户生计资本的影响——基于PSM–DID的计量分析［J］.中国农村经济，2017（02）：2–15.
［87］翟研宁.农村土地承包经营权流转价格问题研究［J］.农业经济问题，2013，34（11）：82–86.
［88］许恒周，郭忠兴.农村土地流转影响因素的理论与实证研究——基于农民阶层分化与产权偏好的视角［J］.中国人口·资源与环境，2011，21（03）：94–98.
［89］毛飞，孔祥智.农地规模化流转的制约因素分析［J］.农业技术经济，2012（04）：52–64.
［90］丁其兆，谭波.农村土地“三权分置”制度重构——以“公法善治”为视角［J］.行

政科学论坛，2017（09）：35–41.
［91］陈洁. 对集体土地所有权、承包权、经营权的探析——基于“三权分置”新制度的角度［J］. 法制博览，2015（10）：124+123.
［92］董欢. 农村土地综合整治中的利益相关者分析［J］. 西北农林科技大学学报（社会科学版），2014，14（04）：1–7.
［93］冯淑怡，樊鹏飞，张兰. 乡村振兴背景下农地经营权的法律化表达［J］. 南京农业大学学报（社会科学版），2018，18（05）：1–10+154.
［94］丁文. 论“三权分置”中的土地承包权［J］. 法商研究，2017，34（03）：15–26.
［95］刘恒科.“三权分置”下集体土地所有权的功能转向与权能重构［J］. 南京农业大学学报（社会科学版），2017，17（02）：102–112+153.
［96］刘兆军，李松泽.“三权分置”权利关系下的农地流转方式研究［J］. 学习与探索，2018（02）：134–140+176.
［97］陈建华，刘福健，顾鹏. 基于“三权分置”的“城市反哺农村”发展模式［J］. 深圳大学学报（人文社会科学版），2017，34（05）：86–92.
［98］于水，王亚星，胡卫卫. 农民阶层分化视域下农地三权分置研究［J］. 河南社会科学，2018，26（05）：72–78.
［99］彭万勇. 家庭农场：“三权分置”的最适农业组织形式［J］. 湖北农业科学，2018，57（08）：136–138+142.
［100］王丹.“三权分置”背景下承包土地的经营权抵押制度研究［D］. 安徽大学，2017.
［101］刘卫柏，彭魏倬加.“三权分置”背景下的土地信托流转模式分析——以湖南益阳沅江的实践为例［J］. 经济地理，2016，36（08）：134–141.
［102］李科. 对农村宅基地三权分置制度的探讨［J］. 农村经济与科技，2018，29（16）：204–205.
［103］刘征峰. 农地“三权分置”改革的私法逻辑［J］. 西北农林科技大学学报（社会科学版），2015，15（05）：26–33.
［104］唐雅雯.“三权分置”模式下农地经营权物权化研究［D］. 内蒙古大学，2017.
［105］高海. 论农用地“三权分置”中经营权的法律性质［J］. 法学家，2016（04）：42–52+176–177.
［106］管洪彦，孔祥智.“三权分置”中的承包权边界与立法表达［J］. 改革，2017（12）：68–79.
［107］张毅，张红，毕宝德. 农地的“三权分置”及改革问题：政策轨迹、文本分析与产权重构［J］. 中国软科学，2016（03）：13–23.
［108］刘长全. 完善承包地处置权能的条件、改革思路与路径［J］. 价格理论与实践，2015（02）：21–25.
［109］Deng Feng. Land development right and collective ownership in China［J］. Post-Communist Economies，2013（2），190–205.

[110] Xu Yuting, Huang Xianjin, Bao Helen X. H. Rural land rights reform and agro-environmental sustainability: Empirical evidence from China [J]. Land Use Policy, 2018 (74), 73–87.

[111] Ji Xianqing, Qian Zhonghao, Zhang Linxiu. Rural Labor Migration and Households' Land Rental Behavior: Evidence from China [J]. China & World Economy, 2018 (1), 66–85.

[112] Ye Lifang, Huang Xianjin, Yang Hong. Effects of dual land ownerships and different land lease terms on industrial land use efficiency in Wuxi City, East China [J]. Habitat International, 2018 (78), 21–28.

[113] Wang Qianxi, Zhang Xiaoling. Three rights separation: China's proposed rural land rights reform and four types of local trials [J]. Land Use Policy, 2017 (63), 111–121.

[114] Wittman Hannah, Dennis Jessica, Pritchard Heather. Beyond the market ? New agrarianism and cooperative farmland access in North America [J]. Journal of Rural Studies, 2017 (53), 303–316.

[115] Liu Guangsheng, Wang Hongmei, Cheng Yingxuan. The impact of rural out-migration on arable land use intensity: Evidence from mountain areas in Guangdong, China [J]. Land Use Policy, 2016 (59), 569–579.

[116] 梁亚荣. 土地承包经营制度研究 [D]. 南京农业大学，2004.

[117] 赵光南. 中国农地制度改革研究 [D]. 武汉大学，2011.

[118] 窦祥铭. 现代中国农村土地产权制度的实证研究 [D]. 南京师范大学，2013.

[119] 朱玉龙. 中国农村土地流转问题研究 [D]. 中国社会科学院研究生院，2017.

[120] 骆友生，张红宇. 家庭承包责任制后的农地制度创新 [J]. 经济研究，1995 (01): 69–80.

[121] 冀县卿. 改革开放后中国农地产权结构变迁与制度绩效：理论与实证分析 [D]. 南京农业大学，2010.

[122] 王景新. 中国农村土地制度变迁 30 年：回眸与瞻望 [J]. 现代经济探讨，2008 (06): 5–11.

[123] 张红宇. 准确把握农地"三权分置"办法的深刻内涵 [J]. 农村经济，2017 (08): 1–6.

[124] 孙全亮. 现阶段我国农地经营制度研究 [D]. 中共中央党校，2011.

[125] 窦祥铭. 农村土地产权制度改革的总体思路及具体政策选择 [J]. 海南师范大学学报（社会科学版），2013，26 (12): 106–111.

[126] 刘涛. 我国农村探索实践"三权分置"实证分析 [J]. 农村经营管理，2018 (03): 22–25.

[127] 韩立达，王艳西，韩冬. 农地"三权分置"的运行及实现形式研究 [J]. 农业经济问题，2017，38 (06): 4–11+1.

[128] 陈蒙. 民族地区农村土地“三权”分置改革：问题与建议 [N]. 中国民族报，2018-03-30 (007).

[129] 晋洪涛. 农民的农地权属认知与行为反应：基于 567 个样本的分析 [J]. 农村经济，2011 (07)：31-34.

[130] 刘同山.“统种分管”的平罗经验 [J]. 农村经营管理，2018 (04)：10-11.

[131] Vandekerckhove Marie, Panksepp Jaak. The flow of anoetic to noetic and autonoetic consciousness: A vision of unknowing (anoetic) and knowing (noetic) consciousness in the remembrance of things past and imagined futures [J]. Consciousness and Cognition, 2009, 18 (4), 1018-1028.

[132] Freeman E. Strategic management: A stakeholder approach [M]. Pitman Press, Boston, 1984.

[133] Wheeler J O. Urban cultural geography: Country cousin comes to the city [J]. Urban Geography, 1998, 19 (7), 585-590.

[134] Mitchell V.W., Vassos V. Perceived Risk and Risk Reduction in Holiday Purchases: A Cross-Cultural and Gender Analysis [J]. Journal of Euromarketing, 1997, 6 (3), 47-79.

[135] 鹿梅. 资本主导型农地流转模式的动因环境、特征与效应分析 [J]. 农村经济与科技，2017，28 (01)：5-6.

[136] 王天琪，黄立军. 资本主导型农地流转利益主体的博弈关系 [J]. 江苏农业科学，2018，46 (17)：315-320.

[137] 周凡. 家庭农场推进中农户参与农地流转意愿、行为选择及激励机制构建 [D]. 江西财经大学，2017.

[138] 郭熙保，龚广祥. 信贷市场对家庭农场农地流入决策的影响 [J]. 社会科学战线，2018 (08)：70-77.

[139] 郭斌，李伟. 基于交易效率的农地流入方交易费用研究 [J]. 江苏农业科学，2014，42 (02)：363-366.

[140] 蒋永甫，张小英. 农地流转主体的交易成本——基于种养大户、家庭农场、合作社及龙头企业的比较 [J]. 学术论坛，2016，39 (02)：43-48.

[141] 刘雨欣. 农机合作社流转农地对农民收入的影响研究 [D]. 东北农业大学，2017.

[142] 宋辉. 农地流转中农户、村委会、政府行为研究 [D]. 华中农业大学，2013.

[143] 吴光毅. 农地流转背景下基层政治参与研究 [D]. 西北农林科技大学，2016.

[144] 许艳. 我国农村土地流转中的委托代理问题研究 [D]. 北京工商大学，2010.

[145] 刘淼芬. 农地流转中的农户行为研究 [D]. 福州大学，2016.

[146] 于传岗. 我国政府主导型农地大规模流转演化动力分析 [J]. 农村经济，2012 (10)：31-34.

[147] 王雪琪，曹铁毅，邹伟. 地方政府干预农地流转对生产效率的影响——基于水稻种

植户的分析［J］. 中国人口·资源与环境，2018，28（09）：133-141.
［148］朱新华，蔡俊. 感知价值、可行能力对农户宅基地退出意愿的影响及其代际差异［J］. 中国土地科学，2016，30（09）：64-72.
［149］刘恺，罗明忠. 农村转移劳动力城市融入对农地流转影响分析——以农地价值感知为中介变量［J］. 南方农村，2015，31（06）：8-15.
［150］何大安. 行为经济学基础及其理论贡献评述［J］. 商业经济与管理，2004（12）：4-10.
［151］陈春霞. 行为经济学和行为决策分析：一个综述［J］. 经济问题探索，2008（01）：124-128.
［152］Monroe K B，Pricing-making profitable decisions［M］. New York：McGraw Hill，1991，25-27.
［153］Young S.，Feigin B. Using the benefit chain for improved strategy formulation［J］. 1975，39（3），72-74.
［154］Garvin，D. A. What does Product Quality Really Mean［J］. Sloan Management Review，1984（26），25-43.
［155］Holbrook H B. Integrating Compositional and Decompositional Analyses to Represent the Intervening Role of Perceptions in Evaluative Judgments［J］. Journal of Marketing Research，1981，18（1），13-28.
［156］Zeithaml V A. Consumer Perceptions of Price，Quality，and Value：A Means-End Model and Synthesis of Evidence［J］. Journal of Marketing，1988，52（3），2-22.
［157］Reynolds T J.，Gengler C E. Consumer understanding and advertising strategy：Analysis and strategic translation［J］. Journal of Advertising Research，1995，35（4），19-33.
［158］Botschen G.，Hemetsberger A. Diagnosing means-end structures to determine the degree of potential marketing program standardization［J］. Journal of Business Research，1998，42（2），151-159.
［159］Ravald A.，and Gronroos C. The value concept and relationship marketing［J］. European Journal of Marketing，1996（30），19-30.
［160］Peter Lawrence X.，Tarpey Lawrence X. A Comparative Analysis of Three Consumer Decision Strategies［J］. Journal of Consumer Research，1975，29-37.
［161］高海霞. 基于消费者风险态度的赋权价值购买模型［J］. 中大管理研究，2010，5（01）：118-130.
［162］Wansink B.，Pennings J M E. Channel Contract Behavior：The Role of Risk Attitudes，Risk Perceptions，and Channel Members' Market Structures［J］. Journal of Business，2004，77（4），697-724.
［163］Schiffman L G.，Kanuk L L. Consumer Behavior，5rd［Z］. Prentice-Hall，1994.
［164］Dowling G.，Staelin R. A Model of Perceived-Risk and Risk Handling Activity［J］. Journal

of Consumer Research，1994（21），119–134.

[165] Cox，D.F. Risk Taking and Information Handling in Consumer Behavior [M]. Harvard University Press，Boston，1967.

[166] Jacoby J.，Kaplan L.B. The Components of Perceived Risk [J]. Advances in Consumer Research，1972（3），382–383.

[167] 姚黎明，徐萍. 货币补偿形式的土地流转中农民经济利益分析 [J]. 甘肃理论学刊，2014（04）：173–178.

[168] 郑丽丽. 新时期下农村土地流转的经济效益分析 [J]. 农家参谋，2018（02）：22.

[169] 李涛. 土地城乡流转的效率评价、区域差异与激活机制：江苏例证 [J]. 改革，2018（10）：131–138.

[170] 司瑞石，陆迁，张强强，梁虎. 土地流转对农户生产社会化服务需求的影响——基于PSM模型的实证分析 [J]. 资源科学，2018，40（09）：1762–1772.

[171] 宋志红. 三权分置下农地流转权利体系重构研究 [J]. 中国法学，2018（04）：282–302.

[172] 钟涨宝，胡梦琪. 农户农地所有权认知及其对农地流转意愿的影响——基于湖北两县483个样本农户的实证研究 [J]. 中南民族大学学报（人文社会科学版），2018，38（04）：100–105.

[173] 何云庵，阳斌. 下乡资本与流转农地的“非离散性”衔接：乡村振兴的路径选择 [J]. 西南交通大学学报（社会科学版），2018，19（05）：97–104.

[174] 梁江艳，马海霞. 资本下乡、要素置换与农业生产体系转型 [J]. 西部论坛，2018，28（03）：11–16.

[175] 匡远配，陆钰凤. 我国农地流转“内卷化”陷阱及其出路 [J]. 农业经济问题，2018（09）：33–43.

[176] 蒋云贵，瞿艳平. 土地流转、工商资本与投资农业风险——来自湘鄂地区的实例验证 [J]. 江汉论坛，2017（12）：21–25.

[177] 朱文珏，罗必良. 农地价格幻觉：由价值评价差异引发的农地流转市场配置“失灵”——基于全国9省（区）农户的微观数据 [J]. 中国农村观察，2018（05）：67–81.

[178] 李言松，李富忠. 基于流转参与主体需求的农地流转风险研究——以山西省太谷县为例 [J]. 山西农业科学，2018，46（11）：1954–1958.

[179] 刘刚，拱晓波. 顾客感知价值构成型测量模型的构建 [J]. 统计与决策，2007（22）：131–133.

[180] Gwinner K.P.，Gremler D.D.，Bitner M.J. Relational benefits in service industries：the customer’s perspective [J]. Journal of the Academy of Marketing Science，1998，26（2），101–114.

[181] 宁夏经济发展报告 [M]. 宁夏：宁夏人民出版社 2018 年版，第84页。

[182] Ding Chengri. Policy and praxis of land acquisition in China [J]. Land Use Policy, 2007, 24 (1), 1–13.

[183] 邹倩."三权分置"对农户土地经营权流转的影响 [D]. 山东师范大学，2017.

[184] Liu Hongbin, Luo Xiaojuan. Understanding Farmers' Perceptions and Behaviors towards Farmland Quality Change in Northeast China: A Structural Equation Modeling Approach [J]. Sustainability, 2018, 10 (9).

[185] 王亚运. 农户家庭耕地利用功能对土地利用行为的影响研究 [D]. 华中农业大学，2018.

[186] Zeithaml V. A., Parasuraman A., Berry L. L. A conceptual model of service quality and its implications for future research [J]. Journal of Retailing, 1993, 69 (1), 140 - 147.

[187] Zeithaml V. A., Berry L. L., Parasuraman A. The Behavioral Consequences of Service Quality [J]. Journal of Marketing, 1996, 60 (2), 31–46.

[188] 洪泉寿. 农地产权"三权分置"制度之完善——以农地经营权流转为视角 [J]. 岭南师范学院学报，2018，39 (04)：122–129.

[189] Siegrist J. Adverse health effects of high effort/low–reward conditions [J]. Journal of Occupational Health Psychology, 1996 (1), 127–141.

[190] 李小楠. 农地经营权流转意愿预测分析——以"三权分置"改革为背景 [J]. 中国集体经济，2018 (33)：11–12.

[191] 陈欢. 粮食主产区土地确权与土地流转意愿研究——以湖南省农户为例 [J]. 粮食经济研究，2018，4 (01)：67–76.

[192] 袁茜露，鲁亚楠，高岚. 基于计划行为理论的农户林权流转意愿影响因素分析 [J]. 广东农业科学，2017，44 (02)：186–192.

[193] Kolvereid L. Prediction of employment status choice intentions [J]. Entrepreneurship: Theory and Practice, 1996, 21 (1), 47–58.

[194] Wang Hui, Riedinger Jeffrey, Jin Songqing. Land documents, tenure security and land rental development: Panel evidence from China [J]. China Economic Review, 2015 (36), 220–235.

[195] Franks Max, Klenert David, Schultes Anselm. Is capital back？ The role of land ownership and savings behavior [J]. International Tax and Public Finance, 2018, 25 (5), 1252–1276.

[196] Brandt L, Rozelle S, Turner M A. Local Government Behavior and Property Right Formation in Rural China [J]. Journal of Institutional & Theoretical Economics Jite, 2004, 160 (4).

[197] 张馨予. 村民关联度对农户土地流转意愿的影响研究 [D]. 甘肃农业大学，2014.

[198] Grubbstrom Ann, Eriksson Camilla. Retired Farmers and New Land Users: How Relations to Land and People Influence Farmers' Land Transfer Decisions [J]. Sociologia Ruralis, 2018, 58 (4), 707–725.

[199] Zhang QF, Ma QG, Xu X. Development of land rental markets in rural Zhejiang: Growth of off-farm jobs and institution building [J]. China Quarterly, 2004 (180), 1050-1072.

[200] 周翼虎. 安徽省农地流转农户决策行为研究 [D]. 安徽师范大学，2016.

[201] 殷志扬，程培堽，王艳，袁小慧. 计划行为理论视角下农户土地流转意愿分析——基于江苏省 3 市 15 村 303 户的调查数据 [J]. 湖南农业大学学报（社会科学版），2012，13（03）：1-7.

[202] 程建，程久苗，费罗成，徐玉婷，周翼虎. 农地流转农户心理决策模型研究 [J]. 资源科学，2017，39（05）：818-826.

[203] Morais Manoela, Rossi Borges, Joao Augusto, Binotto Erlaine. Using the reasoned action approach to understand Brazilian successors' intention to take over the farm [J]. Land Use Policy, 2018 (71), 445-452.

[204] Ma Wenqiu, Jiang Guanghui, Li Wenqing. How do population decline, urban sprawl and industrial transformation impact land use change in rural residential areas ? A comparative regional analysis at the peri-urban interface [J]. Journal of Cleaner Production, 2018 (205), 76-85.

[205] Su Baozhong, Li Yuheng, Li Lequn. How does nonfarm employment stability influence farmers' farmland transfer decisions ? Implications for China's land use policy [J]. Land Use Policy, 2018 (74), 66-72.

[206] 蔡银莺. 农地生态与农地价值关系 [D]. 华中农业大学，2007.

[207] Duesberg Stefanie, Bogue Pat, Renwick Alan. Retirement farming or sustainable growth - land transfer choices for farmers without a successor [J]. Land Use Policy, 2017 (61), 526-535.

[208] Chia E. Institutions in transition: Land ownership, property rights and social conflict in China [J]. China Journal, 2006 (55), 157-158.

[209] 唐文金. 农户土地流转意愿与行为研究 [D]. 西南财经大学，2008.

[210] 刘星星. 农户农地流转意愿与选择行为研究 [D]. 中国地质大学（北京），2014.

[211] Chen Huirong. State Power and Village Cadres in Contemporary China: the case of rural land transfer in Shandong province [J]. Journal of Contemporary China, 2011, 24 (95), 1-20.

[212] Majumdar I, Laband D, Teeter L. Motivations and Land-Use Intentions of Nonindustrial Private Forest Landowners: Comparing Inheritors to Noninheritors [J]. Forest Science, 2009, 55 (5), 423-432.

[213] 李笑含. 新型城镇化下贫困地区农户土地流转动机及影响因素分析 [D]. 兰州大学，2017.

[214] 吴萍. 农村土地流转：基于现代经济学范式的理论分析与实证研究 [D]. 重庆大学，2010.

[215] Lence SH. Farmland prices in the presence of transaction costs: A cautionary note [J]. American Journal of Agricultural Economics, 2001, 83 (4), 985-992.

[216] Bagozzi R P, Kimmel S K. A comparison of leading theories for the prediction of goal-directed behaviours [J]. British Journal of Social Psychology, 1995, 34 (4), 437-461.

[217] Carsrud A., Brannback M. Entrepreneurial motivations: What do we still need to know? [J]. Journal of Small Business Management, 2011 (49), 9-26.

[218] 田明津. 工商资本进入农业的动机与政策启示 [D]. 河南农业大学，2016.

[219] Baum J R, Locke E A, Smith K G. A Multidimensional Model of Venture Growth [J]. Academy of Management Journal, 2001, 44 (2), 292-303.

[220] 刘骏，杨莹莹. 我国农村农户土地流转动机问题与研究综述 [J]. 安徽农业科学，2014，42 (14): 4458-4462.

[221] 陈鹏鹏. 成就动机对风险决策倾向的影响 [D]. 南京师范大学，2017.

[222] 宁夏回族自治区概况 [DB/OL]. 宁夏新闻网. https: //www.nxnews.net/zt/2017/njs/cqgk/201804/t20180408_4486832.html.2017.

[223] 宁夏回族自治区 2017 年国民经济和社会发展统计公报 [DB/OL]. 自治区统计局 http: //www.nxtj.gov.cn/tjsj_htr/tjgb_htr/201810/t20181016_97405.html. 2017.

[224] Hair J. F., William C.B., Barry J.B., Rolph A. Multivariate data Analysis 7TH Edition [M]. Published by Pearson, 2009.

[225] 吴明隆. 问卷统计分析实务——SPSS 操作与应用 [M]. 重庆：重庆大学出版社，2015，237-267.

[226] 王济川. 结构方程模型：方法与应用 [M]. 北京：高等教育出版社，2011.

[227] 吴明隆. 结构方程模型：AMOS 的操作与应用 [M]. 重庆大学出版社，2010.

[228] 黄芳铭. 结构方程模式理论与应用 [M]. 北京：中国税务出版社，2005.

[229] 张伟豪，郑时宜. 与结构方程模型共舞：曙光初现 [M]. 台湾：前程文化出版社，2012.